Unsicherheit der Verteilungs- und Armutspolitik im ökonomischen Transformationsprozess

Europäische Hochschulschriften

Publications Universitaires Européennes

European University Studies

Reihe V

Volks- und Betriebswirtschaft

Série V Series V

Sciences économiques, gestion d'entreprise

Economics and Management

Bd./Vol. 3275

PETER LANG

Frankfurt am Main · Berlin · Bern · Bruxelles · New York · Oxford · Wien

Martin Diehl

Unsicherheit der Verteilungs- und Armutspolitik im ökonomischen Transformationsprozess

PETER LANG
Internationaler Verlag der Wissenschaften

Bibliografische Information der Deutschen Nationalbibliothek
Die Deutsche Nationalbibliothek verzeichnet diese Publikation in der Deutschen Nationalbibliografie; detaillierte bibliografische Daten sind im Internet über <http://www.d-nb.de> abrufbar.

Zugl.: Gießen, Univ., Diss., 2007

D 26
ISSN 0531-7339
ISBN 978-3-631-56530-8

www.peterlang.de

Dieses Buch widme ich meiner Frau, Antonia Walter-Krisch.

Inhaltsverzeichnis

Tabellenverzeichnis

Abbildungsverzeichnis

1. Unsicherheit in der Transformationspolitik

Die vorliegende Arbeit soll die Unsicherheit der Verteilungs- und Armutspolitik im ökonomischen Transformationsprozess systematisch darstellen. Damit soll ein Beitrag zur Verbesserung verteilungs- und armutspolitischer Konzepte geleistet werden. Im Kreis der mittlerweile wachsenden Literatur, die sich die Bewertung der Ergebnisse des Transformationsprozesses vornimmt, kann eine Arbeit, die sich explizit den Konzeptionsschwierigkeiten der Verteilungs- und Armutspolitik widmet, wichtige Beiträge nicht nur für Reformpolitiken leisten. Wie immer bei entwicklungstheoretischen und –politischen Ausarbeitungen lassen sich aus Extremsituationen überdies wichtige Lehren für allgemeine Politikkonzepte gewinnen.

Das Erklärungsziel der Arbeit wurde aus der praktischen Erfahrung der Wirtschaftspolitik abgeleitet: Die in Modellen darstellbare Sicherheit der Datenlage, der modelltheoretischen Zusammenhänge, der Wirkungsweise sowie der Rahmenbedingungen politischen Handelns ist in der Realität nicht erreichbar. Die handelnden Politiker stehen immer vor großen Unsicherheiten. Dies gilt zumal im ökonomischen Transformationsprozess. Der handelnde Politiker respektive der Modelltheoretiker kann sich mit fünf vereinfachenden Annahmen über die Folgen der Unsicherheit behelfen:

- Die Auswirkungen der Unsicherheit auf die Zielerreichung, also auf Armutsminderung und Beeinflussung der Einkommensverteilung, sind hinreichend genau abschätzbar.
- Die Zielerreichung wird durch die Unsicherheit lediglich in hinreichend begrenztem und in seiner statistischen Verteilung bekanntem Ausmaß gefährdet.
- Die Unsicherheit wirkt eindimensional graduell hinsichtlich des Politikzieles, zeitigt also keine Rückwirkungen auf die Konzeption oder Umsetzung der Politik. Das heißt, das Ausmaß der Zielerreichung wird durch die Unsicherheit nur insoweit reduziert, dass sich nicht die Frage nach einer anderen Politikkonzeption oder anderen Maßnahmen stellt.
- Alle Politikfelder, also neben Armuts- und Verteilungspolitik etwa Allokations- und Stabilisierungspolitik, sind gleichermaßen von Unsicherheiten ähnlicher Intensität betroffen.
- Unsicherheiten eines Politikfeldes bewirken keine externen Effekte auf andere Politikfelder.

Unter diesen Annahmen bleiben Konzeption und Umsetzung einer Politik, hier der Verteilungs- und Armutspolitik, unberührt von möglichen Unsicherheiten. Solange das vorhergesagte Konfidenzintervall, also der zu erwartende Geltungsbereich modelltheoretischer Aussagen für die Realität, hinreichend eng bleibt, kann eine modelltheoretisch zumindest tendenziell „richtige" Maßnahme ergriffen werden. Rückwirkungen auf die Zielgruppen oder auf andere Politikfelder sind nicht zu befürchten. Die Politik kann unter diesen Annahmen perfekt konstruiert und implementiert werden. Gelten diese Annahmen aber nicht, muss mit Rückwirkungen auf Konzeption und Umsetzung der Politik gerechnet werden:

- Wenn das Ausmaß der Unsicherheit nicht abschätzbar ist, sollte sich die Politik auf die Vermeidung des „worst case" beschränken und nur mit großer Vorsicht agieren. Diese defensive Handlungsregel entspricht im weiteren Sinne dem MAXIMIN-Prinzip.
- Je größer die zu erwartenden Auswirkungen der Unsicherheit auf die Zielerreichung sind und je unsicherer die Schätzung über ihre Verteilung ist, desto fragwürdiger wird die Implementation einer Politik. In der Praxis muss dann eine Unsicherheitsschwelle bestimmt werden, bei deren Überschreitung die geplante Maßnahme zu verwerfen ist.
- Die Unsicherheit einer Politik kann Rückwirkungen auf die Umsetzbarkeit zeitigen. Etwa, wenn sie das Vertrauen der Wirtschaftakteure in die Performanz der Politik mindert und oder wenn sie die Gefahr des Politikversagens erhöht.
- Wenn die einzelnen Politikfelder nicht gleichermaßen von Unsicherheit betroffen sind, kann dies Auswirkungen haben auf die Lösung von Zielkonflikten bzw. auf die Zielhierarchie.
- Dies gilt ebenso, wenn die Unsicherheit eines Politikfeldes externe Effekte auf andere Politikfelder auslöst.

Daher gilt es, für jeden Politikbereich eine sorgfältige Analyse der bestehenden Unsicherheit anzustellen. Daraus wiederum lassen sich Rückschlüsse auf politische Entscheidungen treffen. Denkbar ist, dass eben nicht die modelltheoretisch ohne Berücksichtigung der Unsicherheit vorzuziehende Maßnahme ergriffen wird, sondern andere Maßnahmen, die unter Berücksichtigung der Unsicherheit vorzuziehen sind, weil sie weniger riskante Ergebnisse zeitigen oder zumindest Gewähr bieten, extrem negative Ergebnisse vermeiden zu helfen.

Im Folgenden wird zunächst Unsicherheit als Determinante politischer Konzepte näher beschrieben. Dabei sollen die drei Teilaspekte – Zielunsicherheit, Datenunsicherheit und Modellunsicherheit – unterschieden werden. Sie sind gleichwohl nicht vollständig unabhängig voneinander. Die Messbarkeit der Zielerreichung etwa bedingt ein möglichst klares und operables Ziel oder Zielsystem. Umgekehrt kann die Zielformulierung von den Einschränkungen der Messbarkeit beeinträchtigt werden. Nicht zuletzt leidet die Modellsicherheit unter den Problemen der Datenunsicherheit ihrer zu schätzenden Parameter und Variablen.

1.1. Unsicherheit als Determinante politischer Konzepte

Unsicherheit muss heute als eine feste Determinante wirtschaftspolitischer Konzepte betrachtet werden. Dies gilt in mehrerer Hinsicht.

Erstens können ökonomische Schocks mitunter einschneidende Wirkung auf den Ablauf des Wirtschaftsprozesses haben. Dies ist schon lange Gegenstand der ökonomischen Forschung. Das Standardrezept einer kausaltherapeutischen Politikreaktion darauf lautet: verringerte Krisenanfälligkeit durch hohe Flexibilität, um die realwirtschaftlichen Folgen von negativen Schocks zu begrenzen.[1]

Zweitens wurde mit den Forschungen von Lucas die Unsicherheit der nicht-politischen Wirtschaftsakteure über die Wirtschaftspolitik prominent in die Reaktionsfunktion der Geldpolitiker eingebaut: Die Wirtschaftsakteure sind unsicher über das politische Verhalten, lassen sich aber nicht beliebig oft mit demselben Trick täuschen, weil sie rationale Erwartungen über das Verhalten der Politiker bilden.[2]

Drittens entsteht Unsicherheit aufgrund asymmetrischer Information. In jedem Politikfeld gibt es Betroffene unterschiedlicher Intensität, deren rationale Unwissenheit[3] aufgrund der positiven Informationskosten in der Regel unterschiedlich ausgeprägt sein dürfte. Das Niveau der zu erwartenden Informiertheit könnte zum Beispiel von den umsetzenden Bürokraten über die eigentliche Zielgruppe und über die in demokratischen Systemen entscheidenden Parlamentarier bis hin zu den finanzierenden Steuerzahlern abnehmen. Mithin resultiert ein typisches principal-agent-Problem,[4] das zu Unsicherheit und X-Ineffizienzen führt.[5]

Schließlich, und dies ist der wesentliche Erkenntnisgegenstand der vorliegenden Arbeit, ist zu prüfen, ob die objektiv unvollständige und fehlerhafte Information Einflüsse auf die Politikkonzeption und -umsetzung haben muss.

Ein hohes Maß an objektiver Unsicherheit verschlimmert die negativen Wirkungen der erstgenannten drei Formen der Unsicherheit zudem:

- Ohne eine klare Datenbasis werden Schocks nicht erkannt oder die Strukturen der Wirtschaft und ihre Flexibilität verkannt.
- Ohne ein ausreichendes Maß an Daten und plausiblen Modellen lässt sich die Reaktionsfunktion der Politik nicht mehr bestimmen mit der Folge eines dauerhaft geschwächten Vertrauensaufbaus.

---

1 Vgl. Luckenbach (2000), S. 329 f. sowie Wyplosz (2006), S. 16.

2 Vgl. Lucas (1972); Phelps und Taylor (1977) sowie Romer (1996), S. 242 ff.

3 Vgl. Vanberg und Buchanan (1991), S. 64 f. sowie Frey (1984), S. 9 des Wiederabdrucks.

4 Vgl. Niskanen (1971), S. 29 und Sorensen (1987), S. 63.

5 Vgl. Leff (1988), S. 396 f.

- Nicht zuletzt erweitert eine unbestimmte Fakten- und Modellage auch die Möglichkeiten für die Politik, aus asymmetrischer Information Kapital zu schlagen. Es kann nämlich sein, dass mit steigender Unsicherheit die vorhandene Information der gut wie der schlecht Informierten asymmetrisch abnimmt. Dies wäre dann der Fall, wenn sowohl das Wissen um das Ausmaß der Unsicherheit wie auch das Wissen um den Grad der Asymmetrie asymmetrisch verteilt sind.

Die vorliegende Arbeit abstrahiert zunächst von den Formen der subjektiven unvollständigen Information sowie der asymmetrischen Informationsverteilung und ihren Unsicherheit stiftenden Wirkungen. Dann verbleiben unabhängig von externen und per se nicht zu beeinflussenden Schocks drei Quellen der Unsicherheit, die zu berücksichtigen sind:

- Unsicherheit / Unterbestimmtheit des politischen Zieles respektive Zielsystems,
- Datenunsicherheit und
- Modellunsicherheit.

1.1.1. Eindeutigkeit des Zielsystems

Die Analyse der Unsicherheit wirtschaftspolitischer Entscheidungen muss mit der Frage nach der Eindeutigkeit der politischen Ziele sowie der Widerspruchsfreiheit respektive der hierarchischen Bestimmtheit des Zielsystems beginnen, um überhaupt Prioritäten für politisches Handeln festlegen zu können.[6]

Für die Armuts- und Verteilungspolitik heißt das konkret:

- Welche Ziele verfolgt die Armutspolitik und welche die Verteilungspolitik?
- Sind diese Ziele eindeutig bestimmbar?
- Sind sie widerspruchsfrei zueinander innerhalb der Armuts- respektive der Verteilungspolitik und zwischen diesen beiden Politiken?
- Kann eine eindeutige Hierarchie der Ziele aufgestellt werden?

Gerade für grundlegende ordnungs- und transformationstheoretische Fragen besteht die Notwendigkeit, Ziele zu hinterfragen und möglichst intersubjektiv zu begründen. Politiker wie Wissenschaftler müssen ihre normativen Setzungen offenlegen und auf Plausibilität sowie Konsistenz des zugrundeliegenden Zielsystems achten. Dies gilt nicht erst aus dem Blickwinkel einer rationalen Evaluation politischen Handelns, sondern bereits für die Beurteilung der Zielbildung sowie der Politikkonzeption. Wenn gravierende Inkonsistenzen bestehen, lassen sich weder politische Handlungsempfehlungen ableiten noch rationale

---

6 Vgl. Luckenbach (2000), S. 354.

Evaluationen durchführen, denn das verfolgte Zielsystem lässt sich idealiter nicht verwirklichen. Dies gilt bereits innerhalb eines engeren Politikfeldes. Wenn beispielsweise innerhalb der Verteilungspolitik mehrere miteinander konfligierende Ziele mit ähnlicher Legitimation aufgestellt werden können, ist eine gleichzeitige Verwirklichung aller (gleich gut legitimierten) Ziele nicht möglich.

Für den handelnden Wirtschaftspolitiker gilt es, sich der inhärenten Unsicherheit der Zielformulierung seines Politikfeldes bewusst zu sein. Davon hängen nämlich seine Erfolgschance und die Akzeptanz seines Handelns nicht unwesentlich ab. Unsicherheit und Unbestimmtheit der politischen Zielbildung bedingen Schwierigkeiten bis hin zu Willkürakten in der praktischen Operationalisierung, Inkonsistenzen in der Umsetzung, Enttäuschungen auf Seiten Betroffener und daraus folgend Vertrauensverlusten. Zudem impliziert das Ausmaß an Unsicherheit in der Zielformulierung Folgerungen für Evaluationsverfahren für die Politik. Je unbestimmter oder inkonsistenter die Zielformulierung ausfällt, desto größer wird der Unschärfebereich der Evaluation und desto schwächer ist das zu erwartende Vertrauen in die Politik, unabhängig vom Ergebnis der Evaluation. Nicht zuletzt kann die größere Unbestimmtheit der Zielformulierung in einem Politikfeld relativ zu anderen Politikfeldern Auswirkungen auf die Behandlung von Zielkonflikten haben.

1.1.2. Datenunsicherheit

Unabhängig von der Unbestimmtheit der Ziele der Wirtschaftspolitik stellt sich die Frage nach der Datenunsicherheit im Rahmen der Wahl von Indikatoren zur Feststellung der Zielerreichung oder –abweichung.[7] Es gilt also, die Datenlage hinsichtlich der Armut und der Einkommensverteilung zu klären und sowohl Indikatoren für die Zielverfehlung vor Beginn der politischen Maßnahmen als auch solche für deren Erfolgsmessung zu bestimmen.[8] Beide müssen nicht zwingend identisch sein. Dabei kommt der Erörterung adäquater Messkonzepte zur Ermittlung der Einkommensverteilung und Armut und ihrer Veränderung in Transformationsländern zunächst eine hervorragende Bedeutung zu. Ohne eine intersubjektiv nachprüfbare Messung bestimmter Phänomene gäbe es sogar keine Notwendigkeit für eine theoretische Erklärung.[9]

---

7 Vgl. Luckenbach (2000), S. 360.

8 Gerade für die Erfolgsmessung lagen in früheren Jahren des Transformationsprozesses relativ wenige verlässliche Daten vor. Vgl. Squire (1993), S. 379.

9 Die bessere Verfügbarkeit von Daten sowie die Erweiterung der rechnerischen und statistischen Verarbeitungskapazitäten haben im letzten Jahrzehnt des vergangenen Jahrhunderts die empirisch vergleichende Armutsforschung erleichtert und beflügelt. Vgl. Hauser (2001), S. 2 f.

Mitentscheidend für das Ausmaß der Sicherheit ist neben der Adäquanz und Präzision der Daten die Zeitnähe des Vorliegens der Messergebnisse.[10] Für die Bewertung politischer Maßnahmen sollten idealiter (extrem) zeitnahe Daten vorliegen. Je länger die zu erwartende Wirkungsverzögerung ist, desto mehr stellt sich die Notwendigkeit, auf Frühindikatoren für die Zielgröße auszuweichen. Es bleibt ohnehin zu berücksichtigen, ob die Zielgrößen der Verteilungs- und Armutspolitik nicht per se eher nachlaufende Indikatoren sind, sich also im Unterschied zu anderen Politikfeldern erst als Konsequenz des Zusammenwirkens verschiedener Maßnahmen ergeben.

Die Ausmaße der Inadäquanz der Indikatoren, ihrer Messprobleme sowie der Zeitverzögerung bis zu ihrem Vorliegen müssen in der Zielformulierung, in der Maßnahmenwahl und in der Bewertung berücksichtigt werden.

1.1.3. Modellunsicherheit

Nicht ganz unabhängig von der Datenunsicherheit stellt sich das Problem der Modellunsicherheit. Der Wirtschaftspolitiker steht immer vor der Wahl eines Wirkungsmodells, das in Konkurrenz zu vielen anderen vorgeschlagen wird. Für die Armuts- und Verteilungspolitik kommen praktisch alle Modelle in Frage, die den Prozess der Einkommensentstehung, der Vermögensakkumulation, der Allokation von Vermögen, der Wissensbildung und –aneignung, der Preisbildung auf Faktormärkten und – für den Fall der absoluten Armut – auch der Preisbildung auf Gütermärkten von lebensnotwendigen Gütern beschreiben. Unabhängig von der Vielzahl der zu modellierenden Aspekte gibt es für nahezu jeden dieser Aspekte eine Fülle von Modellen mit mehr oder weniger guter empirischer Grundlage.

In einigen Fällen kann der politische Entscheider einzelne Modelle als falsifiziert annehmen, doch Sicherheit über die Geltung eines Modells gibt es bei Anwendung des wissenschaftstheoretischen Prinzips des kritischen Rationalismus nicht.[11] Neben der Unsicherheit, sich für ein Modell zu entscheiden, bleibt die modellspezifische Unsicherheit: Welche Parameter sind zu wählen, welche Schätzzeiträume zu integrieren, gibt es Strukturbrüche, die zu beachten sind? Soweit Parameter oder Schätzzeiträume zu schätzen sind, zeigt sich auch eine Interdependenz zwischen Daten- und Modellunsicherheit, die das Problem potenzieren kann. Das Ausmaß der Modellunsicherheit muss Auswirkungen auf die Wahl des Modells haben. Mehr noch, es sind auch Rückwirkungen auf die Zielbildung und -konkretisierung in Form von Indikatoren denkbar, wenn die

---

10 Streng genommen kann die Zeitnähe als Kriterium der Adäquanz – veraltete Daten sind inadäquat – gesehen werden. Aus didaktischen Gründen wird in der vorliegenden Arbeit die Erörterung der Zeitnähe aus der Erörterung der Adäquanz ausgesondert.

11 Vgl. Chalmers (1982), S. 43 ff.

Modellunsicherheiten in der ursprünglichen Politikkonzeption allzu groß sind und sich so entscheidend – ohne zu große Zielabweichung – verringern lassen.

1.2. Gang der Untersuchung

Damit sind die drei großen Aspekte der Unsicherheit als Determinante politischer Konzepte angesprochen:

- Die Zielunsicherheit, die im Kapitel 2 der Arbeit dargelegt wird, ist weit mehr als philosophischer Natur.
- Die Datenunsicherheit steht anschließend im Vordergrund. Denn erst eine hinreichende Messbarkeit von adäquaten Indikatoren ermöglicht wirtschaftspolitisch verwertbare modelltheoretische Voraussagen. Die Datenunsicherheit wird ausführlich im Kapitel 3 der Arbeit erläutert.
- Die Modellunsicherheit wird daran anschließend in Kapitel 4 erörtert, denn es ist stets zu berücksichtigen, dass selbst eine noch so ausgefeilte Lösung des Problems der Modellunsicherheit zunächst die Aussagen der Datenunsicherheit berücksichtigen muss. Ihre Lösung kann folglich erst nachrangig angegangen werden.[12]
- Im abschließenden Kapitel 5 können dann Implikationen für die Verteilungs- und Armutspolitik im Transformationsprozess und darüber hinaus formuliert werden. Diese ergeben sich, analog der obigen Abwägung der Zielunsicherheiten verschiedener Politikfelder, unter anderem aus dem Vergleich der inhärenten Unsicherheit der Verteilungs- und Armutspolitik mit den Unsicherheiten der Allokations- und der Stabilisierungspolitik.

Zur Unterstützung der Argumentation soll einleitend eine Skizzierung des Transformationsprozesses geleistet werden, auf deren wesentliche Aussagen im Verlaufe der Arbeit wiederholt zurückgegriffen werden kann.

1.3. Skizzierung des Transformationsprozesses

Es gibt weltweit etwa 30 Staaten, die seit Beginn der 1990er Jahre nachweisbare Anstrengungen unternommen haben, ihr Wirtschaftssystem von einer zentralen Planwirtschaft oder sozialistischen Wirtschaftsform zu einem eher marktwirtschaftlichen System zu transformieren. Es handelt sich bei diesem ordnungspolitischen Transformationsprozess um die wohl umfassendste und wei-

[12] Davon unberührt bleibt die Notwendigkeit der Überprüfung von Datenunsicherheiten hinsichtlich der Parameter oder Variablen, deren Schätzung erst durch eine spezifische Modellkonstruktion erforderlich wurde.

testreichende ökonomische Weichenstellung mindestens seit Ende des II. Weltkrieges.

> „Never before in history was a systemic change so profound in such a short timespan, never before did we see all power to the state become all power to the market, with the visible hand of centralized authority turned into the invisible hand of the market."[13]

Dieser ordnungspolitische Transformationsprozess stellt für Wirtschaftswissenschaftler, insbesondere für Ordnungstheoretiker und -politiker ein in diesen Ausmaßen historisch voraussichtlich einmaliges Erkenntnisobjekt dar.[14] Auf der abstraktesten Ebene der wirtschaftspolitischen Debatte geht es um die Überlegenheit bestimmter ordnungspolitischer Systeme hinsichtlich der Erreichung als gegeben angenommener Ziele der Individuen.[15] Die handlungsrelevanten ökonomischen Ziele der Individuen lassen sich auf die absolute und relative Versorgung mit Gütern zurückführen und zwar sowohl heute als auch in absehbarer Zukunft. Mithin geht es um Allokation, Akkumulation, Distribution und Stabilität. Die grundsätzliche Debatte über die Vorteilhaftigkeit der einen oder der anderen Wirtschaftsordnung ist in den vergangenen Jahrzehnten ausgiebig geführt worden[16] und wird nicht Gegenstand dieser Arbeit sein.

1.3.1. Transformationstheoretische Grundlagen

Mit einer Definition des Transformationsprozess ist zu beginnen. Erst eine klare Vorstellung über Inhalt und Bedeutung des Transformationsprozesses, idealiter über seine Messbarkeit, bildet das Erkenntnisobjekt der Transformationstheorie.[17] Der Terminus „Transformation" wurde seit den 1920er Jahren zur Kennzeichnung des Prozesses des Übergangs von einer Wirtschaftsordnung auf eine andere gebraucht. Zunächst verwendeten ihn Bucharin und Polanyi für den Prozess der Umwandlung der „kapitalistischen" in die „kommunistische" Gesell-

---

13 UNDP (1999), S. III.

14 Nach Filer und Hanousek (2002), S. 226 eine "[...] once-in-a-lifetime series of natural experiments to address fundamental questions in economics."

15 Aus dem Blickwinkel eines methodischen Individualismus werden dabei die sogenannten „kollektiven" Ziele auf individuelle Bedürfnisse zurückgeführt. Insofern muss zwischen der Legitimation eines politischen Eingriffes, der letztlich den Individuen zugute kommen muss, und der zur Handlung verpflichteten Entität (Kollektiv oder Individuum) unterschieden werden.

16 Vgl. zum Beispiel die Behandlung in Hemmer (1988), S. 295 ff. und die Darstellung in Luckenbach (2000), S. 109 ff. Nicht zuletzt die Erfahrungen des Transformationsprozesses werden zur Beurteilung dieser Frage herangezogen. Vgl. Kornai (2006), S. 211 sowie Fischer und Sahay (2001), S. 21 f.

17 Vgl. dazu die Ausführungen im Abschnitt „Kritik der Transformationstheorie" im Kapitel „Modellunsicherheiten".

schaft.[18] Später wurde er in den ordnungstheoretischen Arbeiten von Eucken (1952) und Hensel (1954) verwendet; letzterer versteht unter Transformation abstrakt den Übergang von einem Systemzustand zum anderen.[19]

Transformation im Zusammenhang der sogenannten Transformationsländer bedeutet den Übergang von einer Wirtschaftsordnung zu einer anderen.[20] Dabei bedarf es zur Kennzeichnung einer Bewegung (das heißt der Transformation) immer der Angabe eines Bezugssystems (etwa von Koordinaten), um Richtung und bei Zustandsbeschreibung auch Geschwindigkeit feststellen zu können. In der traditionellen Ordnungstheorie dienten als Bezugssystem (in Anlehnung an Max Weber) die Idealtypen der Wirtschaftsordnung. Die realiter vorkommenden Wirtschaftsordnungen[21] wurden dabei den identifizierten Idealtypen, dies waren in der „alten“ Ordnungstheorie zwei, zugeordnet. Diese Zuordnung lässt sich in Analogie zur Biologie mit dem Genotyp und Phänotyp umschreiben. Während der Genotyp einer Wirtschaftsordnung stets eindeutig identifizierbar ist, können die phänotypischen Ausprägungen auch Elemente enthalten, über deren Zugehörigkeit zu einem bestimmten Genotyp Streitigkeiten entstehen könnten.

Voraussetzung der Existenz und Aussagekraft einer Transformationstheorie jedoch ist die Existenz eines ordnungspolitischen „Genotyps“ und seine klare Abgrenzbarkeit zu anderen Genotypen. Wenn die Transformation von einer Wirtschaftsordnung zu einer anderen sinnhaft interpretiert werden soll, muss sie sich unterscheiden von der einfachen Veränderung bestimmter ordnungspolitischer Gegebenheiten.

Es genügt nicht, „reform- oder transformationsbedingte phänotypische Merkmale“, sogenannte Repetitionsphänomene,[22] in transitorischen Phasen von Wirtschaftsordnungen zu finden. Wenn diese primär in ordnungstheoretischen Kompatibilitätsbeziehungen, Konsistenzerfordernissen und Rückkopplungseffekten bestehen, bleibt die Frage nach der Existenz der Ordnungstypen relevant.[23] Deregulierungen, Privatisierungen, makropolitische Stabilisierungen sowie Auf- und Umbau von Institutionen fanden und finden auch in anderen Ländern statt, ohne dass von einer „Transformation“ der Wirtschaftsordnung gesprochen wurde.

---

18 Vgl. Schwarz (1995), S. 23 f., S. 53 sowie die jeweils angegebene Literatur.
19 Vgl. Eucken (1952) und Hensel (1954) sowie Schwarz (1995), S. 25 f.
20 Vgl. die modernen Definitionen bei Luckenbach (2000), S. 133 f., Starbatty (1996), S. 37 und Clapham und Grote (1991). Ein über die Ökonomie hinausgehender Transformationsbegriff wird bei Beyme (1994) dargelegt.
21 Auf die Abgrenzung zum Wirtschaftssystem wird in dieser Arbeit verzichtet.
22 Vgl. Kloten (1989), S. 100.
23 Vgl. Kloten (1989), S. 101.

Sollte es schließlich nur die Häufung solcher ordnungspolitischer Maßnahmen sein, die ordnungspolitische Änderungen von Transformationsprozessen unterscheiden, so lägen zwischen den verschiedenen Wirtschaftsordnungen nur graduelle, aber keine prinzipiellen Unterschiede. Diese prinzipiellen Unterschiede, also klar erkennbare Typen von Wirtschaftsordnungen können nicht nur bei der einmaligen Konstituierung der realen Wirtschaftsordnungen gegolten haben, da letztere als historisch fiktiv anzusehen ist. In der dokumentierten Realität haben wir es stets mit einem Wechsel der Wirtschaftsordnung zu tun.

Eine Wirtschaftsordnung kann als Ordnung der ökonomischen Beziehungen von Wirtschaftsakteuren (Individuen bzw. Haushalten, Unternehmungen, Institutionen im engeren Sinne) definiert werden. Nach der „alten“ (Wirtschafts-)Ordnungstheorie gibt es in der Tat nicht nur graduelle, sondern prinzipielle Unterschiede zwischen den beiden Wirtschaftsordnungen. Diese Vorstellung beinhaltet zumindest drei Grundpfeiler: Bipolarität, Unvereinbarkeitsthese und Interdependenztheorem. Unter Marktwirtschaftlern wie auch bei orthodoxen Marxisten-Lenisten(-Maoisten) galt die alte ordnungspolitische Bipolarität zwischen Verkehrswirtschaft und Kommandowirtschaft bzw. zwischen Marktwirtschaft und zentraler Planwirtschaft lange Zeit als Dogma.

Diese „klassische antagonistische Definition von Idealtypen“[24] bedingt, dass es nur ein systemkonstituierendes Element gibt, welches dichotome Ausprägungen hat und stets eindeutig in einer davon vorliegt.[25] Dieses eine systemkonstitutive Element sah Walter Eucken in den Plänen der Wirtschaftssubjekte, die entweder zentral oder dezentral entstehen könnten.[26]

Die wirkliche Bipolarität der Ordnungstypen ergibt sich dann aus der These der Unvereinbarkeit der beiden Typen bzw. aus der Unvereinbarkeit von systemfremden Elementen in einer Ordnungsform. Diese extreme Form der Bipolarität wurde unter anderem von Ludwig von Mises, Friedrich August von Hayek und Wilhelm Röpke vertreten.[27] In abgeschwächter Form besagt sie, dass

---

24 Kloten (1989), S. 102. Dagegen steht die Vorstellung einer möglichen Konvergenz der Systeme. Vgl. Tinbergen (1963) und Tuchtfeld (1969).

25 In Anlehnung an Lösch (1975), S. 93.

26 „Wenn wir aus dem Gewirr der ungeheuren geschichtlichen Mannigfaltigkeit herauskommen wollen, die alles Erkennen und alles Handeln unsicher macht, ist es nötig, einen archimedischen Punkt zu suchen, von dem aus es möglich ist, die wirtschaftliche Wirklichkeit in ihren Formen und ihrem alltäglichen Ablauf zu erkennen. Dieser archimedische Punkt, den die Morphologie uns liefert, ist die Tatsache: Stets und überall basiert alles wirtschaftliche Handeln auf *Plänen*.“ Eucken (1952), S. 20, (Hervorhebungen wie im Original). Vgl. Eucken (1965), S. 79.

27 Vgl. Kloten (1989), S. 105. „Hier gibt es kein Ausweichen in irgendetwas Drittes [...]. Preis oder staatlicher Befehl, Markt oder Behörde, Wirtschaftsfreiheit oder Bürokratie - dazwischen haben wir zu wählen.“ Röpke (1994), S. 329.

Mischsysteme allenfalls ineffizienter oder instabiler funktionieren.[28] Die Ordnungsformen von Wirtschaft, Gesellschaft und Politik wurden in der „alten" Ordnungstheorie zwar analytisch getrennt, doch betonten ihre Vertreter immer wieder deren Interdependenz.[29] In seiner zumindest von Eucken erst später verschärften Form wird aus dem Interdependenztheorem eine Art Unvereinbarkeitsthese für Marktwirtschaften mit autoritären Systemen und für zentrale Planwirtschaften mit Demokratien.[30]

Für die Zwecke der vorliegenden Arbeit soll allein auf die Bipolarität der Ordnungstheorie rekurriert werden. Sie stützt sich auf die Idee einer fortgesetzten isolierenden Abstraktion des Rechtssystems, das dadurch kontinuierlich reduziert wird bis auf eine letzte Regel, die klarstellt, ob Individuen Regeln setzen oder ein Kollektiv. Oder nach Hayeks Formulierung: 'befinden wir uns in einer offenen oder einer geschlossenen Gesellschaft'. Während in einer offenen Gesellschaft es dem Einzelnen frei steht, sein Wissen für seine Zwecke zu nutzen, beruht die geschlossene Gesellschaft auf Befehl und Vorschrift.[31]

Die beiden denkbaren Letztentscheidungsregeln sind eindeutig unvereinbar. In einer offenen individualistischen Gesellschaft steht de jure alles zur Disposition. Dies schließt nicht aus, dass sich Individuen in ihrer Mehrheit zu bestimmten Werten bekennen und diese verfolgen. Sie tun es aber freiwillig. In einer geschlossenen kollektivistischen Gesellschaft gibt es zumindest eine Regel, die nicht änderbar ist.[32] Es gibt ein Kollektiv im Sinne eines Staatszieles, einer metaphysischen Entität, der zu dienen ist, oder im Sinne eines Dogmas, das nicht gebrochen werden kann. Freilich muss dieses Dogma, diese ewige Regel von großer Bedeutung sein, damit die darauf gegründete Wirtschafts- und Gesellschaftsordnung auch eine kollektivistische genannt werden kann. Ein Scheinziel oder ein Scheindogma, das für die meisten ökonomischen Fragen irrelevant ist, hat auf den Charakter der Wirtschaftsordnung keinen Einfluss.

Es gibt also ein ordnungskonstituierendes Merkmal, ein fundamentum divisionis. Ändert sich dieses, ist das Resultat ein „qualitativer Sprung" in eine

---

28 Vgl. Kloten (1989), S. 122 und Lösch (1975), S. 96.

29 Vgl. Ritter (1995), S. 236; Eucken (1952), S. 14 und S. 182; Krüsselberg (1989), S. 223 und 226.

30 Vgl. Ritter (1995), S. 236 f. Eine Gegenposition nahm Schumpeter ein, der glaubte, Demokratie könne auch ohne Marktwirtschaft bestehen. Vgl. Schumpeter (1942). Dagegen meinte Hayek, dass Marktwirtschaft eine notwendige, aber nicht hinreichende Bedingung für Demokratie darstelle. Vgl. Kornai (2006), S. 217. Über die Vermutung, Demokratisierung könne sich negativ auf wirtschaftliche Entwicklung ausüben, und ihre empirische Widerlegung, vgl. Rodrik und Wacziarg (2005).

31 Vgl. Hayek (1981), S. 15.

32 Ludwig von Mises wies auf die „Fabel der Gemeinwirtschaft", die das kollektive Ziel durch eine „unio mystica", eine legendenhafte Verbindung des Einzelnen mit dem Kollektiv zu begründen suche. Vgl. Mises (1940), S. 136 f. des Nachdrucks.

neue Wirtschaftsordnung.[33] Bleibt trotz Wandel die Ausprägung des ordnungskonstituierenden Merkmals gleich, handelt es sich bestenfalls um eine Reform.[34]

1.3.2. Aufgaben der Transformationspolitik

Der ökonomische Transformationsprozess umfasst eine Vielzahl von einzelnen Aspekten. Als grobe Einteilung der Transformationsaufgaben kann die Unterscheidung nach Liberalisierung, Stabilisierung, Privatisierung und institutionellen Reformen dienen.[35] Strukturell sind die übergeordneten Erkenntnisgegenstände die Geschwindigkeit und die Schrittfolge der Transformation.[36] Zur ökonomischen Analyse müssen - je nach Fragestellung - die Aufgaben weiter differenziert werden. Eine Übersicht gibt Tabelle 1: Differenzierung der Aufgaben der Transformationstheorie.

Man könnte die Aufteilung - bei anderer Begriffsdefinition - auch komplett umstellen. Besonders der gewählte Begriff der „institutionellen Reformen" könnte in einem weiteren Sinne als Oberbegriff für alle transformationspolitischen Schritte angewandt werden.

Liberalisierung bedeutet in ihrer einfachsten Variante, dass staatliche Eingriffe in den Preis-, Einkommens- und Vermögensbildungsprozess zurückgenommen werden. Es geht um die Freigabe der Bildung eines neuen Systems der relativen Preise mit all' seinen Effizienz- und Verteilungswirkungen. Je nach Ausgestaltung der Eigentumsrechte vor der Liberalisierung sind Tendenzen der Wirkungen abschätzbar. Liberalisierung ist von allen oben genannten Aufgaben der Transformation die einzige, die tatsächlich im Sinne einer Schocktherapie[37] unmittelbar ohne Zeitverzögerung durchgeführt werden kann.[38] Bei einem eher graduellen Vorgehen kann Liberalisierung allerdings

---

33 Vgl. Glastetter (1995), S. 456 und Kloten (1989), S. 99.

34 Transformationen sind somit „systemüberwindende Reformen" nach Ritter (1991), S. 164.

35 Für ähnliche Abgrenzungen vgl. Streeten (1993), S. 1292, Nunnenkamp und Funke (1992), Krelle (1991), S. 23 ff., Funke (1993), Sachs (1996), S. 128, Baer und Maloney (1997), S. 314 f., Fischer, Sahay und Végh (1996), S. 45 f., Sell und Gehle (1995), S. 4, Cassel und Apolte (1994), S. 13, Schwarz (1995), Feldmann (2000) sowie Fischer und Sahay (2001), Figure 6.

36 Vgl. Weiss (1993). Für eine Übersicht über die wichtigsten Schrittfolgenvorschläge vgl. Sell und Gehle (1995), S. 194.

37 Vgl. Funke (1993), S. 355 ff, Glastetter (1995), S. 458, Clement et alii (1997), S. 14, Worldbank (1996), S. 10 f. und Svejnar (2002), S. 4 f.

38 Andere Autoren rechnen auch makroökonomische Stabilisierung zu den sofort umsetzbaren Maßnahmen, betonen aber gleichzeitig den hohen Zeitbedarf für Stabilisierung. Vgl. Fischer, Sahay und Végh (1996), S. 46.

auch nach funktionellen, institutionellen, personellen und spatialen Kriterien aufgeteilt werden, weshalb sich das Gros der Debatte betreffend der Liberalisierung um die Geschwindigkeit und Schrittfolge innerhalb derselben dreht. Da nicht wenige Transformationsstaaten gerade die Liberalisierung zügig umsetzten, konzentrierte sich die armuts- und verteilungspolitische Debatte anfangs sehr stark auf die Wirkungen der Liberalisierung. Die Unsicherheiten der modelltheoretischen Erörterung der Liberalisierung und der Erkenntnisstand ihrer Wirkungen auf armuts- und verteilungspolitische Ziele werden im Kapitel 4 in Abschnitt 4.5.1 erörtert.

Tabelle 1: Differenzierung der Aufgaben der Transformationstheorie

Liberalisierung	binnenwirtschaftliche Liberalisierung außenwirtschaftliche Liberalisierung (handelspolitisch / währungspolitisch) Liberalisierung des Finanzmarktes
Stabilisierung	geldpolitische Stabilisierung fiskalpolitische Stabilisierung
Privatisierung	Privatisierung der Kleinunternehmen Privatisierung der Großunternehmen
Institutionelle Reformen	Rechtssystem Politisches System Sozialsystem Finanzinstitutionen

Stabilisierung im Transformationsprozess unterscheidet sich nicht grundsätzlich von der klassischen makroökonomischen Aufgabe fortwährender Stabilisierung. Aufgrund des in Transformationsländern hohen Geldüberhangs zu Beginn der Transformation kann die dort notwendige Stabilisierung mit der Stabilisierung in Hochinflationsländern verglichen werden.[39] Stabilisierung stellt jedoch kein Transformationsthema im engeren Sinne dar, sondern wurde als klassisches Makrothema der Ökonomik bereits in vielen Ländern unabhängig von Liberalisierung, Privatisierung und institutionellen Reformen untersucht (zum Beispiel Stabilisierung in Lateinamerika in den 1980er Jahren sowie die Problematik der Strukturanpassungsprogramme). Die empirischen Ergebnisse von Stabilisierungsbemühungen sind partial betrachtet auch in Transformationsländern nicht signifikant verschieden von den oben erwähnten.[40] Auch die armuts- und vertei-

[39] Vgl. Fischer und Sahay (2001), S. 6, Sachs (1996), S. 128, Fischer, Sahay und Végh (1996), S. 51, Weiss (1993), S. 258, Koop und Nunnenkamp (1994), S. 69 f., De Masi und Koen (1996), Shokhin (1994), S. 18 und Lenain (1998), S. 23.

[40] Vgl. Fischer, Sahay und Végh (1996), S. 50, De Melo, Denizer und Gelb, (1996), S. 409 und Worldbank (1996), S. 35.

lungspolitischen Implikationen der Stabilisierung wurden im Rahmen der Stabilisierungsprogramme in den 1980er und 1990er Jahren intensiv erörtert. Die Unsicherheit partialanalytischer Stabilisierungsmodelle wird in Abschnitt 4.5.2 erörtert.

Privatisierung der Unternehmen ist ähnlich wie Liberalisierung ein potentiell abschließbares Politikfeld der Transformationspolitik. Sie erfordert zwecks Durchführung mehr Zeit als schnelle Liberalisierung, erzielt aber allokations- und verteilungspolitisch schnellere Ergebnisse, da es um die direkte Verteilung von Vermögen geht. Hierbei geht es um ein verteilungspolitisches Kernthema. Denn ungeachtet der ökonomischen Prozesse der Einkommensentstehung und –verteilung, kommt der Anfangsverteilung der Produktionsfaktoren ein nicht nur kurzfristiger Einfluss auf die Ungleichheit der Einkommensverteilung sowie die Armutslage in einer Gesellschaft zu. Die Unsicherheiten über partialanalytische Modelle der Privatisierung werden im Abschnitt 4.5.3 beschrieben.

Institutionelle Reformen schließlich erfordern von den potentiell abschließbaren Transformationsaufgaben die meiste Zeit.[41] Sie wirken dafür aber auch deutlich langfristiger. Ihre letztliche Wirkungsintensität und Richtung muss daher mit langem Vorlauf geschätzt werden, messbare Ergebnisse treten sehr spät ein und lassen sich dann auch nur bedingt noch der jeweiligen institutionellen Reform zuordnen. Die Unsicherheiten der Modelle zu institutionellen Reformen werden unten im Abschnitt 4.5.4 dargelegt.

1.3.3. Armuts- und Verteilungspolitik als transformationspolitische Aufgaben

In der obigen Darstellung der transformationspolitischen Aufgaben, die sich an der damaligen Literatur orientiert, fehlt die Einordnung der Armuts- und Verteilungspolitik. Dies trägt zunächst der wissenschaftshistorischen Tatsache Rechnung, dass der Distributionspolitik im Rahmen der Transformationspolitik zunächst eine rein korrigierende Rolle zugeschrieben wurde. In den Transformationsländern wie auch in den sie beratenden Institutionen lag das Augenmerk auf der Transformation der Wirtschaftsordnung, auch um das historische Zeitfenster angesichts der Gefahr einer politischen Revision zu nutzen. Wirtschaftspolitische Vorstellungen, die vorgaben, verteilungspolitische Ziele zu verfolgen, waren zudem historisch zunächst diskreditiert.

Aus heutiger Sicht gibt es drei Ansätze zur Einbindung der Verteilungs- und Armutspolitik in die Aufgaben der Transformationspolitik:

---

41 Vgl. Svejnar (2002), S. 4 f., European Bank for Reconstruction and Development (Hrsg.), (2000), S. 13 f. sowie Fischer und Sahay (2001), S. 30.

(i) Verteilungs- und Armutspolitik als ex-post korrigierende Umverteilung, etwa über Transfers zur Gestaltung der Sekundärverteilung,

(ii) Verteilungs- und Armutspolitik als institutionelle Reform der Sozialeinrichtungen und

(iii) Verteilungs- und Armutspolitik als integrierte Querschnittsaufgabe, die bei jeder einzelnen transformationspolitischen Aufgabe mitzudenken und durchzuführen ist.

Der konzeptionelle Anspruch sowie die Voraussetzungen einer erfolgreichen Implementierung steigen innerhalb der drei Ansätze von (i) bis (iii). Bezüglich der Variante (ii) könnte entgegnet werden, dass sie nur eine Unterform der allgemeinen Querschnittsaufgabe wie in Ansatz (iii) angegeben, darstellt. In der Tat nehmen auch in Ansatz (ii) die Verteilungs- und Armutspolitik stärker Einfluss auf andere Politikfelder, wenn sie denn mehr leisten sollen als eine allokativ optimale Gestaltung der Sozialeinrichtungen.

In den folgenden Kapiteln wird stets versucht, die Unsicherheiten einer umfassenden Verteilungs- und Armutspolitik darzulegen. Die Überlegungen orientieren sich aber an dem wirtschaftshistorischen Faktum eines Primats der oben genannten transformationspolitischen Aufgaben und des Versuches, diese mehr oder weniger stark durch verteilungs- und armutspolitische Konzepte zu beeinflussen.

1.3.4. Indikatoren für Transformationsfortschritte

Für die Erörterung der Unsicherheit der Verteilungs- und Armutspolitik im ökonomischen Transformationsprozess ist die Erfassung der Transformationsfortschritte unerlässlich. Sie verdeutlicht den tatsächlichen Ablauf der Transformation in den ersten Jahren und bildet damit die empirische Grundlage der transformationstheoretischen Modellbildung. Sie dient darüber hinaus auch der Unterstützung einer rationalen Erörterung der theoretischen Unsicherheiten, weil sie wichtige empirische Grundtatbestände darlegt.

Die ordnungspolitische Transformation, die in dieser Arbeit erörtert wird, besteht in ihrem Kern aus dem Übergang von einer kollektivistischen Wirtschaftsordnung mit mindestens einem nicht hinterfragten Dogma zu einer individualistischen Wirtschaftsordnung, in der Regeln sich individualistisch rechtfertigen lassen müssen. Angesichts der vielfältigen Eingriffe des Staates in das Wirtschaftsleben in ehemals kollektivistischen Staaten und eingedenk der vielen möglichen inkonsistenten ordnungspolitischen Mischformen, bei denen Transformation stehen bleiben kann, erfolgt Transformation jedoch nicht mittels eines einzigen Beschlusses, sondern muss als langwieriger Prozess aufgefasst werden.[42]

Bewertet man die einzelnen Schritte in der Umwandlung der Wirtschaftsordnung und klassifiziert die entstehenden Teilordnungen nach ihrer Ähnlichkeit zu den entsprechenden Teilordnungen in einer idealistischen individualistischen Wirtschaftsordnung, kann man den erreichten Stand des Transformationsprozesses messbar machen. Nach dieser Grundidee verfahren nahezu alle Einordnungen über Transformationsprozesse. Bevor Beginn und Ablauf des Transformationsprozesses schematisch dargestellt werden können, muss daher erörtert werden, welche Indikatoren für den Transformationsfortschritt gewählt werden.

1.3.4.1. Wahl der Indikatoren

Bei der Abwägung verschiedener Indikatoren des Transformationsfortschrittes bestehen zwei verschiedene Probleme:

- Adäquanzproblem: Bildet ein Indikator die zu messende Eigenschaft adäquat ab?
- Messproblem: Kann der Indikator hinreichend genau und zeitnah gemessen werden?

Ersteres ist Gegenstand der folgenden theoretischen Erörterung, wonach die Erörterung des Messproblems folgt. Anschließend stellt sich das praktische Problem der Verfügbarkeit der Daten zur Messung des Indikators. Es erscheint sinnvoll, nach der Prüfung der Verfügbarkeit eine pragmatische Entscheidung für den verfügbaren Indikator mit der relativ besten Messgenauigkeit und Adäquanz zu fällen.

Die Adäquanz von Indikatoren zur Messung des Transformationsfortschrittes leidet unter zwei Grundproblemen:

a) der Vielzahl von transformationspolitischen Aufgaben und Maßnahmen und ihrer Vergleichbarkeit,
b) der Notwendigkeit, landesspezifische Aspekte in einem internationalen Vergleich zu berücksichtigen.

Zu a)

Will man Fortschritte bei den einzelnen Aufgaben der Transformationspolitik feststellen, so müssen verschiedene reale ordnungspolitische Stufen (qualitative Merkmale) in eine Rangfolge gebracht werden (ordinale Merkmale), deren Abstände entweder gleich oder zumindest relativ zueinander berechenbar (kar-

---

42 So gibt zum Beispiel der Transition Report 1999 einen Ausblick auf die zweite Dekade des Transformationsprozesses. Vgl. European Bank for Reconstruction and Development (Hrsg.), (1999), S. IV.

dinale Merkmale), und die zudem relativ zu einer Referenzsituation, die das kollektivistische oder individualistische System kennzeichnet, bestimmbar sind.

Darüber hinaus stößt die Konstruktion eines Gesamtindikators des Transformationsfortschrittes auf das Problem der Aggregation von Einzelwerten aus den vorher abgegrenzten Teilbereichen. Neben der Skalierung innerhalb der Teilordnungen stellen sich also die Fragen der Gewichtung der einzelnen Teilordnungen und Teilschritte sowie deren Kommensurabilität.[43] Es ist a priori nicht klar, ob alle Teilschritte gleichgewichtet werden sollen oder ob einzelne Aufgaben von herausragender transformationspolitischer Bedeutung sind. Als Maß mag das Eucken'sche „wirtschaftsverfassungsrechtliche Grundprinzip" dienen, wonach die Herstellung eines funktionsfähigen Preissystems zum wesentlichen Kriterium jeder wirtschaftspolitischen Maßnahme gemacht werden müsse.[44] Doch besteht Transformation nicht allein aus Liberalisierung der Preise und kann hinreichende Konkurrenz nicht einfach angeordnet werden.

Für Eucken ergaben sich sechs konstituierende Prinzipien für eine Marktwirtschaft: Preisniveaustabilität, offene Märkte, Privateigentum, Vertragsfreiheit, Haftung der Akteure und Konstanz der Wirtschaftspolitik.[45] Eingedenk der Interdependenz der Ordnungen kann die transformationspolitische Bewertung über den erreichten „Ordnungsgrad" in einer Teilordnung oder einem konstituierenden Prinzip aber nicht losgelöst von anderen Teilordnungen erfolgen.

> „Die Zusammengehörigkeit der Prinzipien geht so weit, dass einzelne von ihnen bei isolierter Anwendung ihren Zweck völlig verfehlen."[46]

Mithin lassen sich Transformationsfortschritte in einzelnen Bereichen nicht zwingend mit Stillstand oder gar Rückschritt in anderen Bereichen „verrechnen". Zudem erfordern die Transformationsschritte in den verschiedenen Teilordnungen unterschiedlich viel Zeit. Die zeitgleiche Verwirklichung bestimmter Maßnahmen kann gegenüber der sequentiellen Verwirklichung suboptimal sein, wenn unterschiedlich lange Wirkungsverzögerungen zu erwarten sind. Darin liegt auch die Bedeutung der Gewichtung der Schnelligkeit einzelner Schritte, denn erreichte Transformationsschritte begünstigen in vielen Fällen den Erfolg anderer Schritte. Beispielsweise gewährleistet nur eine hinreichend große Zahl ökonomisch rational agierender Marktteilnehmer die Funktionalität des Preismechanismus.[47]

---

43 Vgl. Clement et alii (1997), S. 23.
44 Vgl. Eucken (1952), S. 254.
45 Vgl. Eucken (1952), S. 257, S. 265 f., S. 271 f., S. 275 f., S. 280 f. und S. 288 f.
46 Vgl. Eucken (1952), S. 291.
47 Vgl. Hemmer (1986), S. 5 und (1988), S. 300.

Zu b):

Neben diesen abstrakten Erörterungen, die das Ziel eines adäquaten Transformationsmaßes schon als nicht erreichbar erscheinen lassen, gibt es noch zahlreiche landesspezifische Aspekte, die das Adäquanzproblem verschärfen.[48] Die einzelnen Transformationsschritte können in verschiedenen Ländern eine stark unterschiedliche Bedeutung für die Wirtschaftsordnung wie für die wirtschaftspolitische Performanz bewirken. Wenn zwei Länder gleichzeitig die Privatisierung der Kleinbetriebe durchführen, so hat das in dem Land mit relativ größerem Marktanteil der Großbetriebe eine geringere Wirkung als in dem Land. Wertet man den Abstand zum konstituierenden Prinzip „Privateigentum", so sind beide Länder nicht gleichweit im Transformationsfortschritt. So müsste bei der Bewertung des Transformationsfortschrittes nach landesspezifischen wirtschaftsstrukturellen Kriterien differenziert werden, um formal gleiche Schritte angemessen gewichten zu können.[49]

Wichtige landesspezifische Kriterien sind:[50]

- die gegebene Aufteilung in die nach dem System of National Accounts abgegrenzten Sektoren einer Volkswirtschaft: Urproduktion, Industrie und Dienstleistungsbereich,
- die wirtschaftsgeographische Struktur der Volkswirtschaft,
- die Aufteilung der Volkswirtschaft in einen formellen und einen informellen Sektor,
- die gegebene Einbindung in die Weltwirtschaft,
- die geographischen Nähe zu entwickelten Marktwirtschaften und schnell transformierenden Transformationsländern,
- die Einbindung(sversuche) in internationale Organisationen (NATO, WTO, OECD, EU) sowie die Intensität der Beziehungen zur Weltbank und dem Internationalen Währungsfonds,
- die Zeitdauer, die ein Land unter kommunistischer Herrschaft verbracht hat, als Indikator für Verhaltensannahmen,[51]
- die gesellschaftspolitischen Strukturen, insbesondere das Zusammenspiel zwischen formellem und materiellem Recht,
- das Bildungs- und Ausbildungsniveau und

---

48 Zu der Bedeutung landesspezifischer Aspekte vgl. European Bank for Reconstruction and Development (Hrsg.), (2000), S. 30 f.

49 Vgl. Murrell (1996), S. 32.

50 Vgl. Kornai (2006), S. 208 und 224 sowie Fischer und Sahay (2001), S. 34.

51 Immerhin hatten die GUS in der Regel rund eine Generation länger unter kommunistischer Herrschaft gelebt.

- die vorhandene Infrastruktur, um bestimmte wirtschaftliche Tätigkeiten auch privatwirtschaftlich gewinnbringend betreiben zu können.

Je nach Ausprägung jedes dieser Kriterien verändert sich die transformationspolitische Bedeutung des gleichen Transformationsschrittes für das betreffende Land. Zur Verdeutlichung einige Beispiele: Die Privatisierung der erdölfördernden Betriebe stellt einen umso bedeutsameren Transformationsschritt für eine Volkswirtschaft dar, je größer (absolut und relativ) die Erdölressourcen dieses Landes sind. Die Existenz eines bedeutsamen informellen Sektors wie auch eine große Diskrepanz zwischen formellem und materiellem Recht bedeuten, dass formelle Transformationsschritte möglicherweise real kaum oder mit starker Zeitverzögerung Auswirkungen zeitigen. Andererseits deutet ein informeller Sektor bereits auf die Umgehung der staatlichen Kollektivwirtschaft hin und muss in der Ausgangssituation als individualistisches Element entsprechend berücksichtigt werden.

Transformationspolitische Maßnahmen entfalten auch eine gewisse Eigendynamik über die mit ihnen verbundenen Erfolge. So können scheinbar kleine und unbedeutende Schritte mit guten Erfolgen mittel- bis langfristig die Fortführung des Transformationsprozesses sowie seine Akzeptanz positiv beeinflussen. Besonders Wachstums- und Verteilungswirkungen spielen eine große Rolle.

Daneben beeinflussen struktur- und regionalpolitische Vorstellungen sowie partei- und personalpolitische Rücksichtnahmen den Transformationsprozess. Zu einer ergebnisorientierten Bewertung des Transformationsfortschrittes müsste daher die landesspezifische politisch-gesellschaftliche Struktur – wie etwa die Akzeptanz der Freiheit und ihrer Folgen – berücksichtigt werden. Darüber hinaus können nicht alle personenbezogenen Voraussetzungen für marktwirtschaftliches Handeln in allen Transformationsländern gleichermaßen vorausgesetzt werden. Dazu gehört ein verbreiteter Grundstock an Wissen, das den Umgang in Freiheit und Marktwirtschaft erst ermöglicht.[52] Es müsste einbezogen werden, inwieweit tatsächlich ökonomisches Rationalverhalten in einzelnen Ländern gegeben ist. Cum grano salis steht nach bisheriger Erfahrung zu erwarten, dass marktwirtschaftliches Handeln und ökonomisches Rationalverhalten in den Transformationsländern in einer Weise vorausgesetzt werden können, die eine individualistische Gesellschaft ermöglicht.[53] Es ist aber denkbar, dass gleiche Transformationsschritte aufgrund unterschiedlicher personenbezogener Voraussetzungen kurz- bis mittelfristig stark divergierende Wirkungen hervorbringen können.

---

52 Vgl. Hemmer (1988), S. 306.
53 Vgl. Fasbender und Holthus (1990), S. 7 f.

Zusammenfassend: Der Vergleich der Transformationsschritte zwischen einzelnen Transformationsländern lässt sich ohne landesspezifische Faktoren nicht sinnvoll gestalten. Ihre Einbeziehung hingegen erhöht die Subjektivität in der Skalierung und Gewichtung erheblich.[54]

1.3.4.2. Messprobleme

Die Messprobleme hängen zum Teil direkt mit dem Adäquanzproblem zusammen. Die Transformation von qualitativen in kardinale Merkmalsausprägungen kann als Messproblem gesehen werden. Schon die rein qualitative Beschreibung der Ausprägung eines ordnungspolitischen Merkmals erscheint unter den obigen Darlegungen, besonders hinsichtlich der Berücksichtigung von Landesspezifika als schwierig. Die daraus zu entwickelnde Kardinalisierung ist zudem nur mit einem hohen Maß an Subjektivität möglich.

Daneben ergeben sich enorme Probleme bei der gewünschten Konstruktion eines Gesamtindikators. Diese Konstruktion wird nahezu unmöglich, wenn die Teilindikatoren untereinander korrelieren, wenn sie nicht statistisch gleichverteilt und die Ausprägungen nicht äquidistant sind bzw. ihre Distanz nicht hinreichend genau bestimmbar ist.[55] Hilfreich wäre eine große Fallzahl, die allerdings bei der historisch begrenzten Zahl an Transformationsländern nicht erreicht werden kann.[56]

Jede Messung des Transformationsfortschrittes kann daher auf berechtigte Kritik stoßen. Will man nicht auf die Messung ganz verzichten, muss man pragmatisch abwägen zwischen mehr Subjektivität und größerer Unvollständigkeit. Dies lässt sich rechtfertigen, wenn dieser Pragmatismus von möglichst viel Plausibilität und vor allem Transparenz begleitet wird. Für den Pragmatiker ergeben sich zudem ein erkenntnistheoretischer und ein wissenschaftstheoretischer relativierender Aspekt: Zum Einen mildern sich die Probleme des Vergleichs der landesspezifischen Transformation, wenn primär die Veränderungen betrachtet werden. Darüber hinaus ist die Argumentation mit gemessenem Transformationsfortschritt dann weniger angreifbar, wenn die Messung von einer vom Argumentierenden unabhängigen Institution vorgenommen wurde und von anderen Wissenschaftlern bereits verwendet wurde. Intersubjektive Plausibilität entspricht nicht der Objektivität, kann diese aber pragmatischerweise ersetzen.

---

54 Aus methodischen Gründen verzichten einige Autoren daher auf die Konstruktion eines Gesamtindikators. Vgl. Clement et alii (1997), S. 3.

55 Vgl. Clement et alii (1997), S. 23.

56 Vgl. Clement et alii (1997), S. 23.

1.3.4.3. Verfügbarkeit

Der Transformationsfortschritt wird in einer Reihe von Studien gemessen. Hier interessieren vor allem Studien, in denen Indikatoren möglichst konform zum ordnungstheoretischen Verständnis des Transformationsprozesses für möglichst viele Staaten über einen möglichst langen Zeitraum gemessen wurden. Dennoch soll der Vergleichbarkeit halber auch auf andere Studien verwiesen werden. Einen subjektiven Ansatz in der Messung des Transformationsfortschrittes verfolgt die Kölner Forschungsstelle für empirische Sozialökonomik mit ihrem Transformationsbarometer.[57] Dabei wird die Bevölkerung nach ihren Einstellungen zu Demokratie und Marktwirtschaft, ihrer Einschätzung der wirtschaftlichen Entwicklung, ihrer eigenen finanziellen Lage und ihren persönlichen Wertvorstellungen befragt. Aus den Ergebnissen der repräsentativen Umfrage (1000 bzw. 2000 Personen) wird das Transformationsbarometer entwickelt, das als Indikator für den Reformstand dienen kann. Der Ansatz über die Befragung mildert einige Messprobleme. Die Adäquanzprobleme verbleiben hingegen weitgehend. Die Studie wurde jedoch nur 1997 und für Polen, Ungarn, Tschechien und Russland vorgenommen.

Einige Indikatoren messen primär die makroökonomische Performanz. Dazu zählt zum Beispiel der Entwicklungsindex nach dem Weltentwicklungsbericht[58] oder das Investitionsklima gemessen im BERI-Index.[59] Sie können hier nicht verwendet werden, da die rein erfolgsorientierte Betrachtung über die ordnungspolitische Situation wenig aussagt und zudem zahlreiche Teilindikatoren enthält, die andere unabhängige Teilziele messen. Ähnlich verhält es sich mit dem von internationalen Ratingagenturen festgestellten Rating für Kapitalaufnahme, das als Maß für den Transformationsfortschritt dienen könnte.[60] Zu den genannten Einschränkungen kommt hinzu, dass derartige Ratings erst im fortgeschritteneren Stadium des Transformationsprozesses verfügbar sind.

Speziell für die Transformationsländer wird vom Freedom House in New York der Freedom House Index publiziert. Dieser erfasst jedoch primär die gesellschaftlich-politischen Reformen der Transformationsländer unter Einbeziehung wirtschaftlicher und wirtschaftspolitischer Transformation. Der Index basiert auf Urteilen von Länderexperten, die ihn auf einer gemeinsamen Konferenz festlegen.[61]

Eher auf rein ordnungstheoretische Aspekte abgestimmt ist der Economic Freedom Index, der vom Fraser-Institut in Vancouver ermittelt wird. Er erfasst

---

57 Vgl. Haarland und Niessen (1997).

58 Vgl. zum Beispiel World Bank (1997).

59 Vgl. Clement et alii (1997), S. 21.

60 Vgl. Lenain (1998), S. 23.

61 Vgl. Clement et alii (1997), S. 27.

den Grad der wirtschaftlichen Freiheit von Ländern und liegt (zum Teil in rückwirkender Ermittlung) für die Zeit von 1970 bis 1997 vor.[62] Das Fraser-Institut befragt Partnerinstitute in den jeweiligen Ländern nach ihrer subjektiven Einschätzung und ermittelt auch einen kumulierten Index. Wegen der hohen Komplexität und der notwendigen subjektiven Bewertungen ist der Index stark angreifbar, obwohl sich das Institut um eine hohe Transparenz in methodischen Details bemüht.[63] Jedoch waren bis zum Ende des letzten Jahrzehnts, des ersten der Transformationsgeschichte, viele Transformationsländer (Kasachstan, alle Turkstaaten, alle asiatischen Transformationsländer außer China) noch nicht erfasst.[64] In Konkurrenz zum Index des Fraser-Institutes steht der seit 1995 veröffentlichte Index of Economic Freedom der Heritage Foundation (zusammen mit dem Wall Street Journal).[65]

Seit 1994 wird von der European Bank for Reconstruction and Development (EBRD) ein speziell auf die Bedürfnisse der Transformationsstaaten entwickelter multidimensionaler Index des Transformationsfortschrittes im einleitenden Teil des jährlichen Transition Reports „Transition in Progress" publiziert. Der Index wird von den Länderexperten der EBRD vergeben. Die EBRD hat den Index über die Jahre weiterentwickelt, aber das Grundkonzept bis zuletzt beibehalten. Im Jahre 2000 wurden sogar rückwirkend für die Jahre 1991 bis 1993 Indikatoren aufgrund einer Auswertung von damaligen Publikationen veröffentlicht; intern verwendet die EBRD sogar Indikatoren ab 1989.[66] Daher liegen bis einschließlich 2005 nunmehr 15 Werte über den Stand des Transformationsfortschrittes (für sechs bis zwölf Dimensionen) für 25 Transformationsländer vor. Leider umfasst der Bericht nicht die asiatischen Transformationsländer. Bestimmung und Messung dieser Indizes unterliegen den oben beschriebenen Problemen, sind mithin ebenso angreifbar.[67]

Für den EBRD-Indikator spricht jedoch die zeitnahe Bewertung und dass er in der Literatur vielfältig verwendet wird.[68] Von einigen Wissenschaftlern wurde darüber hinaus der sechs- bis zwölfdimensionale Indikator sogar per Durchschnittsbildung bzw. Summenbildung aggregiert und für Regressionen verwendet.[69] Trotz einer in vielen Fällen beobachteten positiven Korrelation

---

62 Vgl. Gwartney und Lawson (1999).
63 Vgl. Clement et alii (1997), S. 25 f.
64 Vgl. Gwartney, Lawson und Samida (2000).
65 Vgl. Clement et alii (1997), S. 27 f.
66 Vgl. European Bank for Reconstruction and Development (Hrsg.), (2000), S. 30 ff.
67 Dies wurde immer wieder von der EBRD selbst betont. Vgl. bereits European Bank for Reconstruction and Development (Hrsg.), (1994), S. 9 ff.
68 Der EBRD-Indikator ist auch für das Osteuropa-Institut der wichtigste Vergleichsmaßstab. Vgl. Clement et alii (1997), S. 5 ff.
69 Vgl. Sachs (1996), S. 128 f.

zwischen ökonomischer Transformation und politischer Liberalisierung spricht für den EBRD-Indikator, dass er sich primär auf ökonomische Aspekte beschränkt und mithin der oben formulierten Zielrichtung dieser Arbeit näher kommt.[70] Daher wird auch in der vorliegenden Arbeit aus pragmatischen Gründen auf die Einschätzung der EBRD über den Transformationsprozess zurückgegriffen.

Daten über die asiatischen Transformationsländer können aus Vergleichen des asiatischen mit dem europäischen Transformationsprozess herangezogen werden. So hat die Weltbank 1996 einen Liberalisierungsindex veröffentlicht, der sich aus drei Merkmalen zusammensetzt, seit 1989 bestimmt wurde und auch asiatische Transformationsländer umfasst.[71]

1.3.5. Beginn der Transformation

Warum es in verschiedenen Ländern zum Beginn der ordnungspolitischen Transformation kam, ist eine historische Frage, auf die es aufgrund des multikausalen Zusammenhanges wohl keine eindeutige Antwort gibt. Die Antwort darauf ist wohl primär im politischen Bereich und der mangelnden Legitimation der das Dogma tragenden Kräfte (oft: Einheitspartei) aufgrund der absolut und relativ mangelhaften ökonomischen Lage zu suchen.[72] Historisch gesehen begann der Transformationsprozess in Asien früher. Insbesondere der Beginn der Reformen in China im Jahre 1978 und ihre sichtbaren Erfolge könnten eine günstige Rolle für den Beginn weiterer Transformationen gespielt haben.

Lange nach dem chinesischen Reformbeginn folgten andere Staaten Asiens und schließlich Osteuropa und die damalige UdSSR. Die Tabelle 2: Beginn des Transformationsprozesses gibt einen Überblick über in der Literatur genannte Starttermine der ordnungspolitischen Transformation, ohne zu differenzieren, mit welchem Ziel diese Reformen begonnen wurden. Wichtig ist dabei nur, dass es sich um einen expliziten, zumindest teilweisen Wandel der Wirtschaftsordnung handelt.

Andere Transformationsländer, für welche ein „offizieller" Transformationsbeginn zum Teil wegen kriegerischen Auseinandersetzungen und Veränderungen der staatlichen Souveränität schwieriger festzustellen ist, sind: Slowe-

70 Vgl. De Melo, Denizer und Gelb (1996), S. 419, Murrell (1996), S. 31 und Mesa-Lago (1997), S. 503.

71 Vgl. grundlegend Worldbank (1996), S. 18 und 33 sowie De Melo, Denizer und Gelb (1996), S. 403.

72 Vgl. Starbatty (1996), S. 37 f.

nien, Kroatien, Mazedonien, Albanien, Bosnien-Herzegowina,[73] Georgien, Usbekistan, Aserbaidschan, Tadschikistan und Turkmenistan. Kuba kann dagegen nach den bisherigen zögerlichen Reformen zu Beginn der 1990er Jahre noch nicht zu den Transformationsländern gezählt werden.[74]

Tabelle 2: Beginn des Transformationsprozesses

1978	1987	1989	1990	1991	1992
China[b,c]	Laos[b], Vietnamb	Mongolei[b]	Bulgarien[a], Polen[a], Rumänien[a], Tschechoslowakei[a]	Estland[d], Ungarn[a]	Armenien[d], Kasachstan[d], Kirgisistan[d], Lettland[d], Litauen[d], Moldawien[d], Russland[a,d], UdSSR[a,d], Ukraine[a,d], Weißrussland[d]

a: Vgl. Cornia (1994), S. 578.

b: Vgl. Diehl (1994), S. 493 f.

c: Vgl. Bell, Khor und Kochhar (1993), S. 75 f.

d: Vgl. EBRD (Hrsg.), (1996), S. 2.

1.3.6. Darstellung des Transformationsfortschrittes

Zur Darstellung des Transformationsfortschrittes wird auf den entsprechenden Indikator der EBRD zurückgegriffen.

1.3.6.1. Konzeptbeschreibung

Die EBRD ermittelte zum ersten Male 1994 den Transformationsfortschritt für 25 Staaten und publizierte neben dem Anteil des Privatsektors am BIP noch Werte für den Fortschritt auf folgenden sechs Transformationsaufgaben: Privatisierung der Großunternehmen, Privatisierung der Kleinbetriebe, Unternehmensführung und -umstrukturierung, Preisliberalisierung und Wettbewerbspolitik, Außenhandels- und Wechselkurssystem und schließlich Reform des Bankensystems.[75] Für diese sechs Aufgaben wurden „Noten" von eins bis vier vergeben, wobei mit zunehmendem Notenwert eine Annäherung der ordnungspolitischen Situation an reale marktwirtschaftliche Staaten (OECD-Standard) ausgedrückt wurde. Der Wert „eins" entspricht dem Status einer rigide umgesetzten Zentralplanwirtschaft oder nur geringfügigen Abweichungen davon.[76]

[73] Für Bosnien-Herzegowina liegen kriegsbedingt auch von der EBRD erst ab 1998 Daten zum Transformationsfortschritt vor. Vgl. European Bank for Reconstruction and Development (Hrsg.), (1998), S. 25.

[74] Vgl. Mesa-Lago (1998).

[75] Vgl. European Bank for Reconstruction and Development (Hrsg.), (1994), S. 10.

[76] Vgl. European Bank for Reconstruction and Development (Hrsg.), (2000), S. 16.

Das Konzept wurde 1995 erweitert,[77] indem die beiden Aufgaben Preisliberalisierung und Wettbewerbspolitik aufgespalten, die Aufgabe Bankenreform durch die Liberalisierung der Zinsen erweitert und als zwei neue Aufgaben „Wertpapiermärkte und Nichtbanken-Finanzinstitute“ sowie „Rechtssystem“ eingeführt wurden. Damit ergaben sich neun Indikatoren, die 1995 allerdings von eins bis vier* reichten. Die Bewertung „vier*“ sollte einen Standard vergleichbar mit realen marktwirtschaftlichen Staaten markieren.

Das Konzept wurde 1996 erneut erweitert, indem der Indikator „Rechtssystem“ nun den aus zwei Unterbereichen „Umfang der Rechtsreformen“ und „Effektivität der Rechtsreformen“ zusammengesetzt wurde.[78] Lagen bis 1996 für alle betrachteten Länder alle Indikatoren vor, so wird ab 1997 kein Indikator für die Rechtsreform für Tadschikistan und Turkmenistan mehr angegeben. Dafür zeigt der Bericht Werte für die Rechtsreform in Bosnien-Herzegowina, aber keine anderen Fortschrittsindikatoren.[79]

Der Wert „vier*“ wurde 1997 durch das gleichwertige „vier^{+}“ ersetzt, und es erfolgt eine größere Differenzierung durch Plus- und Minus-Ergänzungen zu den bisherigen Bewertungen. Zum ersten Male errechnete die EBRD selber aggregierte und durchschnittliche Werte.[80] Seit 1998 werden zudem der Fortschritt in der Infrastruktur angegeben[81] und einige kardinale Werte über Umweltbelastung dargestellt.[82] Seitdem wird auch Bosnien-Herzegowina mit einbezogen.[83] Schließlich differenzierte die EBRD das Indikatorensystem im Jahr 1999 weiter durch die Aufteilung der Rechtsreform in „Finanzrecht“ und „Handelsrecht“.[84]

Für die folgende Darstellung werden durchschnittliche aggregierte Werte bei Gleichgewichtung der einbezogenen Aufgaben verwendet. Als Indikatoren dienen alle Transformationsaufgaben, die einschließlich der Nachbewertungen in späteren Jahren für alle Länder vollständig und konsistent vorliegen. Dies wären:

- Privatisierung der Großbetriebe („Großbetriebe“),
- Privatisierung der Kleinbetriebe („Kleinbetriebe“),
- Reform der Unternehmensstruktur („Unternehmensstruktur“),
- Liberalisierung der Preise im Binnenhandel („Preise“),

---

77 Vgl. European Bank for Reconstruction and Development (Hrsg.), (1995), S. 9.

78 Vgl. European Bank for Reconstruction and Development (Hrsg.), (1996), S. 14.

79 Vgl. Europäische Bank für Wiederaufbau und Entwicklung (Hrsg.), (1997), S. 12 ff.

80 Vgl. Europäische Bank für Wiederaufbau und Entwicklung (Hrsg.), (1997), S. 20 f.

81 Vgl. European Bank for Reconstruction and Development (Hrsg.), (1998), S. 44 f.

82 Vgl. European Bank for Reconstruction and Development (Hrsg.), (1998), S. 46 f.

83 Vgl. European Bank for Reconstruction and Development (Hrsg.), (1998), S. 25 ff.

84 Vgl. European Bank for Reconstruction and Development (Hrsg.), (1999), S. 43 ff.

- Liberalisierung des Außenhandels und der Währungskonvertibilität („Außenwirtschaft"),
- Schaffen eines marktwirtschaftlichen Wettbewerbsrechts („Wettbewerb"),
- Reform der Banken und Zinsliberalisierung („Banken"),
- Reform der Wertpapiermärkte und Finanzinstitutionen („Finanzmärkte").

Unter dem Blickwinkel der vorliegenden Arbeit ist kritisch anzumerken, dass soziale Fragen nicht berücksichtigt werden. Dabei stellt nicht zuletzt die institutionelle Ausgestaltung des Sozialsystems ein ordnungspolitisches Charakteristikum besonderer Aussagefähigkeit dar. Insgesamt wurden „institutionelle Aspekte" erst in jüngerer Vergangenheit systematisch von der EBRD ausgewertet.

Der Indikator „Rechtsreform" wird in die aggregierte Darstellung nicht einbezogen, weil er nur zeitweilig und nicht für alle 25 Länder vorliegt.[85] Bosnien-Herzegowina sowie die Republik Jugoslawien werden mangels Vollständigkeit überhaupt nicht einbezogen. Die Werte werden gemäß der Tabelle 3: Transformierung der EBRD-Indikatoren transformiert.[86]

Tabelle 3: Transformierung der EBRD-Indikatoren

EBRD	1	1+	2-	2	2+	3-	3	3+	4-	4	4+
hier	1	1,3	1,7	2	2,3	2,7	3	3,3	3,7	4	4,3

1.3.6.2. Transformationsfortschritte in einzelnen Aufgaben

Den Fortschritt in den einzelnen Transformationsaufgaben illustriert Abbildung 1: Transformationsfortschritt in den einzelnen Aufgaben.

Die Darstellung ist durch mindestens drei Aspekte verzerrt:

- Erstens hat die EBRD später aufgenommene Reformgebiete signifikant niedriger eingeschätzt als die ursprünglichen.
- Zweitens wurde 2003 eine Revision des Indikators für die Preisliberalisierung durchgeführt.[87] Allgemein wurde ab diesem Zeitpunkt die Liberalisierung der Preise für netzgebundene Dienstleistungen nur noch bedingt vorausgesetzt, um höhere Bewertungen als „3" auf diesem Reformgebiet zu erhalten. Die EBRD verwendete hernach eine revidierte (signifikant höhere) Reihe, die jedoch nicht vollständig publiziert wurde. Deshalb wird hier die gebrochene Reihe, so wie voll-

---

[85] Unberücksichtigt bleiben ebenso die später eingeführten Indizes für Reformen der Infrastruktur und im Umweltbereich.

[86] Vgl. European Bank for Reconstruction and Development (Hrsg.), (2000).

[87] Vgl. European Bank for Reconstruction and Development (Hrsg.), (2003), S. 18.

ständig publiziert, verwendet. Eine eigene Berechnung der nicht-revidierten Reihe ist anhand des Ausgangsmaterials nicht möglich.

- Eine dritte Verzerrung entsteht durch den nichtlinearen Verlauf des Transformationsfortschrittes. Teilweise traten unterjährige Verschlechterungen und beachtliche Schwankungen ein.[88] Diese Verzerrungen spielen jedoch bei einer Betrachtung über einen Zeitraum von 15 Jahren nur eine untergeordnete Rolle.

Abbildung 1: Transformationsfortschritt in den einzelnen Aufgaben

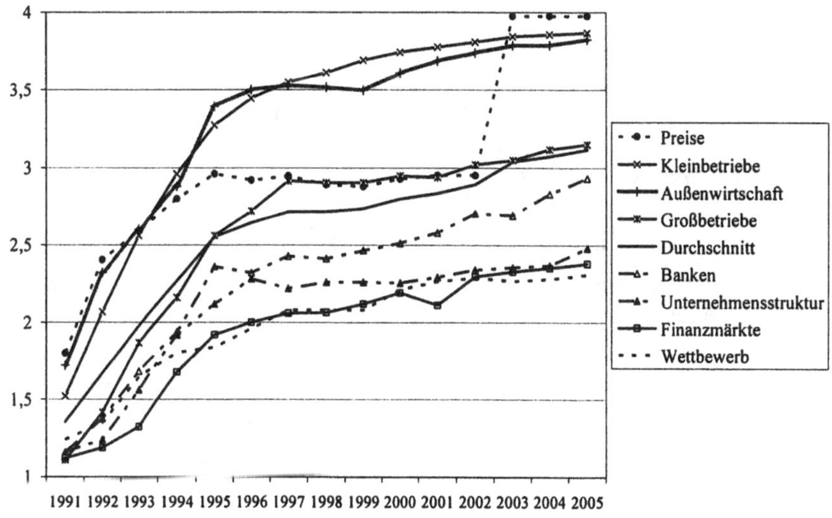

Quelle: Eigene Berechnungen nach European Bank for Reconstruction and Development (Hrsg.), (1994), (1995), (1996), (1998), (1999), (2000), (2001), (2002), (2003), (2004), (2005) und Europäische Bank für Wiederaufbau und Entwicklung (Hrsg.), (1997).

Trotz der Einschränkungen durch die oben genannten Verzerrungen kann folgendes Bild über die Sequenz im Transformationsprozess gezeichnet werden.[89] In einer ersten Phase der Transformation konzentrierten sich die Bemühungen auf die Liberalisierung sowie die Privatisierung der Kleinbetriebe. Liberalisie-

88 Vgl. Europäische Bank für Wiederaufbau und Entwicklung (Hrsg.), (1997), S. 13.

89 Vgl. Europäische Bank für Wiederaufbau und Entwicklung (Hrsg.), (2000), S. 3 ff. sowie Fischer und Sahay (2001), S. 30.

rung erfordert keine größere administrative Anstrengung, sie bedeutet die Entbindung der Administration von der Preis- und Handelskontrolle.

Die Privatisierung der Kleinbetriebe erfordert zudem weniger umfangreiche administrative Vorbereitungen als die der Großbetriebe. Deren Privatisierung dauerte darob etwas länger. Am schwierigsten gestaltet sich die Implementierung privatwirtschaftlicher Unternehmensstrukturen. Der bloße Eigentumsübergang alleine bewirkt offenbar noch keine Eigendynamik hin zu einer guten Unternehmensführung.[90] Hinzutreten müssen effektive Kontrollmechanismen der Eigentümer und ausreichende Anreize, die Informationsasymmetrien zwischen Eigenkapitalgeber und Management zu reduzieren.

Von den beiden finanzwirtschaftlichen Transformationsbereichen ist die Bankenreform rascher angegangen worden als das Etablieren von Finanzmärkten. Dies entspricht dem finanzwirtschaftlichen Stand der Länder, in dem zunächst auf die Hilfe von Finanzintermediären gesetzt werden muss, bevor ein funktionsfähiger Finanzmarkt entstehen kann. Die Schaffung eines marktwirtschaftlichen Wettbewerbsrechts verläuft insgesamt nur zögerlich.

1.3.6.3. Transformation im Ländervergleich

Beim Vergleich der insgesamt 25 Transformationsländer werden zum Zwecke der Übersicht vier primär geographisch abgegrenzte Gruppen gebildet:

- Zentraleuropa: Ungarn, Tschechien, Slowakei, Polen sowie die schnell transformierenden südeuropäischen Staaten Slowenien und Kroatien,
- Baltikum: Estland, Lettland, Litauen,
- Südosteuropa: Bulgarien, Rumänien, Albanien und Mazedonien,
- Gemeinschaft Unabhängiger Staaten (GUS): Armenien, Aserbaidschan, Georgien, Kasachstan, Kirgisistan, Moldawien, Russland, Tadschikistan, Turkmenistan, Ukraine, Usbekistan und Weißrussland.

Den Transformationsfortschritt im ungewichteten Durchschnitt (arithmetisches Mittel) nach diesen Ländergruppen sowie den ungewichteten Durchschnitt (arithmetisches Mittel) aller Transformationsländer zeigt Abbildung 2: Transformationsfortschritt nach Ländergruppen.

Insgesamt zeigt sich im Vergleich dieser Ländergruppen ein ähnlicher Verlauf: Nach dem Beginn der Transformation wurden bis etwa 1995 sehr rasche Fortschritte erzielt. Zwei weitere Jahre lang gab es weitere rasche Transformationsfortschritte. Danach lassen sich einige Jahre nur noch sehr moderate Fortschritte erkennen, während in der GUS sogar Rückschritte zu verzeichnen

90 Vgl. Conert (2000), S. 165 f.

waren. Erst 2001/2002 setzten wieder leichte Fortschritte ein – in einigen Ländern von den Bemühungen um den EU-Beitritt getragen.[91]

Der Blick auf die Unterschiede zwischen den Ländern offenbart interessante Details: Die Staaten Zentraleuropas waren auch vor der Transformation nicht so rigide planwirtschaftlich geführt worden wie die anderen Transformationsländer. Diese „bessere" Startposition sowie die geographische Nähe zur EU verhalfen ihnen dazu, sich am schnellsten sich in Richtung einer Marktwirtschaft zu entwickeln.

Abbildung 2: Transformationsfortschritt nach Ländergruppen

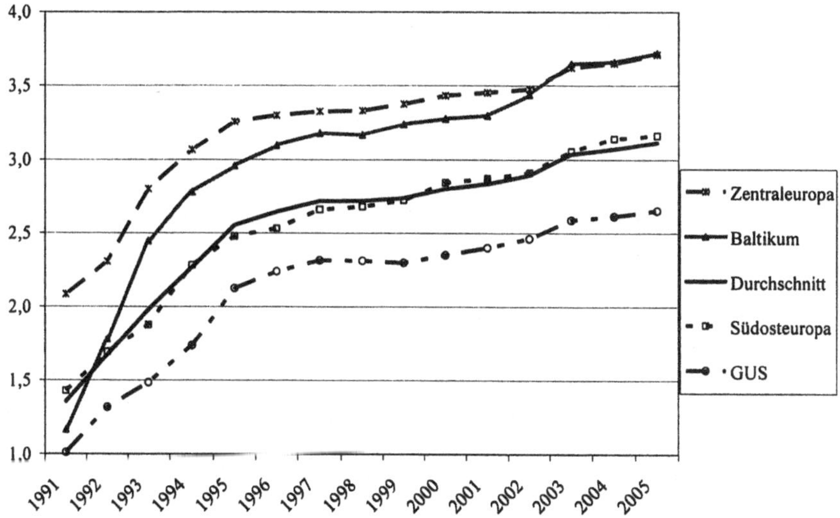

Quelle: Eigene Berechnungen nach European Bank for Reconstruction and Development (Hrsg.), (1994), (1995), (1996), (1998), (1999), (2000), (2001), (2002), (2003), (2004), (2005) und Europäische Bank für Wiederaufbau und Entwicklung (Hrsg.), (1997).

Bemerkenswerter noch ist der Fortschritt der Länder des Baltikums, die den anfänglichen Transformationsrückstand gegenüber Zentraleuropa (aufgrund der rigider umgesetzten Planwirtschaft in der ehemaligen UdSSR) nach und nach

---

91 Die sichtbare Aufwärtsbewegung von 2002 auf 2003 hebt sich nur aufgrund der gebrochenen Reihe für die Preisliberalisierung ab. Faktisch gab es keine wirkliche Beschleunigung im Jahr 2003.

verringern konnten und in den letzten drei Berichtsjahren sogar die Führungsrolle unter den Transformationsländergruppen beanspruchen können.

Südosteuropa dagegen startete mit leicht überdurchschnittlichem Stand des Transformationsfortschrittes, transformierte aber deutlich langsamer als die beiden erstgenannten Gruppen. Doch die Transformation wurde nach 1995 weiter fortgesetzt, so dass in der zweiten Hälfte der 1990er Jahre Südosteuropa zum Schwerpunkt der Transformation wurde. Mittlerweile erreicht die am weitesten transformierte Volkswirtschaft Südosteuropas, Bulgarien, sogar Werte wie Sloweniens oder Kroatien. Die anderen bleiben deutlich dahinter zurück.

Schließlich die große und heterogene Gruppe der GUS: Sie startete mit einer sehr rigiden Planwirtschaft. Die große Gruppe von zwölf Staaten kann in drei Untergruppen mit unterschiedlichem Transformationsmuster aufgeteilt werden:

- Kasachstan, Georgien, Armenien, Ukraine: Diese Staaten begannen etwas langsamer, transformierten ab 1993 aber sehr zügig und setzten auch hernach den Prozess fort. Sie liegen mittlerweile nach dem Transformationsfortschritt im Bereich des Durchschnittes aller Transformationsländer auf ähnlichem Niveau wie diejenigen Südosteuropäer, die langsamer transformierten.
- Russland, Kirgisistan, Moldawien, Usbekistan, Weißrussland und Turkmenistan: Die Staaten zeigen ein einheitliches Transformationsmuster insofern als sie ein erstes Maximum ihres Transformationsfortschrittes bereits Mitte der 1990er Jahre erreichten, danach wieder stärker Elemente einer Zentralplanwirtschaft einsetzten und mit Beginn des laufenden Jahrzehnts wieder langsame Transformationsbemühungen anstrengten. Das erste Maximum wurde dabei nicht oder kaum übertroffen. Die Staaten dieser Gruppe unterscheiden sich jedoch im Niveau des insgesamt erreichten Transformationsfortschrittes erheblich und zwar in der vorgenannten Reihenfolge mit abnehmender Tendenz: Während Russland und Kirgisistan im Ergebnis in 2005 in etwa dem Durchschnitt aller Transformationsländer entsprechen, liegen Weißrussland und Turkmenistan deutlich darunter.[92]
- Aserbaidschan und Tadschikistan: Beide zeigen über die Jahre hinweg mehr als alle anderen Staaten einen nahezu stetigen gleichbleibenden Transformationsfortschritt. Anfangs lagen sie damit weit abgeschlagen hinter den schnell transformierenden Staaten, mittlerweile nähern sie sich dem Durchschnitt weiter an.

---

92 Tatsächlich sollte die Klassifizierung Turkmenistans als „Transformationsland", das sich in fünfzehn Jahren vom Niveau einer rigiden Zentralplanwirtschaft, „8", nur um „2,7" von maximal erreichbaren 24 entfernt hat, überdacht werden.

Unter Einbeziehung der Wirkungsverzögerung für individuelle und gesellschaftliche Adaption neuer Institutionen ergibt sich eine positive Wirkung früherer Reformschritte. Das heißt, dass für die Beurteilung des erreichten Transformationsstandes die Zeitdauer seit einer transformationspolitischen Maßnahme berücksichtigt werden sollte.[93]

In der „Abbildung 3: Kumulierter Transformationsfortschritt nach Ländern relativ zur Marktwirtschaft (=1)" wird dies über eine kumulative Wirkung der transformationspolitischen Maßnahmen erfasst. Die jährlichen Transformationsstände werden addiert und durch die kumulierten Werte einer Marktwirtschaft dividiert. Dadurch gehen erreichte Transformationsstände jedes Jahr erneut in die Berechnung mit ein.

Ein Land, das bereits im ersten Jahr die Transformation zu einer Marktwirtschaft abgeschlossen hat, würde in allen Jahren den Wert eins erreichen. Länder, die keinen weiteren Transformationsfortschritt vornehmen, zeichnen sich durch eine Kurve parallel zur Abszisse aus. Länder mit späterem und langsamerem Transformationsbeginn und –fortschritt bleiben auch dann hinter anderen „zurück", wenn sie später genauso schnell transformieren. Um also tatsächlich gegenüber einem Frühtransformierer aufzuholen, muss ein Land später weitergehende Transformationsschritte vornehmen. Es kommt daher nur zu wenigen Überschneidungen in Abbildung 3, die aber den Wechsel der Transformationsvorreiter deutlich machen.

---

93 Vgl. für dieses Verfahren Worldbank (1996), S. 18 und 33 sowie De Melo, Denizer und Gelb (1996), S. 404.

Abbildung 3: Kumulierter Transformationsfortschritt nach Ländern relativ zur Marktwirtschaft (=1)

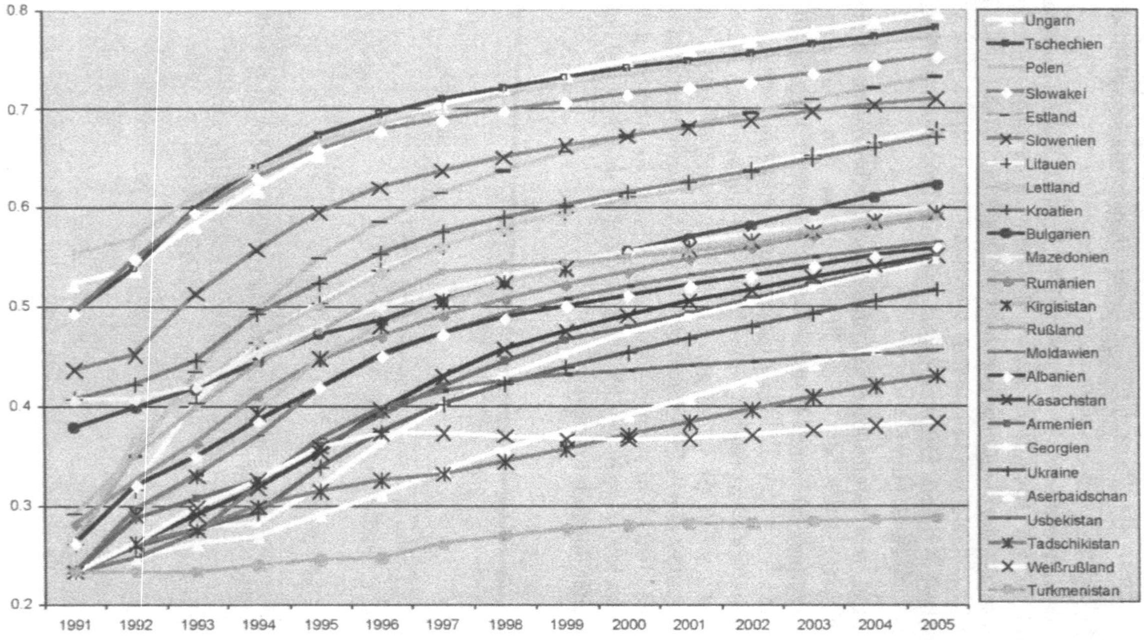

Quelle: Eigene Berechnungen nach European Bank for Reconstruction and Development (Hrsg.), (alle Jahre).

1.3.6.4. Asiatischer Transformationsprozess

So umfangreich und plausibel auch das Datenmaterial der EBRD sein mag, es fehlen leider die asiatischen Transformationsländer im Vergleich. Während China bereits 1978 mit einem systematischen Umbau seiner Wirtschaftsordnung begonnen hat, starteten Laos, Vietnam und die Mongolei nur wenige Jahre vor den „Frühtransformierern“ in Osteuropa und der ehemaligen UdSSR.[94] Die Weltbank ordnet in einer Studie von 1996 China, Vietnam und die Mongolei in einer Rangreihe der Transformationsländer nach dem Transformationsfortschritt, ermittelt nach dem oben erwähnten Liberalisierungsindex (von 1989 bis 1995), ein. Sie unterscheidet vier Gruppen des Transformationsfortschrittes und sieht China und Vietnam in etwa zwischen der ersten (schnellsten) Gruppe von Transformationsländern und der zweiten Gruppe. Die Mongolei dagegen wird in die zweitschnellste Gruppe gesetzt.[95]

Berücksichtigt man gerade bei China die zeitliche Länge des Transformationsprozesses, dann wird klar, warum China als Musterbeispiel eines gradualistischen Transformationsprozesses gilt.[96] Dieser Gradualismus wird mitunter als asiatischer Weg der Transformation beschrieben, der ungeachtet der landesspezifischen Besonderheiten und abweichenden Ziele dem europäischen Weg der Schocktherapie (oder „Big-Bang“) gegenübergestellt wird.[97] Tatsächlich haben jedoch einige asiatische Staaten einen Transformationsstand erreicht, der sie zumindest in die fortschrittlichere Hälfte aller Transformationsländer aufsteigen lässt. Innerhalb der Transformationsländer in Osteuropa und der ehemaligen UdSSR kann obige Gruppierung als Einordnung nach dem Transformationsfortschritt dienen. Die EBRD bietet zudem das leicht zu merkende Bild, dass der Transformationsschritt mit zunehmender Entfernung von Westeuropa abnimmt.[98] Doch weisen die präsentierten Werte für die Gruppen Zentraleuropa, Baltikum, Südosteuropa und GUS insbesondere in den hinteren Ländergruppen erhebliche Streuungen auf, so dass eine länderspezifische Sicht - wie oben präsentiert – in einigen Fällen angebracht ist.

1.3.7. Zusammenfassende Kernpunkte zum Transformationsfortschritt

Die Skizzierung des Transformationsfortschrittes zeigt bereits, ohne dass systematisch die Strukturmerkmale des Transformationsprozesses oder der

94 Vgl. Diehl (1994), S. 493 f. sowie Bell, Khor und Kochhar (1993), S. 75 f.

95 Vgl. Worldbank (1996), S. 18 und 33.

96 Vgl. Horne (1995), S. 383, Diehl (1994), S. 499. Cornia (1994), S. 569 und Svejnar (2002), S. 5.

97 Ebenda.

98 Vgl. European Bank for Reconstruction and Development (Hrsg.), (1998), S. 28 ff.

Transformationsländer dargestellt wurden, eine Reihe von Aspekten, die bei der Analyse der Unsicherheit einer Politik zu berücksichtigen sind:

- Lange Zeitdauer: Der Transformationsprozess dauert bereits anderthalb Jahrzehnte an und weiterhin sind signifikante Annäherungen an den Status der westlichen Industrieländer zu erwarten. Selbst die „heiße Phase" von sehr raschen Transformationsschritten erstreckte sich über drei bis fünf Jahre.
- Diversität in der Geschwindigkeit, weniger in der Schrittfolge: Gemessen an den großen Aufgaben der Transformation lässt sich eine ähnliche Schrittfolge in den meisten Ländern feststellen, bei erheblichen Unterschieden in der Geschwindigkeit.
- Diskontinuität: Der Transformationsfortschritt wurde in der Regel diskontinuierlich erzielt. Die Geschwindigkeit variierte, teilweise gab es auch Rückschritte in einzelnen Ländern.[99]
- Ausgangsbedingungen und länderspezifische Aspekte: Nur relativ wenigen Ländern gelang es, aus einem Anfangszustand besonders rigider Planwirtschaft heraus andere Transformationsländer hinsichtlich des Transformationsfortschrittes zu „überholen".
- Regionale Cluster: Die geographische Lage und die Politik der „befreundeten" Nachbarländer spielt eine nicht triviale Rolle in der Transformationspolitik, sei es über engeren wirtschaftlichen Austausch (Handel, Direktinvestitionen, temporäre Migration), sei es über ideellen Austausch oder sei es über den Anreiz, Mitglied der EU zu werden.
- Vielfalt der interdependenten Variablen: Diese resultiert auch aus der gleichzeitigen Transformation der Wirtschaftsordnung, des politischen Systems sowie der gesellschaftlichen Strukturen.[100]

Darüber hinaus zeigt schon die erste Skizzierung der Transformationstheorie sowie der Messung von Transformationsfortschritten, dass soziale Aspekte dabei weitgehend ausgeblendet wurden. Dies bedeutet nicht nur die Nichtberücksichtigung der möglicherweise gravierenden ordnungspolitischen und transformationspolitischen Auswirkungen der institutionellen Gestaltung der Sozialsysteme. Vielmehr birgt diese Vernachlässigung auch schon die Gefahr erschwerter Probleme der Daten- und Modellunsicherheit.

---

99 Vgl. Aghion und Commander (1999), S. 278.

100 Vgl. Voigt und Salzberger (2002).

2. Unsicherheit der Verteilungs- und Armutsziele

In diesem Kapitel wird gezeigt, dass sich gerade im Rahmen des ordnungspolitischen Transformationsprozesses große Unsicherheit hinsichtlich der Formulierung der Ziele der Armuts- und Verteilungspolitik ergibt. Unklarheiten in der Zielsetzung aber bedingen Umsetzungsprobleme in der praktischen Politik. Diese Unsicherheit aus dem Zielbildungsprozess muss in die Bewertung der zu wählenden Politikmaßnahmen einfließen.

Verteilungs- und Armutspolitik zielt auf die Beeinflussung der relativen Güterverteilung ab. Diese gehört neben der Frage der absoluten Güterversorgung und ihrer Veränderung (Akkumulation) sowie ihrer Sicherheit zu den elementaren wohlstandstheoretischen Kriterien der Bewertung einer jeden Wirtschaftspolitik.[101] Dabei müssen in dynamischer Perspektive auch die Wirkungen eines implementierten verteilungspolitischen Verfahrens sowie seiner materiellen Konsequenzen in die Analyse einbezogen werden. Denn Verteilungs- und Armutspolitik muss sich auch mit den Folgewirkungen auf Wachstum und Verteilung rechtfertigen lassen.

Im Rahmen des Transformationsprozesses spielt Verteilungs- und Armutspolitik eine besondere Rolle. Dies rührt erstens aus der grundlegenden Zielsetzung der Transformation: Denn bei aller Verschiedenartigkeit in den einzelnen Ländern zielt Transformation im Kern darauf ab, das Individuum zum eigentlichen Träger der ökonomischen Entscheidungen zu machen. Daraus ergeben sich aber Zielkonflikte zur Verteilungs- und Armutspolitik, die bei aller Differenzierung immer darauf abzielt, kollektive oder Gruppenaspekte zu berücksichtigen. Die besondere Rolle der Verteilungs- und Armutspolitik im Transformationsprozess ergibt sich zweitens aus den Nachwirkungen des ideologischen Überbaus zentralplanwirtschaftlicher Staaten. Drittens erschien nicht wenigen der Transformationsprozess als Chance, eine verteilungs- und armutspolitisch vorziehenswürdige Anfangsverteilung zu schaffen. Diese ansonsten immer nur fiktive Anfangsverteilung spielt in der armuts- und verteilungspolitischen Diskussion eine erhebliche Rolle. Hier, in den Transformationsländern Europas, die sich zu einer umfassenden Reform bereitfanden, schien sich die Möglichkeit zu bieten, die Anfangsverteilung von Ressourcen entscheidend zu gestalten.

In der vorliegenden Arbeit werden Verteilungs- und Armutspolitik dann als „Distributionspolitik“ zusammengefasst, wenn die Argumente für beide gleichermaßen gelten. Sie werden zudem auf die korrigierende Distributionspolitik beschränkt. Es erfolgt daher keine umfassende Erörterung der Probleme des Sozialsystems, die, insoweit Marktversagen besteht (Arbeitslosen-, Basisgesundheitsversicherung), unter die Allokationspolitik fällt und idealerweise ohne

---

101 Vgl. Luckenbach (2000), S. 17.

verzerrende distributive Elemente vollzogen wird. Allokative und stabilitätspolitische Ziele haben auch distributive Wirkungen, die jedoch hier nicht systematisch erörtert werden können. Vielmehr geht es um die abstrahierende Erörterung einer Distributionspolitik, die distributiv korrigierend eingreifen will. Es stellt sich die Frage der Beurteilung der Unsicherheit eines rein auf distributive Aspekte fixierten Politikfeldes. Diese Beurteilung erfolgt absolut sowie relativ zu den beiden anderen Politikfeldern, Allokation und Stabilisierung.

2.1. Relevanz der Einkommensverteilung und Armutslage

Zunächst zur besonderen Relevanz der Verteilungs- und Armutspolitik im Transformationsprozess: Das Ziel einer egalitären oder zumindest weniger differenzierten Einkommensverteilung genoss in ehemals zentralplanwirtschaftlichen Staaten einen besonderen gesellschaftlichen Stellenwert. Dies geht zurück auf die sogenannten sozialistischen Grundrechte: „Recht auf den vollen Arbeitsertrag, Recht auf Existenz und Recht auf Arbeit".[102] Besonders das „Recht auf Existenz" wurde von nicht wenigen Proponenten einer zentralplanwirtschaftlichen Ordnung in der Weise gedeutet, als damit die Verteilung der Güter nach den Bedürfnissen jedes Einzelnen gemeint sei.[103] Unabhängig von der tatsächlichen Verteilungs- und Armutspolitik und dem tatsächlichen Erreichen selbstgesetzter oder anderer Verteilungsziele dürften daher die Einwohner in Staaten, in welchen über Jahrzehnte hinweg eine eher zentralplanwirtschaftliche Ordnung gelebt wurde, sensibel auf wahrgenommene Zunahmen der Einkommensungleichheit und Armut im Zuge des Transformationsprozesses reagieren.[104]

Allgemein werden Daten über Einkommensverteilung und Armut in der Literatur häufig als Indikatoren für die Bewertung der Distributions- oder Verteilungspolitik, die auch stellvertretend als Instrumente einer auf Gerechtigkeit zielenden Politik zu sehen sind,[105] herangezogen.[106] Mit Bewertung kann dabei sowohl die Beurteilung der Effizienz bestimmter Maßnahmen im Hinblick auf gegebene Ziele als auch eine Legitimation gegebener Ungleichheiten und Ar-

---

102 Vgl. Mises (1932), S. 33 des Nachdrucks sowie die dort angegebene Literatur.

103 Vgl. Mises (1932), S. 34 f. des Nachdrucks.

104 Vgl. Alexeev und Leitzel (2001), S. 1648.

105 Die eigentlich irreale gedankliche Trennung des ökonomischen Prozesses in „Produktion" und „Distribution" und mithin die Etablierung einer Distributionstheorie und -politik geht zurück auf John Stuart Mills „Principles of Political Economy", in dem die Ergebnisse des Produktionsprozesses als determiniert und die(-selben) des Distributionsprozesses als sozial arrangiert beschrieben werden. Vgl. Phelps-Brown (1988), S. 469 sowie Blaug (1985), S. 180 f.

106 In der entwicklungsökonomischen Literatur wird auch vom „Verteilungsziel" gesprochen. Vgl. Hemmer (1988), S. 74 ff.

mutslagen bzw. bei Verwerfen der Legitimation die Begründung für weitergehende verteilungs- und armutspolitische Maßnahmen gemeint sein.[107] Die Ziele der Verteilungs- und Armutspolitik beziehen sich dabei nur auf die Beseitigung von Ungleichheiten bzw. Armutslagen, deren Beseitigung als Staatsaufgabe angesehen wird.[108]

Die „soziale Frage“[109] der Einkommensverteilung und Armut entspricht mithin der engeren Bedeutung des Gerechtigkeitsbegriffes[110] und wird von einigen Autoren als grundlegendes wirtschaftsethisches Problem angesehen.[111] So schreibt von Hayek:

> „Wir dürfen mit Recht ein System für verderblich halten, dem der Makel anhaftet, auch nur für eine gewisse Zeit die Lage der ärmsten und zahlreichsten Bevölkerungsschicht verschlechtert zu haben.“[112]

Jedoch können Daten über Einkommensverteilung und Armut nur als Indizien herangezogen werden, inwieweit das ordnungspolitische Ziel der Gerechtigkeit im Verlauf des Transformationsprozesses erreicht bzw. verfehlt worden ist. Eine wirkliche Bewertung dieser Frage setzt die Ursachenanalyse voraus. Jede der vier Aufgaben der Transformation (Liberalisierung, Stabilisierung, Privatisierung, institutionelle Reformen) erzeugt distributive Wirkungen unterschiedlicher Intensität und Wirkungsdauer. Jede der vier Aufgaben stützt sich auf die, möglicherweise nur implizite, Grundentscheidung vor dem Transformationsprozess, dass die angestrebten Reformen im Interesse der Einzelnen sind. Einige der im Verlauf des Transformationsprozesses eintretenden Änderungen der Einkommensverteilung und Armutslage sind vor diesem Hintergrund gleichsam unvermeidlich oder bestenfalls symptomtherapeutisch zu behandeln, da die Wirkungen intendiert sind und die Probleme aus distributiver Sicht zumindest teilweise als temporär angesehen werden.

Dessen ungeachtet verwenden Kritiker einer marktwirtschaftlichen Ordnungsform Einkommensungleichheit und Armut als normative Begründung ih-

---

107 Vgl. Hierschel (2005), S. 104 – 112.

108 Vgl. Hauser (2001), S. 5.

109 Vgl. Eucken (1952), S. 185 ff.

110 Vgl. Koller (1992), S. 279 und Phelps-Brown (1988), S. 2.

111 Vgl. Okun (1975), S. 2 ff., Frankena (1994), S. 66 ff., Sautter (1991) sowie Atkinson und Micklewright (1992), S. 109.
In der aktuelleren Literatur erfolgt diese Einschätzung zum Teil ohne weitere Begründung, eine „[...] negative Bewertung zumindest von Armut, aber auch von einer extrem ungleichen Verteilung [...] [bedarf] keinerlei weiterer Diskussion.“ Kneesch (1997), S. 23.

112 Hayek (1955), S. 8.

rer Marktablehnung.[113] Diesem Akzeptanzproblem soll Rechnung getragen werden. Vor dem Hintergrund der Adäquanz-, Mess- und Aggregationsprobleme einer hinreichend differenzierten Studie über das Erreichen allgemeiner Ziele der Verteilungs- und Armutspolitik werden im folgenden aggregierte Daten über Einkommensverteilung und Armut sowie ihre Entwicklung in Transformationsländern aus zwei Gründen undifferenziert nach ihrer jeweiligen Ursache berücksichtigt:

a) Sie können in ihrer Eigenschaft als Indikatoren des Erreichens allgemeiner Ziele der Verteilungs- und Armutspolitik zur Einschätzung der Akzeptanz ordnungspolitischer Maßnahmen in der Bevölkerung herangezogen werden.
b) Sie dienen in ihrer Eigenschaft als stilisierte Fakten als Prüfsteine für die Leistungsfähigkeit verteilungstheoretischer Modelle.

2.2. Metaethische Überlegungen zur Zielbildung im Transformationsprozess

Welches Ziel beziehungsweise welche Zielkombination bei der Gestaltung einer Wirtschaftsordnung angestrebt werden soll, ist eine normative Frage und Gegenstand der politischen Moralphilosophie, eines Teilgebiets der Ethik. Um die Unsicherheit bzw. Unbestimmtheit der politischen Ziele, etwa der Verteilungs- und Armutspolitik, zu bewerten, bedarf es der Analyse, inwieweit verteilungs- und armutspolitische Ziele im Rahmen des Transformationsprozesses widerspruchsfrei gefunden und begründet werden können.[114] Nur erreichbare Ziele und widerspruchsfreie Zielhierarchien ermöglichen letztlich eine sinnvolle Politik.[115] Es ist zu klären, in welcher Zielbeziehung sie zu anderen ordnungspolitischen Zielen stehen, ob und in welchen Ausprägungen die verschiedenen Ziele der verschiedenen politischen Aufgaben gleichzeitig konsistent denkbar sind und wie ihre Operationalisierung erfolgen kann.[116]

Diese metaethische Erörterung, also die rationale Analyse des normativen Prozesses, bedient sich einiger weniger Setzungen, die sich aus der Natur des Transformationsprozesses ergeben:

- Erstens wird eine Individualethik als Grundlage gemeinsamen Handelns angenommen. Kollektivziele sollen bewusst ausgeklammert werden. Diese Setzung ergibt sich aus der Fragestellung der Arbeit, in

113 Diese ist streng vom Marktversagen zu unterscheiden. Vgl. Luckenbach (2000), S. 173 ff.

114 Vgl. Luckenbach (2000), S. 359.

115 Vgl. Hauser (2001), S. 6.

116 Zu den Zielbeziehungen der Wirtschaftspolitik vergleiche die umfassende Darstellung in Luckenbach (2000), S. 355 ff.

welcher der Transformationsprozess hin zu einem individualistischen Wirtschaftssystem erörtert wird.[117] Damit wird - für Transformationsländer nicht verwunderlich - das Ziel der Freiheit als dominant vorausgesetzt.[118] Dies entspricht dem ersten Gerechtigkeitsgrundsatz nach Rawls.[119]

- Zweitens gehört zu den Setzungen auch das Postulat, eine Anspruchsgrundlage der verteilungs- oder armutspolitischen Ziele, oder allgemein: der Prinzipien materieller Gerechtigkeit zu bestimmen.[120] Dabei kann insbesondere in der technisch und ökonomisch in hohem Maße interdependenten und komplexen modernen Welt neben der individuell direkt zuschreibbaren Verantwortlichkeit auch das Ergebnis korporativen oder kollektiven Handelns teilweise als Grundlage für Ansprüche gelten.[121]
- Drittens schließlich muss die Forderung der Universalisierbarkeit verteilungs- und armutspolitischer Ziele erhoben werden. Einschränkungen in inhaltlicher, personeller, temporaler oder spatialer Hinsicht widersprächen dem Ziel, eine offene Gesellschaft ohne Dogmen zu installieren. Gälten nämlich bestimmte Ziele nur für ausgewählte Bereiche, so wären sie nur aufgrund eines neuerlichen Dogmas konstruierbar und damit per definitionem inkonsistent.[122] Dagegen wurde die Forderung erhoben, für einige ausgegrenzte Bereiche separate Gerechtigkeitsprinzipien („local justice“) gelten zu lassen.[123] Unabhängig von der Plausibilität der einzelnen Ausnahmen von den universalisierbaren distributiven Regeln bedeutet dies in jedem Fall neuerliche Inkonsistenzen der Zielbildung und weitere Unbestimmtheit.

Da Verteilungs- und Armutspolitik auf die relative Güterversorgung zielen, umfasst sie immer Merkmale mehrerer Individuen. Verteilungs- und armutspo-

---

117 Kollektivziele sind mangels objektivierbarer Herleitung ohnehin als die Ziele der jeweils herrschenden Gruppe anzusehen. Vgl. Hayek (1981), S. 15. Davon unberührt sind individuelle Ziele, die sich aufgrund des Nichtausschließbarkeit nur kollektiv durchsetzen lassen, also die klassischen öffentlichen Güter wie z.B. Sicherheit.

118 Vgl. das Freiheitsprinzip von Mill: „Dass der einzige Zweck, um dessentwillen man Zwang gegen den Willen eines Mitglieds einer zivilisierten Gemeinschaft rechtmäßig ausüben darf, der ist: die Schädigung anderer zu verhüten.“ Mill (1859), S. 16.

119 Koller benutzt eine ähnliche Formulierung und führt sie auf Kant zurück. Vgl. Koller (1992), S. 303. Rawls schreibt dazu: „each person is to have an equal right to the most extensive basic liberty compatible with a similar liberty for others.“ Rawls (1971), S. 60.

120 „Niemand hat ein Recht auf einen bestimmten Sachverhalt, wenn es nicht irgendjemandes Pflicht ist, ihn zu garantieren.“ Hayek (1981), S. 140.

121 Vgl. Hayek (1981), S. 54 sowie Fellhauer (1994), S. 63.

122 Vgl. Dalton (1935), S. 26.

123 Vgl. Elster (1991), S. 273.

litische Ziele bedingen also die gemeinsame Willensbildung. Kollektivziele, die sich als Summe der Individualziele formulieren lassen (etwa Maximierung des Volkseinkommens, das gleich der Summe aller persönlichen Einkommen ist), dürften in der Willensbildung wenig umstritten sein. Kollektivziele, die distributive Aspekte beinhalten, lassen sich dagegen letztlich nur als Kompromiss, nicht als anreizkompatibles Ergebnis individualethischer Überlegungen darstellen. Distributionspolitische Kollektivziele bleiben damit notwendigerweise relativ unbestimmt. Die grundlegende Unbestimmtheit aller kollektivistischen Ziele ergibt sich nach von Mises bereits aus der prinzipiellen Schwierigkeit, vom „ich“ auf ein „wir“ zu schließen:

> „Das *Ich* ist die Einheit des handelnden Menschen. Es ist fraglos gegeben und kann durch kein Denken aufgelöst werden. Das *Wir* ist immer das Ergebnis eines gedanklichen Summationsverfahrens, das zwei oder mehrere *Ich* zusammenfasst. Wenn jemand *Ich* sagt, bedarf es keiner Rückfrage, [...]. Doch wenn jemand *Wir* sagt, dann bedarf es der Feststellung, wer die *Ich* sind, die in diesem *Wir* zusammengefasst werden.“ (Hervorhebungen im Original)[124]

Der Anspruch, aus der Fülle der denkbaren und vorgeschlagenen Prinzipien für Verteilungs- und Armutspolitik solche zu finden, die konsistent mit den obigen Setzungen denkbar sind, kann, soviel kann vorweggenommen werden, nur mit dem Prinzip der Rechtsgleichheit oder Regelgerechtigkeit bzw. der formalen Chancengleichheit erfüllt werden.[125, 126] Damit gelangt man jedoch nicht entscheidend über das allgemeine Grundprinzip der formalen Gerechtigkeit hinaus. Dieses fordert, andere Personen unter gleichartigen Umständen gleich zu behandeln, oder: Gleiches gleich zu behandeln. Ungerechtigkeit dagegen ist prinzipiell die ungleiche Behandlung gleicher Fälle.[127] Das Problem in der praktischen Distributionspolitik liegt dagegen in der Feststellung der Kriterien, welche Umstände für die gleiche oder ungleiche Behandlung von Personen maßgeblich sein sollen, das heißt in der Bestimmung der materiellen Gerechtigkeitsprinzipien.

2.2.1. Metaethische Bewertung materieller distributiver Ziele

Die Fülle der vorgeschlagenen materiellen Gerechtigkeitsprinzipien deckt sich nahezu mit der Menge der denkbaren. Fast alle Aspekte des menschlichen Lebens wurden oder werden als gleichzusetzende Parameter vorgeschlagen. Zum

---

124 Mises (1940), S. 34 des Nachdrucks.

125 Vgl. Helmstädter (1995), S. 191.

126 In der Tat können die drei Begriffe als inhaltsgleich angesehen werden.

127 Vgl. Koller (1992), S. 280, Frankena (1994), S. 66, der sich auf Sidgwick beruft, sowie Fellhauer (1994), S. 41.

Zwecke der, hier nur kursorisch möglichen, Erörterung der Konsistenz distributionspolitischer Ziele im Rahmen der obigen Setzungen werden die Ziele in vier Gruppen aufgeteilt:

a) Prinzipien der Gleichheit
b) Aktive Differenzierungsprinzipien
c) Passive Differenzierungsprinzipien
d) Konsequenzialistische Kompensationsprinzipien

zu a) Prinzipien der Gleichheit

Ist Gleichheit das Prinzip der formalen Gerechtigkeit, so heißt das, die Zahl der Diskriminierung rechtfertigenden Variablen in einer Gesellschaft geht gegen Null. Mindestens drei Arten von Gleichheitsprinzipien sind unterscheidbar:

- die Rechtsgleichheit oder Regelgerechtigkeit - postuliert im klassischen Liberalismus, die letztlich nicht als materielles distributionspolitisches Ziel gelten kann,
- die Chancengleichheit, die dem sogenannten sozialen Liberalismus zugeschrieben wird und gleiche Ausgangsbedingungen fordert, aber Ergebnisdifferenzierung erlaubt, und
- die Ergebnisgleichheit, Postulat des Sozialismus.

Rechtsgleichheit heißt, dass alle Individuen bei ihren Aktivitäten den gleichen vorher festgelegten Regeln unterworfen sind.[128] Dies sind Regeln des gerechten Verhaltens, die niemanden irgendwelche positiven Verpflichtungen auferlegen.[129] Sie umfassen die klassischen Freiheitsregeln, wie sie seit der Aufklärung vom Liberalismus und der Naturrechtsphilosophie aufgestellt wurden und die den Kern des Privatrechts in marktwirtschaftlich orientierten Ländern bilden (Vertragsfreiheit, Schutz des Eigentums und die Pflicht, für einen Schaden, den man verschuldet hat, aufzukommen).[130] Ihre Setzung erfordert nicht mehr Willkür als die oben vorgenommenen Setzungen: Sie sind mit einer Individualethik vereinbar, bedingen keine materiellen Anspruchsgrundlagen und gelten universal. Wenn man unterstellt, dass ein funktionierendes Rechtssystem eine

---

128 Vgl. Linde (1995), S. 859.

129 Regeln, die eine positive Handlung verlangen, sollten dabei seltene Ausnahmen bleiben. Man kann sie auf Fälle beschränken, „in denen ein Missgeschick Personen zeitweilig in eine enge Gemeinschaft mit anderen versetzt hat" (zum Beispiel Hilfeleistung für Verletzte). Vgl. Hayek (1981), S. 59. Der Fall der Regeln, die positive Handlungen für Gegenleistungen verlangen (etwa Prüfungsordnungen, technische Verfahrensvorschriften, Benimmregeln etc.) fällt dabei nicht unter die unbedingten moralischen Ziele und Prinzipien.

130 Diese drei hat David Hume „Die drei Grundgesetze des Naturrechts" genannt. Vgl. Hayek (1981), S. 64. Ähnlich: Koller (1992), S. 305.

effizienzsteigernde Grundlage für jegliches ökonomisches Handeln ist, hat eine solche Minimalgleichheit keine negativen Rückwirkungen auf die Allokations- oder Stabilisierungsziele, sondern stellt ihre Grundlage dar.[131] Es ist denkbar, dass auch Rechtsgleichheit prinzipiell Verteilungskonflikte nicht verhindern kann, weil individuelle Präferenzen auf relative Besserstellung ausgerichtet sind.[132] Dagegen ist es aber genau die Aufgabe eines Rechtssystems, zu welchem auch die Normen der Gerechtigkeit in einer Gesellschaft gehören, Regeln auch für Verteilungskonflikte aufzustellen. Das denkbare individuelle Ziel auf relative Besserstellung ist schlechterdings gesellschaftlich im Rechtssystem nicht zu verankern, da nicht verallgemeinerbar.

Während die Idee der Rechtsgleichheit oder Regelgerechtigkeit relativ klar bestimmbar ist, erfordern Chancen- und Ergebnisgleichheit eine nur mühsam zu leistende Präzisierung. Mit Chancengleichheit meint man abstrakt die gleiche bzw. gleichwertige Ausstattung der Individuen mit Fähigkeiten, Vermögen und Begabungen (Ressourcen) beim Eintritt in das Wirtschaftsleben.[133] Tatsächlich sind die operationalisierten Versionen des Prinzips der Chancengleichheit höchst unterschiedlich ausgeprägt.[134] Die rein formale Chancengleichheit, die von Eigenschaften der Individuen abstrahiert, etwa die Verteilung nach dem Zufallsprinzip (Lotterie) oder Rotationsverfahren,[135] kommt in ihren Auswirkungen und ihrer metaethischen Beurteilung der Rechtsgleichheit gleich. Werden darüber hinaus auch Chancen, die auch in Eigenschaften der Individuen begründet sind, nivelliert, dann kann das Prinzip der Chancengleichheit im Extremfall auch zur Kompensation biologisch bedingter Unterschiede auffordern.[136] Die Menge der zu nivellierenden Chancenunterschiede ist nicht klar bestimmbar. Auch die genetisch bedingten Prädispositionen für Lei-

131 Ähnlich argumentiert Habermas für die Menschenrechte als Grundlage des öffentlichen Diskurses. Vgl. Habermas (1988), S. 616.

132 Vgl. Alexander (1979), S. 235 ff.

133 Vgl. Linde (1995), S. 859.

134 Tawney versteht darunter die Nichtdiskriminierung nach Beruf oder sozialer Stellung und setzt explizit die freie Nutzung der eigenen Tatkraft und Intelligenz als Ziel (vgl. Atkinson et alii (1983), S. 13.). Ähnlich würde Rawls eine Gleichheit der „primary goods“ 'Rechte und Chancen' und ihre eigenverantwortliche Nutzung im gesamten Produktions- und Konsumtionsprozess befürworten (vgl. Sen und Williams (1982), S. 19.). Nach dem Konzept des „equality of basic capabilities“ von Sen müsste auch ein Ausgleich für unterschiedliche Fähigkeiten der Personen zu produzieren und zu konsumieren vorgenommen werden (vgl. Sen und Williams (1982), S. 19 f.). Von Okun wurde sogar angeregt, die unterschiedlichen Zinssätze bei der Darlehensaufnahme für Personen unterschiedlicher Kreditwürdigkeit als Chancenungleichheit anzusehen (vgl. Okun (1975), S. 80.).

135 Vgl. Elster (1991), S. 275 f.

136 Vgl. Atkinson et alii (1983), S. 14.

stungswilligkeit und -fähigkeit stellen letzten Endes Chancenunterschiede dar,[137] die zum Beispiel durch gleiche Zahl an Schulstunden nicht auszugleichen sind.

Das Prinzip der Chancengleichheit ist mithin nicht eindeutig widerspruchsfrei herleitbar und bestimmbar, die Operationalisierung und Quantifizierung der auszugleichenden Chancen erscheint problematisch,[138] und es stößt möglicherweise auf objektive Unmöglichkeiten.[139] Chancengleichheit konfligiert zumeist mit dem allgemeinen Ziel einer individualistischen Gesellschaft, Freiheit.[140] Zudem können sich in den exzessiveren Ausprägungen erhebliche Inkonsistenzen zu denkbaren Ausprägungen der Allokations- und Stabilisierungsziele ergeben. In seinen weniger stark egalisierenden Formen akzeptiert es zumindest das Wettbewerbsprinzip einer individualistischen leistungsorientierten Ökonomie.[141] Manche Autoren vertreten die Auffassung, dass Chancengleichheit nicht leichter zu operationalisieren sei als Ergebnisgleichheit.[142]

In der Tat sind die Probleme ähnlich gelagert. Unter Ergebnisgleichheit können zum Beispiel die Gleichheit der Einkommen, der Ausgaben, des Konsums, der Nutzenniveaus oder gar der Durchschnitts- oder Grenznutzenniveaus verstanden werden. Zu den Vertretern der Ergebnisgleichheit gehören auch solche, die geringe oder zeitlich begrenzte oder im Zeitablauf abnehmende Ergebnisungleichheit akzeptieren.[143] Alle Formen der materiellen Gleichheit sind mit Freiheit unvereinbar.[144] Sie sind willkürlich gesetzt, schwer zu operationalisieren und widersprechen dem Wettbewerbsprinzip einer offenen Gesellschaft.

zu b) Aktive Differenzierungsprinzipien

Die konkreten vorgeschlagenen Operationalisierungen für das formelle Gleichheitsprinzip jenseits der völligen Gleichheit lassen sich hinsichtlich ihrer Interdependenzen zur Produktion der zu verteilenden Güter einordnen. Dabei wird zwischen aktiver und passiver Differenzierung unterschieden, je nachdem, ob eine Diskriminierung anhand eines Merkmals erfolgt, das im Wirkungszusam-

---

137 Vgl. Phelps-Brown (1988), S. 4.

138 Vgl. Okun (1975), S. 76 sowie Phelps-Brown (1988), S. 5.

139 Von Hayek führt beispielsweise an, dass die Erziehung von Waisen durch den Staat oder bestellte Adoptiveltern kein gleichwertiger Ersatz für eine familiäre Kindheit sein könne. Vgl. Hayek (1981), S. 123.

140 Vgl. Atkinson et alii (1983), S. 14 sowie Phelps-Brown (1988), S. 476.

141 Vgl. Okun (1975), S. 85 f.

142 Vgl. Atkinson et alii (1983), S. 15.

143 Kornai (1990) vertritt ein dynamisches Gerechtigkeitskriterium, wonach die kontinuierliche Verbesserung der Versorgung der relativ Ärmsten anzustreben ist (vgl. Atkinson und Micklewright (1992), S. 27).

144 Vgl. Hayek (1981), S. 230.

menhang mit der Zielgröße (zum Beispiel Einkommen) steht, oder anhand eines Merkmals, das mit der Zielgröße unverbunden ist.[145]

Das aktive Differenzierungsprinzip fordert Gleichheit bis auf eine Diskriminierung hinsichtlich der Variablen, die direkt in einem Wirkungszusammenhang mit der Zielgröße stehen, beziehungsweise deren aktive Gestaltung die Zielgröße verändert. Eine Konkretisierung dieses Prinzips ist die Forderung nach Leistungsgerechtigkeit. Bezogen auf die Einkommensverteilung hieße das: Das Einkommen einer Person steht im positiven Zusammenhang mit seinem Beitrag zum Gesamteinkommen bzw. zum Gemeinwohl einer Gruppe. Die Unterschiede im Einkommen zwischen den Individuen spiegeln ihre unterschiedliche Leistung wider. Mit diesem Prinzip wird rechtsphilosophisch das Recht auf die Früchte der eigenen Arbeit und ein Recht auf Eigentum allgemein begründet. [146] Das Kriterium der Leistungsgerechtigkeit muss im Schadens- oder Verlustfalle durch das Verursacherprinzip ergänzt werden. Umstritten ist bei den Vertretern der Leistungsgerechtigkeit, inwieweit zufällige Einflüsse zu berücksichtigen sind. Dworkin (1981) unterscheidet dabei zwischen Zufall in kalkulierten und absichtlich eingegangenen Spielen („option luck") und Zufall in nicht-kalkulierbaren und unabsichtlich eingegangenen Situationen („brute luck"), wie zum Beispiel Naturereignissen. Nach Dworkin sollte „option luck" sehr wohl die Entlohnung beeinflussen, während für „brute luck" Versicherungen abgeschlossen werden können. Sofern aber Ineffizienzen auf dem Versicherungsmarkt oder die Situation (zum Beispiel: angeborene Behinderung) die Absicherung gegen „brute luck" verhindern oder nicht zustande kommen lassen, entstünde die Notwendigkeit für öffentliches Eingreifen (zum Beispiel Sozialversicherung).[147]

Die Rechtfertigung der Leistungsgerechtigkeit ist auf den ersten Blick leicht, wenn man der Vorstellung einer objektivistischen Wertlehre folgt. Danach wäre die Verteilung der Güter nach der Leistungsgerechtigkeit idealiter vollständig möglich. Sie erfolgte überdies kompatibel zu Allokationskriterien. Freilich wäre Leistungsgerechtigkeit dann nicht länger ergänzendes distributionspolitisches Ziel, dessen Konsistenz zur Individualethik zu erörtern ist.[148] Schwerer wiegen die epistemologischen Probleme. Die Aufteilung des Volkseinkommens nach der individuellen Leistung stößt auf große Bestimmungsschwierigkeiten.[149] Die stark verwobenen und arbeitsteiligen Produktionsprozesse erschweren eine objektive individuelle Zurechnung. Hinzu

---

145 Vgl. für die Methode Phelps-Brown (1988), S. 3.

146 Vgl. Locke (1683) im § 27 des „Two Treatises of Government"; hier zitiert nach Brocker (1992), S. 137 ff.

147 Vgl. Fellhauer (1994), S. 145 f.

148 Vgl. Frankena (1994), S. 67 f.

149 Vgl. Hayek (1981), S. 91 (Motto zum Kapitel IX), der dort David Hume zitiert.

kommt ein erheblicher Bestand an kollektivem Wissen und öffentlicher Infrastruktur, der als Erbe der Menschheit gleichsam produktive Wirkungen entfaltet, die nicht allein von Einzelnen vereinnahmt werden können.[150] Ferner besteht das Problem der Zuordenbarkeit der Nutzungsrechte an den natürlichen Ressourcen, speziell den nicht-nachwachsenden. Daneben gibt es die Beiträge Einzelner zu öffentlichen Gütern, für welche auch ein meritorisches Prinzip (Verdienstprinzip) denkbar ist. Bis auf das letzte Problem lassen sich die genannten epistemologischen Probleme durch konsequente subjektivistische Wertlehre und Nutzung der Bewertungsverfahren des Marktes lösen, vorausgesetzt, der marktwirtschaftliche Prozess wird akzeptiert. Dann geht allerdings Leistungsgerechtigkeit vollends in einfache Rechtsgleichheit über und verhält sich ebenso harmonisch wie dieses zu anderen wirtschaftspolitischen Zielen.

zu c) Passive Differenzierungsprinzipien

Analog zu den aktiven Differenzierungsprinzipien lassen sich passive Differenzierungsprinzipien konstruieren. Mit ihnen kann ein weiterer Teil der in der Literatur aufgeworfenen distributionspolitischen Vorstellungen abstrakt umschrieben werden. Dabei wird jeweils Gleichheit gefordert bis auf die Differenzierung hinsichtlich von Variablen, die nicht in direktem Wirkungszusammenhang mit der Zielgröße stehen, beziehungsweise deren Veränderung keinen Einfluss auf die Zielgröße hat (Passivität).

Die bekannteste Formulierung davon ist das Kriterium der Bedürfnisgerechtigkeit, nach dem die Verteilung von Gütern nach dem Bedarf der Personen erfolgen soll, was per se keinen Einfluss auf die Gesamtmenge der zu verteilenden Güter hat. Bezüglich der Verteilung von Lasten wäre eine Ausprägung des passiven Differenzierungsprinzips das Tragfähigkeitsprinzip, nach dem die Lasten nicht nach Verursachung, sondern nach Tragfähigkeit verteilt werden.[151] Zu dem Bereich der passiven Differenzierungsprinzipien gehört auch die Forderung, Schäden, die nicht absichtlich von Einzelnen, sondern unbeabsichtigt und unvorhersehbar entstanden sind („brute luck"), umzuverteilen.[152] Ebenso darunter fallen eine Reihe von zeitbezogenen Kriterien (wie Warteschlangen oder -listen, „first-come-first-served" oder Seniorität). Dabei wird häufig unterstellt, die Wartezeit könne als Approximativ für die Intensität des Bedürfnisses gesehen werden.[153] Seniorität kann nur in diese Kategorie eingeteilt werden, wenn von der tatsächlich effizienzsteigernden Wirkung der Seniorität via Erfahrung und ihrer kosten-, weil fluktuationssenkenden Wirkung abgesehen wird. Ein-

150 Vgl. Koller (1992), S. 298.
151 Vgl. Fellhauer (1994), S. 156.
152 Vgl. Fellhauer (1994), S. 145 f.
153 Vgl. Elster (1991), S. 276 f.

deutig zu den passiven Differenzierungsprinzipien gehören alle Statuskriterien wie Verteilung nach Alter, Geschlecht, Rasse, gesellschaftlichem Status, Familienstand, Wohnort, Beschäftigung etc.[154]

Die metaethische Konsistenzprüfung der passiven Differenzierungsprinzipien zeigt ein fast diametrales Bild im Vergleich zu den aktiven Differenzierungsprinzipien. Passive Differenzierungsprinzipien konfligieren mit Freiheitsrechten wie mit der Individualethik wie mit Allokations- und Stabilitätszielen. Ihre Bestimmung erfordert Willkür wie die der Ergebnisgerechtigkeit. Sie sind schwieriger zu operationalisieren als die aktiven Differenzierungsprinzipien, da für die Lösung des Problems der individuellen Zuordnung hier kaum auf objektive Maßstäbe zurückgegriffen werden kann, man sich also der introspektiven Nutzenbestimmung zuwenden muss.

Dennoch kann eine individualistische Gesellschaft nicht vollständig auf sie verzichten. Schon das Prinzip der Rechtsgleichheit und die einfache Ausübung von Freiheitsrechten - elementarste Form der sozialen Integration - erfordern ein Mindestmaß an Einkommen und Teilhaberechten am Wohlstand einer Gesellschaft. So lässt sich aus den negativen Freiheitsrechten für den Fall der unfreiwilligen absoluten Armut, in dem Menschen ihren Lebensunterhalt nicht bestreiten und für ihre Gesundheit nicht sorgen können, ein positiver Anspruch gegen die Gesellschaft auf Grundbedürfnisbefriedigung herleiten.[155]

zu d) Konsequenzialistische Kompensationsprinzipien

Aus einer konsequenzialistischen Sichtweise ist es zudem hilfreich, auch Kompensationsprinzipien zur Verknüpfung der Prinzipien zuzulassen. So könnte in dynamischer Sicht zum Beispiel eine Ungleichverteilung wirtschaftlicher Güter (selbst unter dem Prinzip der Ergebnisgleichheit) in dem Ausmaß gerechtfertigt werden, wie sie gegenüber einer gleichmäßigeren Verteilung eine Wohlfahrtssteigerung bewirkt, die auf nicht zu lange Sicht allen Bürgern, vor allem auch den schlechtergestellten Personen, zum Nutzen gereicht.[156]

Darüber hinaus decken einzelne Prinzipien nicht den gesamten Bereich ökonomischen Handelns ab, und es bleiben schlicht Fragen offen. So kann beispielsweise eine konsequente Anwendung aktiver Differenzierungsprinzipien keine Aussage treffen über die Verteilung kollektiver Lasten, bei denen eine individuelle Verschuldung nicht zuordenbar ist. Ergänzend müsste ein passives Differenzierungsprinzip oder der strenge Gleichheitssatz für diesen Bereich

---

154 Vgl. Elster (1991), S. 277.
155 Vgl. Sahota (1978), S. 35.
156 Vgl. Koller (1992), S. 308.

zum Tragen kommen.[157] Nicht als reine Kompensationsprinzipien sollen dagegen individualistisch rationale Formen der Kooperation bei der Produktion öffentlicher oder gemeinschaftlich genutzter privater Güter gelten. Die Empirie lehrt, dass mannigfache Kooperation zwischen Individuen sich gut durch individualistische Präferenzen erklären lässt, ohne dass auf ein zusätzliches ethisches Prinzip, das einer Durchsetzung bedarf, zurückgegriffen werden müsste.[158]

Es ist offenkundig, dass Kompensationsprinzipien, die in der Praxis vielfach in verteilungs- und armutspolitischen Debatten Verwendung finden, dem Postulat der Universalisierbarkeit widerstehen und eher in das Gebiet einer pragmatischen Politik fallen. Neben Operationalisierungsschwierigkeiten verbleibt die immer zu vermutende Willkür als großes metaethisches Problem dieser konsequenzialistischen Sichtweise.

---

157 Vgl. die obigen Ausführungen über die „Universalisierung" der Gerechtigkeitsprinzipien.

158 Vgl. Boulding (1991), S. 11, Hawkes (1992), S. 274 ff., Blau (1968), S. 453 f., Bonus (1989), Tietzel (1983), Mead (Hrsg.), (1961), S. 5 ff. und Axelrod (1991), S. 18 f.

Tabelle 4: Übersicht über die distributionspolitischen Prinzipien und ihre metaethischen Probleme

Prinzipien	Konkretisierungen / Kommentar	metaethische Probleme
Gleichheitsprinzipien		
Rechtsgleichheit		unproblematisch
formale Chancengleichheit	Zufall, Rotation	gleicht der Rechtsgleichheit
materielle Chancengleichheit	zum Beispiel gleiche Erziehung, Ausbildung aber auch: Ausgleich von Nachteilen aufgrund Behinderungen	schwer zu operationalisieren und zu quantifizieren, zum Teil objektiv unmöglich, konfligiert mit Individualethik und Pareto-Effizienz, erfordert neue Setzungen
Ergebnisgleichheit	Gleichheit der Einkommen, der Ausgaben, des Konsums, der Nutzenniveaus, der Durchschnitts- oder Grenznutzenniveaus	schwer zu operationalisieren und zu quantifizieren, zum Teil objektiv unmöglich, konfligiert mit Individualethik und Pareto-Effizienz, erfordert neue Setzungen
aktive Differenzierungsprinzipien		
Leistungsgerechtigkeit	bedarf der Ergänzung durch das Verursacherprinzip für Kostenverteilung	idealiter gleich der Rechtsgleichheit, Probleme der individuellen Zuordenbarkeit von Leistung
meritorisches Prinzip	„Entlohnung“ für Beiträge zu öffentlichen Gütern	Probleme der individuellen Zuordenbarkeit von Verdienst

Tabelle wird fortgesetzt

Fortsetzung Tabelle 4: Übersicht über die distributionspolitischen Prinzipien und ihre metaethischen Probleme

Verursacherprinzip	bedarf der Ergänzung durch Leistungsgerechtigkeit für Einkommensverteilung	idealiter gleich der Rechtsgleichheit, Probleme der individuellen Zuordenbarkeit von Schuld
Zulassen von Glücksspiel	„option luck“	Problem des Verlustrisikos (evtl. individuelle Notlage)
passive Differenzierungsprinzipien		
Bedürfnisgerechtigkeit (für Güterverteilung)	Bedarf, Notwendigkeit, Nutzenniveau, Grenznutzenniveau zeitbezogene Prinzipien: Warteschlangen, -listen, Seniorität bedarf der Ergänzung durch ein Prinzip für Kostenverteilung	konfligiert mit Individualethik, setzt axiologische Differenzierung voraus, konfligiert mit Pareto-Effizienz, Willkür in der Bestimmung, Probleme bei der Operationalisierung (introspektive Nutzenbestimmung nötig), für Bekämpfung unfreiwilliger absoluter Armut zur Gewährleistung minimaler Freiheitsrechte unentbehrlich
Tragfähigkeitsprinzip (für Kostenverteilung)	bedarf der Ergänzung durch ein Prinzip für Güterverteilung	konfligiert mit Individualethik, Problem der individuellen Zuordnung von Tragfähigkeit
Kompensation für unbeabsichtigtes und unvorhersehbares Unglück	„brute luck“	Problem der Notwendigkeit kollektiven Handelns
Konsequenzialistische Kompensationskriterien		Abweichen von der Universalisierungsregel, große Operationalisierungsprobleme

2.2.2. Ergebnis der metaethischen Analyse distributiver Ziele

Die materielle Chancengleichheit, Ergebnisgleichheit sowie die passiven Differenzierungsprinzipien konfligieren mit individualethischen Voraussetzungen, sie erfordern Dogmen zu ihrer Begründung.[159] Damit erfordern sie meist auch andere Verfahren der Begründung ethischer Normen als die oben dargelegten. Meist handelt es sich um wertethische Verfahren, die eine axiologische Asymmetrie der Werte erfordern. Ein drittes schwerwiegendes Problem dieser materiellen Gerechtigkeitsprinzipien liegt in den teilweise irrealen bis surrealen epistemologischen Anforderungen. Epistemologische Anforderungen, die nicht zu erfüllen sind, können in der Praxis zu ad hoc-Entscheidungen, die wertethisch und konsequenzialistisch begründet werden, führen.[160] Das Ergebnis wäre mithin auch eine Inkonsistenz zu den Verfahren der Begründung ethischer Normen.

Die aktiven Differenzierungsprinzipien konfligieren nicht mit der Individualethik und fast nicht mit Effizienzzielen, weisen aber ebenso wie die passiven Differenzierungsprinzipien zum Teil erhebliche epistemologische Probleme in der Operationalisierung auf.

Es gibt aber auch plausible Gründe für die Berücksichtigung einiger passiver Differenzierungsprinzipien für ausgewählte Bereiche, womit das formale Prinzip der Universalität durchbrochen werden müsste. Zum einen erscheint die Bekämpfung unfreiwilliger absoluter Armut zur Gewährleistung minimaler Freiheitsrechte unentbehrlich, wodurch ein Teil der Bedarfsgerechtigkeit Anwendung finden müsste. Zum anderen kann eine Kompensation für unbeabsichtigtes und unvorhersehbares Unglück bei entsprechendem Marktversagen auf dem Versicherungsmarkt gerechtfertigt werden. Mit beiden Fällen wird die Notwendigkeit einer Regel für die Kostenverteilung für kollektive Güterbereitstellung, die bei entsprechendem Marktversagen individualistisch zu rechtfertigen ist, deutlich. Die generelle Rechtsgleichheit sagt nichts über die materielle Verteilung dieser individuell nicht zuordenbaren Kosten aus. Es könnte also für diesen eingegrenzten Bereich zum Beispiel das Tragfähigkeitsprinzip angewandt werden. Damit eröffnet sich auch hier wie für den Fall der absolut knappen Güter der Bereich der Politik, die Regeln über die Setzung von Regeln setzt.

---

159 In der Tat stellen materielle Chancengleichheit und Ergebnisgleichheit auch passive Differenzierungsprinzipien dar, die bei den Gleichheitsprinzipien erörtert wurden, weil sie in der Literatur meist als denkbare Ausprägungen der Gleichheit behandelt werden.

160 Ein Beispiel für die wertethische und konsequenzialistische „Lösung“ von Verteilungsproblemen mit unüberwindbaren epistemologischen Schwierigkeiten bietet die Transplantationsmedizin. Vgl. Fuchs (1995).

Aus den konsequenzialistischen Kompensationsprinzipien, deren Erörterung nur angedeutet wurde, können weitere notwendige Einschränkungen der Universalität folgen. Die Tabelle 4 zeigt eine Übersicht über die distributionspolitischen Prinzipien und ihre metaethischen Probleme.

2.2.3. Politische Bedeutung der metaethischen Reflexion

Worin liegt die politische Bedeutung einer metaethischen Analyse, wenn sie fast nur Grenzen für politische Umsetzungen aufzeigt? Die Antwort lautet: Das oben entwickelte und angewandte Analyseraster hilft, die normativen Setzungen, Widersprüche und Inkonsistenzen in der Zielformulierung aufzuzeigen. Schon der Versuch, zwei elementare Ziele konsistent zueinander zu operationalisieren, birgt nahezu unüberwindbare Hindernisse. Das Problem wird gravierender, wenn anfänglich mehr als zwei Ziele gesetzt und wenn weitere Verfahrenssetzungen gestattet werden. Ersteres macht die Analyse durch Vervielfachung der Beziehungen komplexer. Letzteres bringt zusätzliche nicht hinterfragte Willkürakte in die Zielformulierung ein.

Diesem Problem wurde in der obigen Analyse Rechnung getragen – mit ernüchterndem Fazit: Im Ergebnis ist es objektiv unmöglich, eine konsistente universalisierbare materielle Zielgröße, respektive eine Handlungsanweisung für Verteilungs- und Armutspolitik zu entwerfen, die im Einklang mit einer konsequenten individualethischen Gesellschaftsverfassung steht. Letztlich zeigt sich hier der immerwährende Konflikt um die Bereitstellung und Verteilung von Kollektivgütern, der in einer offenen Gesellschaft immer wieder neu gelöst werden muss.

Die Distributionspolitik unterscheidet sich damit grundsätzlich von der Allokationspolitik.[161] Letztere rekurriert nämlich auf einen Allokationsmechanismus, dem sich die Einzelnen unterwerfen, der somit einer einfachen Regelgerechtigkeit nahe kommt und eben keine Ergebnisbeeinflussung seitens des Kollektivs fordert, solange der Prozess gewahrt wird. Dagegen muss die Distributionspolitik, wenn sie denn über die Regelgerechtigkeit hinausgehen, also das Marktergebnis korrigieren soll, auch nicht-prozessuale Bestimmungen enthalten. Diese sind per se stärker umstritten als reine Prozessregeln der Allokationspolitik, weil sie neben formellen auch materielle Prinzipien der Gerechtigkeit umfassen, also potentiell mehr Präferenzdifferenzen unterliegen können.

Jedoch zeigt die Zieldiskussion auch entscheidende Unterschiede zwischen der Verteilungspolitik einerseits und der Armutspolitik andererseits. Dies gilt besonders für die Beseitigung absoluter Armut[162] als ein denkbares Ziel der Armutspolitik. Sie ist unabhängig von allen Inkonsistenzen zu formalen

---

161 Vgl. Luckenbach (2000), S. 86 ff. und 188 f.

162 Zur Definition der „absoluten Armut" vgl. Abschnitt 2.3.

Verteilungsregeln ein essentieller Bestandteil einer Politik, die auf die Gewährung minimaler Freiheitsrechte für alle Bürger zielt. Die dauerhafte Existenz von absoluter Armut steht in nicht-auflösbarem Widerspruch zum Anspruch und Selbstverständnis eines freiheitlichen Staates. Daher kann für die Beseitigung absoluter Armut als ein denkbares Ziel der Armutspolitik nicht von Inkonsistenzen zu einer individualistischen Gesellschaftsverfassung gesprochen werden, sondern vielmehr von ihrer Voraussetzung.

Unterschiede zwischen Verteilungs- und Armutspolitik zeigen sich auch hinsichtlich der Konkurrenz zu anderen Politikfeldern. Konkurrierende Ziele lassen sich häufig daran erkennen, dass das Tinbergen'sche Prinzip verletzt wird. Diesem Prinzip zufolge ist zur Realisierung eines jeden Zieles mindestens eine Maßnahme erforderlich, die unabhängig von anderen Maßnahmen ergriffen werden kann und die deren Wirkungen nicht beeinträchtigt.[163] Dies kann aber zwischen Allokationspolitik, die in einer marktwirtschaftlichen Wirtschaftsordnung auf die Verbesserung des Marktprozesses abzielt, und Verteilungspolitik, die im Kern auf die Korrektur des Marktprozesses abstellt, schwerlich der Fall sein.[164] Zwischen Allokationspolitik, besonders ihrer Ausprägung als Wachstumspolitik, und einer auf die Beseitigung von absoluter Armut zielenden Armutspolitik bestehen hingegen weniger Zielkonflikte. Letztere zielt nämlich auf die minimale Teilhabe aller Bürger am wirtschaftlichen Leben ab. Sie stellt so die Voraussetzung für die Beteiligung aller am Produktionsprozess sowie an der Humankapitalbildung dar. Beides führt zu einer besseren „Auslastung" der Produktionsfaktoren und c.p. zu einem höheren Wirtschaftswachstum sowie – Ausdruck der potentiellen Zielharmonie – zu einer Reduktion des Ausmaßes der Armut.

Im Vergleich zur Stabilisierungspolitik zeigt sich ein ähnliches Bild, wenn auch etwas weniger prononciert. Stabilisierung greift nämlich auch in die Marktergebnisse ein. Sie tut dies auch mit dem Ziel, die Effizienz des Marktprozesses zu erhalten und zu verbessern. Sie zielt auf Stabilitätsmaße, etwa Preisindizes, ab. Mit Stabilisierung sind oft Umverteilungseffekte verbunden, was der Wahl des Indizes den Charakter einer materiellen Regel verleiht. Doch der sich daraus ergebende Konflikt in einer individualistischen Gesellschaft bleibt im Vergleich zur Verteilungspolitik begrenzt. Denn sinnvollerweise können die Proponenten einer Zieldebatte der Stabilisierungspolitik nur aggregierte Stabilitätsmaße, also andere Indizes vorschlagen. Es geht also immer um eine

163 Vgl. Luckenbach (2000), S. 358.

164 Die Grenze zwischen Allokations- und Distributionspolitik kann unscharf erscheinen, wenn es um die konkrete Bereitstellung öffentlicher Güter und deren direkte verteilungspolitische Implikationen geht. Dennoch kann das Konzept einer wohlstandstheoretisch begründeten und verteilungspolitisch nicht-diskriminierenden Allokationspolitik aufrecht erhalten werden.

makroökonomische Stabilisierung. Der im Extremfall denkbare Vorschlag einer mikroökonomischen Stabilisierung entspräche theoretisch wieder der Verteilungspolitik. Folglich verbleibt das Konfliktpotenzial der Zielbildung in der Stabilisierungspolitik weit hinter dem der Verteilungs- und Armutspolitik zurück.

Dessen ungeachtet besteht immer ein Zielkonflikt zwischen den Politikbereichen, also in der Abwägung der Priorität der mehr oder weniger eindeutigen Zielvorgaben aus Allokations-, Stabilitäts- und Distributionspolitik. Schon eine erste Abschätzung zeigt, dass die Verteilungspolitik häufigere und intensivere Zielkonflikte bedingt als die Allokations- oder die Stabilitätspolitik. Denn diese beiden Politikfelder, obschon sie auch materiell umverteilende Wirkungen hervorrufen, zielen doch prinzipiell auf die Stützung und Perfektionierung des Marktmechanismus ab. Sie kommen damit prozessualen Regeln (Regelgerechtigkeit) näher. Die Verteilungspolitik hingegen geht explizit von der Notwendigkeit der Korrektur des Marktergebnisses aus, bedingt also immer ein höheres Maß an materiellen Vorgaben. Mithin zeigt sich, dass die Ziele der Verteilungspolitik in einer offenen Gesellschaft nicht nur in sich unbestimmter bleiben müssen, sondern auch prinzipiell mehr Zielkonflikte zu anderen Politikfeldern zeitigen. Die Armutspolitik hingegen kann in ihrer Ausprägung als Beseitigung von absoluter Armut als weniger konfliktträchtig angesehen werden. Sie zielt letztlich auf eine Beteiligung aller Bürger am wirtschaftlichen Prozess ab und stützt damit auch die Ziele der Allokationspolitik und Stabilisierungspolitik. Denn eine breitere Beteiligung der Bürger verbessert die Faktor- und Güterallokation und weniger absolut Arme stabilisieren insgesamt das Wirtschaftsverhalten.

2.3. Definition der Armut

Unsicherheiten verteilungs- und armutspolitischer Zielsetzungen im Transformationsprozess ergeben sich nicht nur aus der methaetischen Erörterung. Sie bestehen für die Armutspolitik auch in der Definitionsfrage, dessen, wer eigentlich arm ist. Stillschweigend wurde bisher davon ausgegangen, diese Frage sei leicht lösbar. Im Folgenden sollen aber die Unsicherheiten der Armutsdefinition, also des verwendeten Armutskonzeptes und die Festlegung der Armutslinie behandelt werden.

2.3.1. Armutskonzept

Mit der Festlegung über die Art der Armutslinie geht jeweils ein spezielles Konzept, eine Definition von Armut einher. Daher kann die Abwägung zwischen absoluter, relativer und semi-relativer Armut nicht losgelöst von dem zugrundeliegenden Konzept der Armut erörtert werden. Es lassen sich üblicherweise drei Konzepte unterscheiden:[165]

(1) Armut als Unfähigkeit einer Person, bestimmte Güter zu konsumieren („*basic needs approach*"),

(2) Armut als Unfähigkeit einer Person, ein bestimmtes Ausgabenniveau zu realisieren, oder

(3) Armut als Unfähigkeit einer Person, ein bestimmtes Einkommensniveau zu realisieren.

Bei Verwendung des ersten Konzeptes wird eine Person als arm betrachtet, wenn sie mindestens von einem Gut aus einem definierten Güterbündel nicht die festgesetzte Mindestmenge konsumieren kann. Demzufolge umfasst in diesem Konzept die Definition der Armut eine erschöpfende Aufzählung der erforderlichen „*basic needs*" mit Bestimmung der jeweiligen Mindestmenge.[166] Dieses Konzept unterscheidet sich deutlich stärker von den beiden anderen als jene voneinander.

Für den „*basic needs approach*" spricht:

(i) dass eine allgemeine Erhöhung des Realeinkommens im Einzelfall nicht ausreichend sein kann, um die Versorgung mit einzelnen Gütern auch sicherzustellen, was insbesondere für öffentliche Güter gelten kann,[167]

(ii) dass die Haushalte sehr unterschiedlich begabt sind, Einkommen respektive Konsumausgaben in Wohlstand zu transformieren,[168]

(iii) dass dieses Konzept im Gegensatz zu den anderen auch mangelnde ökonomische und/oder politische Partizipation der Zielgruppen zu erfassen in der Lage ist,[169] und

(iv) dass dieses Konzept eine differenziertere empirische Analyse der Armut erlaubt.[170]

Das erste und das dritte Argument werden allgemein leicht entkräftet durch den Verweis auf die Möglichkeit regionalspezifischer und stärker differenzierender Preisvektoren bei der Festlegung einer ausgaben- oder einkommensbasierten Armutslinie. Im Zusammenhang des Transformationsprozesses ist der Verweis auf die Möglichkeit eines differenzierenden Preisvektors jedoch nur bedingt ein

---

165 Vgl. Atkinson und Micklewright (1992), S. 183.

166 Derartige Definitionen der Armut werden vertreten von zum Beispiel World Bank (1990), S. 26, Squire (1993), S. 377 und der Canadian International Development Agency, zitiert in Sautter und Serries (1993), S. 16.

167 Vgl. Lipton und Ravallion (1995), S. 2566.

168 Ebenda.

169 Vgl. Bhalla und Lapeyre (1997), S. 418 f., 425 f.

170 Vgl. Ravallion (1997), S. 635.

Argument gegen den *„basic needs approach"*. Bei schnellen und umfassenden Änderungen im System relativer Preise verbunden mit regionalökonomischen Disparitäten, wie sie im Zuge der ökonomischen Transformation beobachtet werden,[171] ist die Berechnung aussagekräftiger Preisvektoren zur Bestimmung einer realen Armutslinie nahezu unmöglich. Die realen *„basic needs"* und eine jeweils erforderliche Mindestmenge dagegen können auch über den Transformationsprozess hinaus mittelfristig als konstant angesehen werden.

Die unterschiedliche Fähigkeit zur Transformation von Einkommen und Konsumausgaben in Wohlstand ist lediglich ein Argument für eine präzisere Bestimmung von Äquivalenzziffern, nicht aber - wie oft angeführt - für den *„basic needs approach"*. Auch in diesem Konzept erfolgt die Festlegung der Mindestmenge eines Gutes nicht personen- oder haushaltsspezifisch.

Das vierte und letzte der aufgeführten Argumente für den *„basic needs approach"* wird verwandt, um entsprechend stärker differenzierende multidimensionale Armutsindizes wie den Human Poverty Index der UNDP[172] sowie das speziell für Transformationsländer konstruierte Konzept von tho Seeth[173] zu forcieren. Tatsächlich kann mit Hilfe dieser Konzepte ex post auch ein deutlich differenzierteres Bild der Armut gezeichnet werden. Eine prognostische Überlegenheit dieser stärker differenzierenden Konzepte dagegen wird empirisch bezweifelt.[174] Dies liegt auch an ihrem geringen Abstraktionsgrad, der sie für wirtschaftspolitische Empfehlungen nahezu unbrauchbar macht.

Letztlich gibt es nur zwei Möglichkeiten zur wirtschaftspolitischen Verwendbarkeit einer stark differenzierenden Armutsmessung, wie sie durch den *„basic needs approach"* erfolgt, zu kommen: Entweder der Wohlstandsbeitrag des Konsums bestimmter Güter wird mittels personenspezifischer Äquivalenzziffern individualisiert und standardisiert oder der individuelle Konsum verschiedener *„basic needs"* wird in einer Kennzahl aggregiert.[175] Ersteres ist prinzipiell auch für einkommens- bzw. ausgabenbasierte Armutslinien möglich und notwendig. Letzteres stellt hohe Anforderungen an die methodische Konsistenz der Aggregation. In der Konsistenz der Aggregation und der Akzeptanz der der Aggregation zugrundeliegenden Werturteile liegen dann die wichtigsten Voraussetzungen für die Anerkennung der so ermittelbaren multidimensionalen Armutsindizes. Leider erfolgen allzuoft im Zuge der erforderlichen Aggregation die Mischung ökonomischer und nicht-ökonomischer Wohlfahrtskomponenten

---

171 Vgl. Filer und Hanousek (2002), S. 227 f.

172 Vgl. zum Beispiel UNDP (1997) und die Operationalisierung als „soziale Kosten" in UNDP (1999).

173 Vgl. tho Seeth (1997), S. 75 ff.

174 Vgl. Ravallion (1997), S. 635.

175 Vgl. Seidl (1988), S. 130.

sowie die Verwendung inkonsistenter Methoden und nicht offengelegter oder nicht allgemein akzeptierter Werturteile.[176]

Ohne dieses Aggregationsproblem erwiese sich der *„basic needs approach"* gerade im Zusammenhang der ökonomischen Transformation als angemessenes Konzept. Doch mangels eines transformationsspezifischen multidimensionalen Indizes zur Messung von Armut, der allgemeine Akzeptanz beanspruchen kann und mit konsistenter Methodik aggregiert wurde, soll im folgenden von dem *„basic needs approach"* abgesehen werden.

Die Frage, ob eher ein einkommensbasiertes oder aber ein ausgabenbasiertes Armutskonzept für die Armutsmessung im Transformationsprozess zu wählen ist, soll im Kapitel drei im Zusammenhang der Messprobleme für Verteilungs- und Armutsanalysen erörtert werden.

2.3.2. Absolute versus relative versus semi-relative Armutslinie

Die Unterscheidung zwischen absoluten, relativen und semi-relativen Armutslinien ist im Vergleich der Armutsmaße verschiedener Zeitpunkte von Bedeutung, sofern sich das mittlere Einkommen oder die Verteilung der Einkommen geändert haben.[177]

2.3.2.1. Darstellung der Armutslinienkonzepte

Eine absolute Armutslinie in monetären Größen (L_A) lässt sich aus einem Set minimaler (= überlebensnotwendiger) Mengen an Gütern (Vektor x*), multipliziert mit dem dazugehörigen Preisvektor (p) und evtl. adjustiert um einen Anteil h für ineffiziente Verwendung bzw. für nicht im Vektor x* enthaltene Güter ermitteln.[178] Es gilt also:

$$L_A = (1+h)\mathbf{px^*}.$$

Sofern eine Person lediglich über ein kleineres Einkommen als L_A verfügt, kann sie als arm betrachtet werden. Diese absolute Armutslinie ist absolut, das heißt losgelöst vom Entwicklungsstand einer Gesellschaft definiert.

Im Gegensatz dazu wird eine relative Armutslinie (L_R) definiert als ein Existenzminimum, das ermittelt wird aus einer näher zu bestimmenden Beziehung zum Entwicklungsstand der Gesellschaft. Eine absolute Armutslinie wird noch nicht durch den Bezug auf gesellschaftsspezifische Konsummuster zur relativen Armutslinie, wenngleich die explizite Veränderung der Armutslinie mit

---

176 Dies gilt speziell als Kritik an den Indizes der UNDP (Human Poverty Index und Human Development Index). Vgl. Qizilbash (1996), S. 1216, Ravallion (1997), S. 631 ff. und Lüchters und Menkhoff (1996).

177 Vgl. Foster (1998), S. 337.

178 Vgl. Atkinson (1987), S. 930.

Verweis auf veränderte Konsumgewohnheiten nur mit einem relativen Armutslinienkonzept vereinbar ist. Die Übertragung einer absoluten Armutslinie von einem Land auf ein anderes kann durch Einführung eines Vektors z*, der ein Mindestniveau an universalen Zielaktivitäten angibt, und mit einer Input-Output-Matrix (A), die die Transformation von Gütermengen in Zielaktivitäten angibt, erfolgen. Es gilt dann:[179]

$$L_R = (1 + h)\mathbf{px^*Az^*}.$$

Bezüglich des relativen Konzepts zur Berechnung einer Armutslinie können folgende vier Versionen unterschieden werden:[180]

(1) Armut als Teilphänomen der Ungleichheit: Ein Perzentil der Einkommensverteilung wird als Armutslinie gewählt. Dies bedeutet, dass eine Beseitigung der Armut nur in einer egalitären Einkommensverteilung eintritt.

(2) Armut als relative Entbehrung („*poverty as relative deprivation*"): Die Armutslinie wird als ein Prozentsatz eines Lageparameters (zum Beispiel Mittelwert oder Median) festgelegt. Mithin wird angenommen, dass Personen, die relativ zu der Gesellschaft (hier vereinfacht durch den Lageparameter beschrieben) eine durch den Prozentsatz ausgedrückte Entbehrung erfahren, als arm zu betrachten sind.[181]

(3) Armut als politisch definierte Größe: Eine im politischen Prozess bestimmte Armutslinie (zum Beispiel Sozialhilfeniveau) wird übernommen.

(4) Armut als ein Werturteil: In dieser extrem relativen Version wird eine Armutslinie durch ein hierfür spezifisches Werturteil postuliert.

Die semi-relative Berechnung einer Armutslinie stellt eine versuchte Synthese zwischen der absoluten und der relativen Variante dar.[182] Ausgehend von einer absoluten Armutslinie wird mit Veränderung des mittleren Einkommens in einer Gesellschaft die Armutslinie angepasst. Die Anpassungen an veränderte Konsumgewohnheiten können dabei noch in der absoluten Variante aufgefangen werden. Wichtiger ist die Anpassung an Veränderungen in der Höhe des Durchschnittseinkommens in einer Gesellschaft. Jedoch wird nicht wie bei relativen Armutslinien nach den Versionen (1) und (2) eine Einkommenselastizität der

---

179 Ebenda.

180 Vgl. Seidl (1988), S. 74.

181 So schlägt Fuchs im Jahr 1969 vor, die Armutslinie bei 50 Prozent des Medianeinkommens zu fixieren, während O'Higgings und Jenkins im Jahr 1990 50 Prozent des mittleren Einkommens als relative Armutsgrenze ansetzen. Zitiert nach Foster (1998), S. 336 f. Der Sachverständigenrat schließt sich erster Definition an und sieht diese Definition sogar als „Regel" an; vgl. Sachverständigenrat (2004), TZ. 849.

182 Vgl. Seidl (1988), S. 79.

Armutslinie von eins angewandt, sondern ihr Wert von unter eins spiegelt eine unelastische Einkommenselastizität der Armutslinie wider.[183]

2.3.2.2. Bewertung der Armutslinienkonzepte

Es ist zu klären, welche der drei Varianten im Kontext des ökonomischen Transformationsprozesses die angemessene darstellt, um Änderungen der Armutssituation zu erfassen. Für jede dieser drei möglichen Varianten der Berechnung einer Armutslinie lassen sich gute Gründe finden, die jedoch letzten Endes immer auf Werturteilen beruhen. Demzufolge lässt sich eine Entscheidung für eine der Varianten nicht absolut, sondern nur relativ zu den anderen Varianten und unter Berücksichtigung des konkreten Zwecks der Armutsmessung begründen.

Sofern es gute Gründe für eine der Varianten gibt, sollte auch eine Entscheidung für diese getroffen werden, da das Ausmaß der Armut je nach Armutslinie im Ländervergleich in der Regel erheblich differieren kann.[184] Dieses zeigte sich zumindest für einen Vergleich zwischen der absoluten und relativen Armutslinie, letztere in der zweiten Variante, für einige OECD-Staaten. Es ergeben sich im Vergleich des Ausmaßes der Armut erhebliche Differenzen und zahlreiche Rangänderungen zwischen den strukturell sehr ähnlichen Staaten beim Übergang von einer zur anderen Armutslinie. Im Vergleich von Staaten mit strukturellen Unterschieden oder im Zeitvergleich der Armut bei auftretenden Strukturbrüchen dürfte die Differenz zwischen der gemessenen Armut nach den verschiedenen Varianten eher noch größer sein. Mithin sollte sich eine Armutsanalyse, die die Entwicklung der Armut in Transformationsländern verfolgen will, auf eine einheitliche Berechnung der Armutslinie festlegen.

Für die Entscheidung für eine der drei Varianten zur Berechnung einer Armutslinie zur Messung der Armut im Transformationsprozess können folgende Kriterien aufgestellt werden:

---

183 Eine solche Einkommenselastizität der Armutslinie von unter eins wurde von Kilpatrick (1973) ermittelt und zum Beispiel in Studien von Thornton, Agnello und Link (1978) verwendet. Auch die Revision der offiziellen U.S.-Armutslinie legt die Armutslinie semi-relativ fest. Dabei wird die einmalig absolut festgelegte Armutslinie jährlich um einen Prozentsatz der Veränderung in den Medianausgaben für Nahrung, Kleidung und Wohnung zuzüglich eines Multiplikators für sonstige Bedürfnisse angepasst. Vgl. Citro und Michael (Hrsg.), (1995).
Es lässt sich in der Berechnung subjektiver Armutslinien zeigen, dass eine subjektive Bestimmung der Einkommenselastizität der Armutslinie zu international stark divergierenden Werten kommt, die aber alle unter eins liegen. Vgl. Van Praag, Hagenaars und van Weeren (1982), S. 353.

184 Vgl. Blackburn (1994), S. 371 f.

a) Bei der Berechnung einer Armutslinie sollten möglichst wenige Werturteile verwendet werden.
b) Die gewählte Armutslinie sollte möglichst für alle Transformationsländer anwendbar sein und zu vergleichbaren Ergebnissen führen.
c) Die gewählte Armutslinie sollte zu möglichst geringen Verzerrungen der gemessenen Armut im Zeitablauf mit fortschreitender ökonomischer Entwicklung führen.
d) Armutsdaten nach der gewählten Armutslinie sollten für möglichst viele Länder und Zeitpunkte verfügbar sein.

Die große Anzahl der benötigten Werturteile ist einer der Hauptkritikpunkte an der absoluten Armutslinie.[185] In der Tat ergibt sich im Rahmen der Berechnung einer absoluten Armutslinie eine ganze Reihe von nicht objektiv entscheidbaren Fragen, die Raum für Werturteile darstellen. Daher kann die Formulierung „absolut", die eine von der konkreten gesellschaftlichen Situation losgelöste Argumentation erwarten lässt, keineswegs so rigoros wie in den Naturwissenschaften verstanden werden.[186]

Als problematisch für eine absolute Armutslinie erweist sich schon das vermeintlich einfachste Element, nämlich die Bestimmung der existenziellen Nahrungsbedürfnisse.[187] Die existenziellen Nahrungsbedürfnisse sind aufgrund von auch gesellschaftlich determinierten persönlichen Transformationskurven und aufgrund ihrer starken Abhängigkeit von der individuellen Lebens- und Arbeitssituation nicht losgelöst von der konkreten gesellschaftlichen, ökonomischen und persönlichen Situation festzulegen.[188] Die Differenzen in den plausiblen Werten für existenziellen Konsum der Nicht-Nahrungsmittel sind real und monetär noch deutlich größer.[189] Darüber hinaus lässt sich auch der kategoriale Kanon der absoluten Existenzgüter nicht wirklich objektiv bestimmen.[190] Mithin kann nahezu jeder Teilschritt in der Berechnung der absoluten Armutslinie als fragwürdig angesehen werden,[191] so dass anerkannt werden muss, eine wirkliche absolute Armutslinie ist nicht objektiv zu berechnen,[192] sie ist stets eine normative Entscheidung.[193]

---

185 So wurde beispielsweise gegen die absolute Armutslinie in der Neukonzipierung der offiziellen Armutslinie der U.S.A. argumentiert. Vgl. Citro und Michael (Hrsg.), (1995).
186 Vgl. Atkinson (1987), S. 930.
187 Zu den Problemen bei der Erfassung von Nahrungsinhalten vgl. Holden (1995); Sevenhuysen. (1995) und Korayem (1993, 1994).
188 Vgl. zum Beispiel Atkinson (1987), S. 930 und Enderle (1992), S. 143 f.
189 Vgl. Atkinson (1987), S. 931.
190 Vgl. Cogan (1995), S. 387.
191 Vgl. Seidl (1988), S. 73.
192 Vgl. Atkinson (1987), S. 931 sowie Atkinson und Micklewright (1992), S. 185.
193 Vgl. Cogan (1995), S. 388.

Dies bedeutet freilich nicht, dass prinzipiell eine relative oder semi-relative Armutslinie gewählt werden sollte. Der Anteil der zu treffenden Werturteile im Verhältnis zu den objektiv beobachtbaren Fakten ist im Prozess der Berechnung einer relativen oder semi-relativen Armutslinie jeweils mindestens ebenso groß wie bei der Berechnung einer absoluten Armutslinie. Für die semi-relative Armutslinie ist dies schnell offensichtlich. Sie stellt im einfachsten Fall eine jährlich mit der Änderung des Durchschnittseinkommens unterproportional angepasste absolute Armutslinie dar. Die Berechnung der anfänglichen absoluten Armutslinie unterliegt denselben Problemen wie die generelle Berechnung einer absoluten Armutslinie. Die Bestimmung der Höhe der Einkommenselastizität der Armutslinie, welche für die absolute Armutslinie bei null und für die semi-relative Armutslinie zwischen null und eins liegt, ist epistemologisch für beide Varianten gleichwertig.

Für die relative Armutslinie gilt, dass mit ihr erst gar nicht der Anspruch erhoben wird, eine geringe Zahl an Werturteilen zu benötigen. In den Versionen (3) und (4) der relativen Berechnung wird dies auch explizit dargelegt. Die Übernahme einer politisch bestimmten Armutslinie bzw. die willkürliche Postulierung einer Armutslinie eignen sich nicht für den Längs- oder Querschnittsvergleich der Armut im Transformationsprozess, da ein Vergleich immer auch der Identität und Kontinuität des Vergleichsmaßes bedarf. Die politisch determinierte Armutslinie erfuhr zum Beispiel in Russland im Laufe des Transformationsprozesses mit seinen umwälzenden ökonomischen Strukturänderungen einige sprunghafte Änderungen, die politisch motiviert waren und zu drastischen Änderungen der unter ihrer Verwendung gemessenen Armut führten.[194]

Die universale Anwendbarkeit der Armutslinie und die daraus ableitbare Vergleichbarkeit der gemessenen Armut (Kriterium b) spricht zunächst für eine absolute Armutslinie, die für alle Länder gleichermaßen gilt. Im Kontext des in dieser Arbeit erörterten Problems der Bewertung der Unsicherheit der Armutspolitik in Transformationsländern geht es jedoch nicht allein um eine objektive Messung. Wie bereits am Anfang dieses Kapitels dargelegt, dienen aggregierte Daten der Einkommensverteilung und der Armutssituation als Hilfsindikatoren zur Einschätzung der Akzeptanz ordnungspolitischer Maßnahmen in der Bevölkerung.

Bei den beobachtbaren Unterschieden der Durchschnittseinkommen zwischen den Transformationsländern dürfte jegliche absolute Armutslinie, die zum Beispiel sowohl für Slowenien und Tschechien als auch für Tadschikistan und Vietnam anwendbar sein soll, entweder zu extrem großen Armutsquoten in den ärmeren oder zu extrem kleinen Armutsquoten in den reicheren dieser Länder

---

194 Vgl. tho Seeth (1997), S. 71 ff., Meyer (2000), S. 195 ff. und Milanovic (1996a), S. 75.

führen. Extrem große oder kleine Quoten haben aber die Eigenschaft sich, auch bei relativ größeren Änderungen des Durchschnittseinkommens, wie sie im Transformationsprozess beobachtbar sind, nur geringfügig zu ändern. Mithin verlieren sie ihre Indikatorfunktion. Extrem kleine Quoten deuten darüber hinaus einen nur geringen politischen Handlungsbedarf an und können gegebenenfalls auch nur bedingt als Gradmesser für die Akzeptanz ordnungspolitischer Maßnahmen herangezogen werden.

Die Messung der Armut dient nicht unwesentlich als Indikator für die Akzeptanz einer Politik.[195] Eingedenk der oben genannten Aspekte sollte daher bei der Berechnung der Armutslinie zumindest das Durchschnittseinkommen eines Landes berücksichtigt werden.[196] Universale absolute Armutslinien dürften für das Gros der Transformationsländer deutlich unterhalb der offiziellen Armutslinien liegen und in der Regel noch deutlicher unter den subjektiven Armutslinien. Sofern die Akzeptanz einer Politik auch durch die Höhe der subjektiven Armutslinie beeinflusst wird, erscheint eine landesspezifische absolute Armutslinie, die unter Berücksichtigung des Durchschnittseinkommens ermittelt wird, zweckmäßiger.

Die somit begründete Relativität der Armutslinie muss jedoch nicht zwingend mit einer positiven Einkommenselastizität der Armutslinie einhergehen. Denkbar ist die Verwendung einer landesspezifischen Armutslinie, die für die Betrachtung des Transformationsprozesses fixiert bleibt, also nur teilweise absolut bzw. relativ ist. Die internationale Vergleichbarkeit der Ergebnisse ergibt sich jedoch nur, wenn bei der Berechnung der landesspezifischen Armutslinie in etwa die gleichen Prinzipien berücksichtigt werden. Auf eine Vergleichbarkeit der anfänglichen Armutslinie kann auch durch den Verweis auf die ausreichende Aussagekraft der späteren Änderungen der gemessenen Armut und die Nicht-Berücksichtigung der anfänglichen Armut nicht verzichtet werden. Besonders bedeutsam ist zum Beispiel die Lage der anfänglichen Armutslinie relativ zu den Lageparametern Modus, Median und Mittelwert der Randverteilung der Verteilung der Einkommen.[197] Da die Randverteilung der Verteilung der Einkommen in den einzelnen Ländern in der Regel formell gleich ist, kann dies bei der Berechnung der Armutslinie berücksichtigt werden.

Die Randverteilung der Verteilung der Einkommen lässt sich für den großen mittleren Bereich gut durch eine Lognormalverteilung approximieren, am unteren Rand geht die Lognormalverteilung in eine Normalverteilung und

---

195 Dieses ist teilweise auch der subjektiven Armutsmessung zuzurechnen. Vgl. Klugman und Braithwaite (1998), S. 55.

196 Diese Argumentation wird auch bei der Berechnung einer für alle Transformationsländer gleich hohen absoluten Armutslinie, die allerdings von der Armutslinie der Weltbank abweicht, von Milanovic vertreten. Vgl. Milanovic (1996a), S. 74.

197 Vgl. Milanovic (1996a), S. 62 ff.

am oberen Rand in eine Paretoverteilung über.[198] Bei sehr kleinem Abstand der berechneten Armutslinie zum Modus der üblicherweise eingipfligen Randverteilung der Verteilung der Einkommen ergeben sich für die meisten Armutsindizes relativ große Änderungen bei entsprechender wirtschaftlicher Entwicklung. Liegt die Armutslinie nur knapp unter dem modalen Wert der Einkommensverteilung, dann führt eine wirtschaftliche Rezession mit Abnahme aller Einkommen zu einer sehr großen Änderung zum Beispiel der Armutsquote. Liegt die Armutslinie weit unterhalb des modalen Wertes der Einkommensverteilung, so dürfte die gleiche Rezession nur geringfügige Auswirkungen auf die Armutsquote haben. Eine internationale Vergleichbarkeit der anfänglichen Armutslinie müsste also zumindest hinsichtlich ihrer relativen Lage zu den Lageparametern der Randverteilung der Verteilung der Einkommen gegeben sein.

Die Freiheit von Verzerrungen bei ökonomischen Änderungen (Kriterium c) ist dagegen von einer landesspezifischen Interpretation der Armutslinie unabhängig. Mit diesem Kriterium lässt sich zunächst gegen die relativen Armutsmaße nach den Versionen (1) und (2) argumentieren. Es könnte als Verzerrung betrachtet werden, wenn zum Beispiel bei einer relativen Armutslinie in Höhe von 50 Prozent des mittleren Einkommens eine Person trotz konstantem persönlichem Realeinkommen im Transformationsprozess mit den beobachtbaren drastischen prozentualen Veränderungen des Durchschnittseinkommens in einem Jahr als arm und im nächsten Jahr aufgrund der eingetretenen Rezession als nicht-arm angesehen werden muss. Dieses Ergebnis stellt insofern ein Problem dar, als personelle Konstanz der Gruppe der Armen Rechtfertigung und Grundlage einer zielgruppenorientierten Politik sein kann und sich die individuelle Einschätzung und Akzeptanz der Politik nicht unbedingt der relativen individuellen Besserstellung aufgrund der Reduzierung der Armutslinie anpasst. Eine absolute Armutslinie birgt dieses Problem nicht; eine semirelative Armutslinie birgt dieses Problem nur in geringerem Maße, nämlich insoweit als die angewandte Einkommenselastizität der Armutslinie kleiner als eins ist. Das beschriebene Problem wäre jedoch deutlich größer, wenn das Vorzeichen der Änderung des Durchschnittseinkommens im Transformationsprozess mehrmals gewechselt hätte, was in Transformationsländern zumindest für aufeinanderfolgende Jahre nicht zu beobachten war.[199] Insofern erscheinen die zeitweiligen Verzerrungen der gemessenen Armut unter Verwendung einer relativen Armutslinie hinnehmbar.

---

198 Vgl. Aghion und Bolton (1992), S. 603 f., Külp (1994), S. 165 sowie Phelps-Brown (1988), S. 410 ff. Für Transformationsländer vgl. Milanovic (1996a), S. 78.

199 Vgl. European Bank for Reconstruction and Development (Hrsg.), (2005), S. 48, (2003), S. 56 und (2001), S. 59.

Mit dem Kriterium c) lässt sich darüber hinaus auch gegen die Wahl einer absoluten Armutslinie argumentieren. Die im Transformationsprozess beobachtbaren drastischen strukturellen Veränderungen im System der relativen Preise, hinsichtlich der Sicherheit der persönlichen Lebensverhältnisse, in den Chancen zur Einkommenserzielung, in dem Güterangebot, in der sektoralen und regionalen Struktur der Volkswirtschaft, in Umfang und Struktur des öffentlichen Güterangebots sowie in der Art der Staatsfinanzierung ließen nicht erwarten, dass die zu Beginn des Transformationsprozesses beobachtbaren Präferenzen der Haushalte konstant bleiben. Insbesondere wichtige Strukturparameter, etwa Umfang und Art des Faktorangebots des Haushaltes, Zusammensetzung des Haushaltes, Aufgaben- und Güterteilung innerhalb der Haushalte und Anteil der Subsistenzproduktion werden teilweise mehrmals innerhalb weniger Jahre neu gesetzt. Diese Strukturparameter werden zur Ableitung der Güternachfrage eines Haushaltes und der daraus zu bestimmenden Berechnung einer absoluten Armutslinie als getroffen und invariabel vorausgesetzt, was mithin als irreal abgelehnt werden muss. Wenn diese Strukturparameter aber variabel sind, sind weder die Fixierung einer konstanten einkommensbeziehenden Einheit noch eine konsistente Äquivalenzskalenbestimmung noch ein plausibler Schluss vom Einkommen auf den Konsum oder Wohlstand möglich.

Auch eine länderspezifische absolute Armutslinie führt angesichts der drastischen Strukturveränderungen im Transformationsprozess notwendigerweise zu erheblichen Verzerrungen der gemessenen Armut. Sicherlich kann der Einfachheit halber unterstellt werden, diese Strukturveränderungen seien für alle Transformationsländer prinzipiell identisch und eine länderspezifische absolute Armutslinie mithin sehr wohl anwendbar. Jedoch erfordert die internationale Vergleichbarkeit auch die Bestimmung der landesspezifischen Armutslinie nach gleichen Prinzipien. Überdies sind Daten über die Armutssituation, gemessen nach einer solcherart landesspezifischen Armutslinie, die mit Blick auf andere Transformationsländer eine vergleichbare Höhe relativ zu den Lageparametern der Randverteilung der Verteilung der Einkommen hat, nicht verfügbar.

Die nach dem Kriterien a) und b) zu favorisierende Mischvariante der länderspezifischen absoluten Armutslinie, berechnet und fixiert zum Beginn des Transformationsprozesses, erweist sich also hinsichtlich der Kriterien c) und d) als suboptimal. Aus den vorstehenden Erörterungen ergibt sich, dass eine absolute Armutslinie für den Transformationsprozess kaum zweckmäßig sein dürfte. Dies trifft prinzipiell auch die semi-relative Armutslinie. Die Probleme einer relativen Armutslinie in den Versionen (1) oder (2) hinsichtlich der möglichen Verzerrung aufgrund starker Veränderungen des Durchschnittseinkommens erweisen sich dagegen als weniger gravierend. Vor diesem Hintergrund wird für die Verwendung einer relativen Armutslinie plädiert.[200]

Es bleibt zu klären, ob eine relative Armutslinie nach der Version (1) in Form eines Perzentils der Einkommensverteilung oder nach der Version (2) in Form einer Größe relativ zu einem Lageparameter der Einkommensverteilung vorzuziehen ist.[201] Die Version (1) birgt für Armutsanalysen zum Zwecke der Politikkonzeption den Nachteil, dass unter ihr Armut nie absolut beseitigt werden kann. Dadurch ist das Problem der Armut nicht von dem der Verteilung zu trennen, und Bekämpfung der Armut läuft auch auf eine Bekämpfung des Reichtums hinaus.[202]

Für den Zweck der Ermittlung eines Hilfsindikators zur Messung der Akzeptanz der Ordnungspolitik ist diese Version dagegen eher vorteilhaft: Zum einen kann Armut innerhalb des zeitlich eingegrenzten Zeitraumes des Transformationsprozesses ohnehin nicht vollkommen beseitigt werden, und zum anderen kann die Linie in der Version (1) so gewählt werden, dass stets ein gleichbleibender Anteil der Bevölkerung als arm gilt. Letzteres ist wichtig für Demokratien, die das Prinzip *„one man, one vote"* praktizieren, weil die Akzeptanz (Nicht-Akzeptanz) einer Politik umso wichtiger ist, je einflussreicher die daraus ableitbare potentielle Unterstützung (Bekämpfung) der Politik ist.

Auch bei einer relativen Armutslinie in der Version (1) ergeben sich mögliche Veränderungen der gemessenen Armut. Lediglich der Anteil der Armen bleibt konstant. Andere Indizes, etwa die Armutslücke und alle Indizes in Abhängigkeit von der Verteilung der Einkommen innerhalb der Gruppe der Armen können jedoch auch bei dieser Version Veränderungen erfahren. Eine relative Armutslinie nach der Version (2) bedeutet zwar, dass das Ausmaß der Armut nicht nur verändert, sondern auch beseitigt werden kann, aber die Gruppengröße der Armen schwankt. Sinnvoll erscheint daher, zur Messung der Armut eine relative Armutslinie in Höhe eines Perzentils der Einkommensverteilung zu verwenden.

2.4. Fazit zur Zielunsicherheit

Die Ergebnisse der metaethischen Überlegung zur Zielbildung sowie die Erörterung der Armutsdefinition (Armutskonzept und –linie) unterstützen einander nicht. Aus den metaethischen Überlegungen folgt, dass sich distributions-

---

200 Dies geschieht in Übereinstimmung mit den meisten international akzeptierten Konventionen und normativen Festlegungen in internationalen Abkommen und Verträgen. Vgl. Hauser (2001), S. 5.

201 So wird zum Beispiel oft als relative Armutslinie 50 Prozent des Medianeinkommens einer Bevölkerung gewählt. Vgl. Klugman und Braithwaite (1998), S. 41.

202 Vgl. Hax (1997).

politische Ziele aus metaethischer Sicht im Rahmen des ökonomischen Transformationsprozesses nicht widerspruchsfrei rechtfertigen und bestimmen lassen bis auf die Bekämpfung der absoluten Armut. Die Erörterung der Armutsdefinition und darin speziell die Aspekte der Bestimmung einer Armutslinie dagegen sprechen unter den typischen Bedingungen der Transformationsländer eher für Formen einer relativen Armutslinie, die sich an einem eher verteilungspolitischen Konzept orientieren. Ergänzt werden muss jedoch, dass die Probleme, die aus einer absoluten Armutslinie resultieren, im Verlauf des Transformationsprozesses abnehmen.

3. Datenunsicherheit bei den Zielvariablen

Im Kern der Überlegungen zur Datenunsicherheit steht die Frage nach der Adäquanz, Genauigkeit und Verfügbarkeitsfrist der notwendigen Daten, um das Ausmaß der Zielerreichung bzw. –verfehlung beschreiben zu können.[203] Erst in Kenntnis der Datenlage lohnt sich die Analyse eines Wirkungsmodells, das den Einfluss von politischen Maßnahmen auf die Datenlage beschreiben soll. Die in diesem dritten Kapitel der vorliegenden Arbeit zu erörternde Datenunsicherheit bezieht sich primär auf die Datenunsicherheit hinsichtlich der Zielvariablen der Verteilungs- und Armutspolitik. Fragen zur Unsicherheit hinsichtlich von Parameterwerten, etwa für Prognosemodelle, sollen im Rahmen der Erörterung der Modellunsicherheit behandelt werden.

3.1. Wahl von Indikatoren - Adäquanzprobleme

Zunächst soll die Wahl der Indikatoren theoretisch erörtert werden, bevor die praktischen Messprobleme sowie die Mängel der Datenverfügbarkeit[204] dargelegt werden. Bei der Erörterung der theoretischen Anforderungen an die Verteilungs- und Armutsmaße sowie bei der Lösung bzw. der pragmatischen Behandlung ihrer Messprobleme werden allgemeine Bedingungen der Transformationsländer berücksichtigt. Es gilt, solche Maße zu finden, mit deren Hilfe die Konstruktion von Indikatoren zur Beurteilung der distributiven Tendenzen sowie der Akzeptanz ordnungspolitischer Maßnahmen in Transformationsländern auch erreicht werden können.

Nicht alle üblicherweise präferierten Indikatoren sind theoretisch konsistent,[205] nur einige davon sind auf die besonderen Bedingungen des Transformationsprozesses übertragbar und nur wenige erfüllen den oben genannten Zweck. Im Fall der in diesem Abschnitt betrachteten Verteilungs- und Armutsdaten muss stets nach Verteilungs- respektive Armutsaspekten differenziert werden. Nur sehr allgemeine Anforderungen an die Maße gelten für beide Fragestellungen.

---

203 Im Unterschied zur Einkommenserfassung gibt es noch immer kein übereinstimmend akzeptiertes Konzept zur Bestimmung der Einkommensungleichheit. Vgl. UNU-WIDER (2005), S. 4.

204 In fachlich engerer Abgrenzung gehört die Datenverfügbarkeit zu den Kriterien der Messbarkeit; sie soll hier gleichwohl separat erörtert werden.

205 Die hier gewählte Vorgehensweise impliziert eine theoretische konsistente Vorstellung der notwendigen Daten. Die denkbare Frage des „Findens“ einer plausiblen a-priori-Theorie ohne Daten soll in dieser Arbeit ausgeklammert bleiben. Vgl. Hansen (2005) zu diesem Problem.

3.1.1. Theoretische Anforderungen

Maßgeblich für die hier vorzunehmende Betrachtung ist ausschließlich die interpersonelle Einkommensverteilung und Armutssituation.[206] Die funktionelle Verteilung kann nicht als Substitut der personellen Verteilung herangezogen werden, weil:[207]

- Personen in der Regel Einkommen aus mehreren Quellen beziehen,
- die Heterogenität zwischen den Beziehern gleicher Einkommensarten in der Regel hoch ist,
- die Bezieher gleicher Einkommensarten über unterschiedliche Faktorausstattung verfügen,
- eine Reihe von intervenierenden Institutionen Faktoreinkommen auf unterschiedliche Weise transformieren,
- Einkommensströme aus dem Ausland vorliegen, die bei der funktionellen Einkommensverteilung oft unberücksichtigt bleiben,
- die personellen Einkommen dem Einfluss der Staatstätigkeit unterliegen.

Beide Konzepte – Einkommensungleichheit und Armut[208] – können jeweils absolut oder relativ, materiell oder immateriell, objektiv oder subjektiv, freiwillig oder unfreiwillig sowie dauerhaft oder temporär interpretiert werden. Die folgende Betrachtung konzentriert sich auf eine für die ökonomische Wohlstandsdiskussion verwendbare, wissenschaftlich nachvollziehbare Erörterung der Einkommensverteilung und Armut im Verlaufe des Transformationsprozesses. Mit dieser Einschränkung lässt sich eine Vorauswahl der Konzepte treffen. Die ökonomische Wohlstandsdefinition schließt im Gegensatz zur Wohlfahrtsdefinition immaterielle Aspekte aus, sofern damit nicht-knappe Güter gemeint sind, welche nicht Gegenstand des ökonomischen Kalküls sein können.

Die Nachvollziehbarkeit eines Indikatorwertes verlangt möglichst objektive Konzepte,[209] das ökonomische Paradigma basiert auf der Nutzenmaximierung und erklärt mithin bestenfalls unfreiwillige Armut oder Einkommensun-

---

206 Damit bleiben alle Maße der funktionellen Einkommensverteilung, wie bereinigte und unbereinigte Lohnquote oder Arbeitseinkommensquote (vgl. zum Beispiel Krämer (1995)), außer Betracht.

207 Vgl. Atkinson (1996), S. 24 ff. und Sahota (1978), S. 24.

208 Eine allgemeine Definition der „Armut" erfolgt im Abschnitt 2.3.1.

209 Es erscheint zudem fraglich, ob subjektive Armutsmessung über die individuelle Einschätzung der eigenen Wohlstandsposition in transformatorischen Umwelten überhaupt konsistent zu leisten ist. Vgl. tho Seeth (1997), S. 66.

gleichheit[210] und die Konzentration auf die relativ kurze Periode des Transformationsprozesses lenkt den Blick eher auf temporäre Armut oder Einkommensungleichheit. Die Erörterung, ob eher ein absolutes oder ein relatives Konzept vorzuziehen ist, wurde bereits in Abschnitt 2.3. dargestellt.

3.1.2. Theoretische Erörterung der Ungleichheitsmaße

Für Ungleichheitsmaße werden fünf axiomatische Forderungen aufgestellt:[211]

(1) Skalen-Invarianz-Axiom: Ein Ungleichheitsmaß sollte invariant gegenüber proportionaler Transformation aller Einkommen sein,
(2) Unabhängigkeit von der Größe der Bevölkerung,
(3) Anonymitäts-Prinzip: Unparteilichkeit zwischen Personen,
(4) Transfer-Prinzip (Pigou-Dalton-Bedingung): Der Transfer einer Geldeinheit von einer ärmeren Person zu einer reicheren sollte das Ungleichheitsmaß erhöhen;
(5) Operationalität.

Die erste Anforderung, die auf ein relatives Konzept der Einkommensungleichheit hinausläuft, ist durchaus nicht selbstverständlich und wird von Dalton und Kolm bestritten. Kolm (1976a) plädiert für – in seiner Terminologie – „linke" Ungleichheitsmaße. Diese zeigen bei proportionalem Wachstum aller Einkommen eine Vergrößerung der Ungleichheit an und sind selbst invariant gegenüber einer additiven Transformation.[212] Dalton (1920) fordert unter der Annahme einer Wohlfahrtsfunktion mit sehr stark abnehmendem Grenznutzen des Einkommens Ungleichheitsmaße, die bei proportionaler Vergrößerung aller individuellen Einkommen eine Abnahme der Ungleichheit anzeigen.[213] Nach den Begrifflichkeiten von Kolm könnten diese Ungleichheitsmaße als „ultra-recht" bezeichnet werden. Als „rechte" Ungleichheitsmaße könnten demzufolge solche bezeichnet werden, die bei proportionaler Vergrößerung aller individuellen

---

210 Geht man über das ökonomische Paradigma hinaus, werden freilich auch freiwillige Formen der Armut und Einkommensungleichheit erklärbar. Dass diese existieren, ergibt sich aus der üblicherweise positiven Differenz zwischen Maßen offizieller Armut und Maßen nach dem Konzept der „vermeidbaren" Armut („*poverty under the concept of self-reliance as a social objective*"). Letztere werten nur dann einen Haushalt als arm, wenn die Differenz zwischen Armutslinie und dem potentiellen Einkommen des Haushaltes positiv ist. Vgl. Haveman und Berhadker (1998), S. 343 f.

211 Vgl. Lüthi (1981), S. 24 f. oder ähnlich: Rodrigues (1993), S. 4.

212 Kolm (1976a, 1976b) stellt die Anforderung, dass Ungleichheitsmaße sich bei einer Erhöhung aller Einkommen um denselben Betrag verringern und bei einer Erhöhung aller Einkommen um denselben Prozentsatz vergrößern sollen, und entwickelt dazu ein zweiparametriges „zentristisches" Ungleichheitsmaß. Vgl. Lüthi (1981), S. 53 ff, Kolm (1976a), S. 418 ff. und S. 433 ff. sowie Kolm (1976b).

213 Vgl. Dalton (1920), S. 355.

Einkommen ein gleich bleibendes Maß an Einkommensungleichheit aufweisen, das heißt dem Skalen-Invarianz-Axiom entsprechen.

In dieser Arbeit werden ausschließlich diese „rechten" Ungleichheitsmaße betrachtet, was insbesondere mit der mittel- bis langfristigen Perspektive und der Existenz von Wachstums- bzw. Schrumpfungsprozessen begründet werden kann. Die „linken" Ungleichheitsmaße verlangen zur Konstanz der Einkommensungleichheit eine Konstanz der absoluten Unterschiede. Bei langfristigen Wachstumsprozessen und Konstanz der nach „linken" Maßen gemessenen Ungleichheit würden die relativen Unterschiede immer kleiner und mithin die denkbaren ökonomischen Anreizwirkungen unterschiedlicher Einkommen immer fraglicher.[214] Daher werden im Folgenden „linke" Ungleichheitsmaße nicht verwendet. Die Nicht-Verwendung der „ultra-rechten" Ungleichheitsmaße kann mit pragmatischen Gründen (sie sind praktisch kaum verfügbar) gerechtfertigt werden, sollen nicht normative Aspekte der Wohlfahrtstheorie herangezogen werden.

Die genannten fünf Anforderungen werden von den meisten Ungleichheitsmaßen, die sich direkt aus Lorenzkurven ableiten lassen, erfüllt:[215] Gini-Koeffizient, Atkinsonmaß, die beiden Maße nach Theil, der Variationskoeffizient und das Maß von Dalton. Die Tabelle 5 listet eine Reihe von häufig verwendeten Ungleichheitsmaßen auf, welche die obigen Anforderungen aus unterschiedlichen Gründen nicht erfüllen.

Die somit verbleibenden Ungleichheitsmaße unterscheiden sich weiterhin in ihrer Reagibilität auf Änderungen. Dabei wird unterschieden zwischen der Sensitivität der Maße auf Änderungen in der Dichtefunktion der Einkommensverteilung und der Möglichkeit der Maße, eine Mobilität der relativen Einkommenspositionen bei konstanter Dichtefunktion der Einkommensverteilung zu messen. Letzteres kann nach einem Vorschlag von Trede über die relative Veränderung der jeweiligen Ungleichheitsmaße bei Verlängerung des betrachteten Zeitraumes der Einkommenserzielung gemessen werden.[216]

---

214 Eine Gruppe von drei Personen mit Einkommen von ½, 1 und 1,5 weist nach den „linken" Ungleichheitsmaßen nach einer Verdoppelung des Pro-Kopf-Einkommens die gleiche Ungleichheit auf, wenn die Personen Einkommen von 1,5 sowie 2 und 2,5 aufweisen. Die „rechten" Ungleichheitsmaße sowie die Intuition der meisten Ökonomen dürfte dagegen in diesem Fall eine erhebliche Abnahme der Ungleichheit konstatieren, hat sich doch das Einkommen am unteren Rand verdreifacht, während am oberen Rand lediglich ein Zuwachs von 66 Prozent stattgefunden hat.

215 Vgl. Lüthi (1981), S. 23 ff. und Rodrigues (1993), S. 5. Zur Frage der Konsistenz der Ungleichheitsmaße zur Lorenzkurve vgl. Fields (1994), S. 95.

216 Vgl. Trede (1997).

Tabelle 5: Ungleichheitsmaße, welche die Grundanforderungen nicht erfüllen

Abgelehnte Ungleichheitsmaße	Grund der Ablehnung
Maß von Kuznets	Reagiert nur auf Transfers, die die Position des mittleren Einkommensbeziehers verändern.
Relative Mittlere Abweichung	Ist zwar lorenzkurvenkonsistent, entspricht aber dem auf den Wertebereich [0,2) normierten Maß von Kuznets und erfüllt nicht die Pigou-Dalton-Bedingung.
Dezilverhältnis („decile-ratio") sowie alle Perzentile	Reagieren nur auf Transfers, die das unterste oder oberste Dezil bzw. das jeweilige Perzentil betreffen.
Standardabweichung	„Linkes" Ungleichheitsmaß, das nicht invariant gegenüber einer proportionalen Transformation ist.
Varianz	„Linkes" Ungleichheitsmaß, das nicht invariant gegenüber einer proportionalen Transformation ist.
Logarithmische Varianz	Bei sehr großen Einkommen wird die Pigou-Dalton-Bedingung verletzt. Zudem ist das Maß nicht operabel, da Einkommen in Höhe von „null" nicht berücksichtigt werden können.
Absolute Mittlere Abweichung	„Linkes" Ungleichheitsmaß, das nicht invariant gegenüber einer proportionalen Transformation ist.
Maß von Sen	Ist nicht operabel, da nicht klar ist, wie eine nicht-utilitaristische soziale Wohlfahrtsfunktion zu Messzwecken verwendet werden kann. Sen lehnt jedoch utilitaristische Wohlfahrtsfunktionen bei der Berechnung seines ansonsten mit dem Atkinsonmaß identischen Ungleichheitsmaßes ab.

Quelle: Zusammenfassung nach der Argumentation in Lüthi (1981), S. 23 ff.

Die Sensitivität der Ungleichheitsmaße auf Änderungen in der Dichtefunktion ist unterschiedlich ausgeprägt.[217] Beide Aspekte der unterschiedlichen Reagibilität sind nur bei der Interpretation der präsentierten Einkommensungleichheit und im Vergleich verschiedener Maße zu berücksichtigen, weshalb aufgrund dieser Eigenschaften nicht a priori die Verwendung bestimmter Maße ausgeschlossen werden kann.

217 Vgl. Lüthi (1981), S. 65 ff.

Die verbleibenden Ungleichheitsmaße können zu einem Vergleich jedoch nur verwendet werden, wenn die zugrundeliegenden Lorenzkurven sich nicht schneiden. Davon kann jedoch in den meisten Fällen nicht ausgegangen werden. In einer sehr umfangreichen Studie über die Qualität und Aussage von insgesamt 2622 Messungen der Einkommensverteilung seit 1947 zeigen Deininger und Squire, dass schon im bilateralen Vergleich zwischen Ländern die Lorenzkurven sich sehr häufig schneiden. Dies dürfte im multilateralen Vergleich mithin noch häufiger zu beobachten sein. Für den Längsschnittvergleich der Einkommensverteilung innerhalb eines Landes zu verschiedenen Zeitpunkten konstatieren sie für 55 Prozent der Fälle sich schneidende Lorenzkurven.[218] Sie schlagen daher vor, die jeweiligen Ungleichheitsmaße durch Einkommensanteile für verschiedene Teile der Bevölkerung (zum Beispiel Quintile) zu ergänzen.[219] Dieser Empfehlung wird in dieser Arbeit indirekt insoweit gefolgt als die gemessenen Einkommensungleichheiten durch Armutsdaten ergänzt werden.

3.1.3. Theoretische Erörterung der Armutsmaße

Die theoretische Erörterung der Armutsmaße beschäftigt sich prinzipiell mit zwei Grundproblemen:[220]

(1) Identifizierung der Gruppe der Armen (meist über die Festlegung einer absoluten, relativen oder quasi-relativen Armutslinie);

(2) Aggregation des Ausmaßes der Armut innerhalb der definierten Gruppe der Armen in einem Armutsmaß.

An dieser Stelle der Erörterung sollen ohne Verkennung der Ergebnisse aus dem Abschnitt 2.3. zunächst die Probleme der Festlegung einer Armutslinie außer Betracht bleiben. Der entscheidende Unterschied zwischen den Ungleichheitsmaßen und den Armutsmaßen besteht dann in der Konzentration der Betrachtung auf jene Einkommensbezieher, die ein Einkommen unterhalb der Armutslinie beziehen. Die für Verteilungsmaße verwendeten Anforderungen sind somit durch das Fokus-Axiom (zumindest in der einfachen Variante) zu ergänzen. Die beiden Varianten des Fokus-Axioms lauten:

- Fokus-Axiom (einfache Variante): Die Armutsmaße für zwei gleichgroße Populationen dürfen nicht differieren,
  - wenn die Armutslinie in den beiden Populationen dieselbe ist, und

---

218 Vgl. Deininger und Squire (1996), S. 585 f.

219 Vgl. Deininger und Squire (1996), S. 586.

220 Vgl. Sen (1976), S. 219, Blackwood und Lynch (1994), S. 568 f. und Seidl (1988), S. 71.

- wenn die Einkommen der geordneten Reihe der Einkommensbezieher unterhalb der Armutslinie im Vergleich der beiden Populationen identisch sind.[221]

Beispiel: Zwei Populationen haben jeweils 10.000 Mitglieder; die Armutslinie beträgt 100 Euro Jahreseinkommen; in beiden Populationen befinden sich drei Personen unterhalb der Armutslinie, und diese drei Personen beziehen ein Jahreseinkommen von 90, 80 respektive 70 Euro. Letzteres gilt für die drei Armen in beiden Populationen. Für diesen Fall verlangt das Fokus-Axiom müssen die Armutsmaße identisch sein.

- Generelles Fokus-Axiom: Der Armutsindex für zwei Populationen darf nicht differieren,
  - wenn die Armutslinie in den beiden Populationen dieselbe ist, und
  - wenn die Einkommen der geordneten Reihe der Einkommensbezieher unterhalb der Armutslinie im Vergleich der beiden Populationen identisch sind, unabhängig von Zahl und Einkommen aller anderen Einkommensbezieher.[222]

  Beispiel: In zwei Populationen beträgt die jeweilige Armutslinie 100 Euro Jahreseinkommen, in beiden Populationen befinden sich drei Personen unterhalb der Armutslinie und diese drei Personen beziehen ein Jahreseinkommen von 90, 80 respektive 70 Euro. Dies gilt wiederum für die drei Armen in beiden Populationen. Unabhängig von der Gesamtzahl der Mitglieder dieser beiden Populationen und unabhängig von deren Einkommen verlangt das generelle Fokus-Axiom für diesen Fall, dass die Armutsmaße identische Werte für beide Populationen ausweisen.

Gilt das Fokus-Axiom, dann differenzieren sich die genannten Anforderungen an Armutsmaße erheblich. So ist zum Beispiel beim Transfer-Prinzip zu unterscheiden, ob ein Transfer über die Armutslinie hinweg erfolgt oder nicht. Darüber hinaus ist zu klären, ob die zu bestimmende Armutslinie absolut, relativ oder semi-relativ sein soll. Für eine absolute Armutslinie ergibt sich das Axiom der Translations-Invarianz, bei welcher das Armutsmaß invariant gegenüber additiver Transformation aller Einkommen und der Armutslinie sein sollte. Im Falle einer relativen Armutslinie wäre dagegen das Skalen-Invarianz-Axiom zu postulieren, wonach ein Armutsmaß invariant sein sollte gegenüber proportionaler Transformation aller Einkommen und der Armutslinie. Bei einer semi-relativen Festlegung der Armutslinie ließen sich weder Skalen- noch

---

221 Vgl. Seidl (1988), S. 97.

222 Vgl. Seidl (1988), S. 98.

Translations-Invarianz postulieren. In diesem Falle könnte von einer bedingten Skalen-Invarianz gesprochen werden.

In Konsistenz zu den erörterten Anforderungen an Ungleichheitsmaße sollte das Skalen-Invarianz-Axiom postuliert werden. Mithin wären alle Armutsmaße des absoluten Armutskonzeptes ausgeschlossen. Neben dem Problem der konsistenten und zweckmäßigen Berechnung einer absoluten Armutslinie im Transformationsprozess[223] aus der Erörterung der Festlegung der Armutslinie stellt dies eine weitere Begründung für das relative Armutskonzept dar.

Eine vereinfachte Liste der denkbaren Axiome ist analog zu den Anforderungen an Verteilungsmaße darstellbar:

(1) Fokus-Axiom oder generelles Fokus-Axiom (siehe oben);

(2) Skalen-Invarianz-Axiom: ein Armutsmaß sollte invariant gegenüber proportionaler Transformation aller Einkommen und der Armutslinie sein;

(3) Unabhängigkeit von der Größe der Bevölkerung,

(4) Unparteilichkeit zwischen Personen (Anonymitäts-Prinzip),

(5) Transfer-Prinzip (Pigou-Dalton-Bedingung): Der Transfer einer Geldeinheit von einer ärmeren Person zu einer reicheren sollte das Armutsmaß erhöhen (zumindest, wenn die ärmere Person in der Gruppe der Armen ist und bleibt und die reichere durch den Transfer nicht die Gruppe der Armen verlässt);

(6) Operationalität.

In einem theoretischen Überblick über Armutsmessung zeigt Seidl, dass keines der gängigen Armutsmaße sämtliche aufgestellten Axiome zur Armutsmessung erfüllt. Selbst nach Weglassen der bewusst einander ausschließenden Axiome und Konstruktion eines plausiblen Sets von Axiomen zur Armutsmessung erfüllt keines der gängigen Maße alle Axiome dieser Sets.[224] Dies gilt erst recht für die üblicherweise angegebenen ad hoc-Armutsmaße, die nicht konstruiert wurden, um bestimmten Axiomen zu genügen. Man unterscheidet die ad hoc-Armutsmaße

- Armutsquote („head-count ratio“), die das Verhältnis der Anzahl der Armen zu der Gesamtbevölkerung angibt,

---

223 Diese Position wird in jüngerer Zeit aus theoretischen und praktischen Gründen von Atkinson (1987), S. 930 f.; von Atkinson und Micklewright (1992), S. 185; von Cogan (1995), S. 387 f. sowie von Enderle (1992), S. 143 f. vertreten.

224 Vgl. Seidl (1988).

- Armutstiefe („depth of poverty"), auch Armutslücke („poverty gap") genannt, die die Summe der Differenzen zwischen den individuellen Einkommen unterhalb der Armutsschwelle und der Armutsschwelle angibt, und
- relative Armutstiefe („income-gap-ratio"), die die Relation zwischen der Summe der individuellen Armutslücken (Abstände der einzelnen Einkommen der Armen zur Armutslinie) und dem Produkt aus Armutslinie und Anzahl der Armen angibt.

Die axiomatischen Mängel dieser ad hoc-Armutsmaße sind offensichtlich: Die Armutsquote berücksichtigt weder den Abstand der individuellen Einkommen von der Armutslinie noch die Verteilung der Einkommen innerhalb der Gruppe der Armen. Die absolute und relative Armutstiefe berücksichtigen zumindest den letztgenannten Aspekt nicht. Bspw. verändert ein Transfer einer Geldeinheit innerhalb der Gruppe der Armen keines der genannten Armutsmaße.

Somit bleibt die theoretische Erörterung der Armutsmaße in der Aufstellung der Axiome stecken. Die Wahl der zu vergleichenden Armutsmaße hat sich demzufolge auf die Kriterien Messbarkeit und Verfügbarkeit der Maße unter Berücksichtigung der jeweils verletzten Axiome bei der Interpretation der damit verbundenen Unsicherheit zu beschränken. Neben Messproblemen, die Verteilungs- und Armutsanalysen gemein sind, existiert ein fundamentales Messproblem in der Festlegung der Armutslinie.[225]

3.2. Messprobleme für Verteilungs- und Armutsanalysen

Grundsätzlich besteht Einigkeit in der Literatur darüber, dass für Verteilungs- und Armutsmessungen nur Daten in Frage kommen, deren Datenbasis folgende Mindestanforderungen erfüllt:[226]

- Die Daten müssen auf einer aktuellen Haushaltsbefragung basieren.
- Die Daten müssen repräsentativ für die gesamte zu analysierende Gebietskörperschaft sein.
- Für Vergleiche zwischen verschiedenen Zeitpunkten müssen die Einkommenskonzepte sowie die Empfängereinheiten (Personen, Haushalte) konstant gehalten werden.

---

225 Die theoretisch zu trennenden Probleme Adäquanzproblem (ist die gemessene Entität dem theoretischen Konstrukt adäquat) und Messproblem (Vergleich der zu messenden Entität mit vorgegebenen Standards) werden in der folgenden Erörterung unter „Messproblem" zusammengefasst.

226 Vgl. Jäntti und Sandström (2005), S. 2; Fields (1994), S. 97; Lipton und Ravallion (1995), S. 2573 Fußnote 15 und Deininger und Squire (1996), S. 568.

Für drängende politische Fragen gibt es allerdings Hilfsmethoden, die geeignet sind, mangelhafte Datenbasen kurzfristig hinreichend zu korrigieren.[227] Für konzeptionelle politische Entscheidungen, bei ex-post-Vergleichen und -Analysen sollten jedoch obige Mindestanforderungen strikt eingehalten werden. Darüber hinaus gibt es mindestens weitere acht Grundprobleme der Messung, deren jeweilige Lösung bei der Interpretation der Daten zu berücksichtigen ist:[228]

(1) Festlegung der einkommensbeziehenden Einheit,
(2) Berücksichtigung der Haushaltsgrößen via Äquivalenzziffern,
(3) Gewichtung der einzelnen Einkommensbezieher,
(4) Festlegung der Einkommensperiode,
(5) Entscheidung für Einkommens- oder Konsummessung,
(6) Wahl des Umfanges des Einkommensbegriffes,
(7) regionale Differenzierung und
(8) inflationäre Anpassung.

Die Grundprobleme werden im Folgenden mit besonderer Berücksichtigung der transformationsspezifischen Aspekte[229] erörtert.

3.2.1. Einkommensbeziehende Einheit

Grundsätzlich können Individuen oder Haushalte respektive Familien[230] als Einkommensbezieher angesehen werden. Die Entscheidung für eine der Varianten hängt unter anderem von der faktischen intrafamiliären Distribution in der Entscheidung über die Verwendung und Erzielung der Einkommen[231] sowie von der ethischen Gleichwertigkeit von Leistungseinkommen und privaten (freiwilligen) Transfers ab.[232] Wenn die intrafamiliäre Distribution über die Zeit bzw. im internationalen Vergleich erhebliche Unterschiede aufweist oder wenn freiwillige Transfers als ethisch minderwertige Einkommensquelle angesehen werden, sollte das Individuum als Untersuchungseinheit gewählt werden. Je weiter

---

227 Vgl. Ravallion (1996), S. 200 und S. 218 f.

228 Vgl. Atkinson und Micklewright (1992), S. 68 und Fields (1994), S. 89 f.

229 Die Berücksichtigung der Besonderheiten in Transformationsländern für Verteilungs-, Armuts- und Sozialproduktsmessungen wird durchweg in der Literatur betont. Vgl. Atkinson und Micklewright (1992), S. 7 und 22; tho Seeth (1997), S. 55 sowie allgemein Buckley und Gurenko (1997); Cornia (1994); Doyle (1996) und Milanovic (1995), (1996a) und (1996b).

230 Ungeachtet der Verschiedenartigkeit der Konzepte wird im Folgenden nicht zwischen „Haushalt" und „Familie" unterschieden.

231 Vgl. Kuznets (1963), S. 7 f.

232 Vgl. Atkinson und Micklewright (1992), S. 69.

die Abgrenzung der Untersuchungseinheit erfolgt, desto geringer fällt ceteris paribus das Ungleichheitsmaß aus.[233]

Die in offiziellen Analysen der zentralplanwirtschaftlichen Staaten vor der Transformation ausgewiesenen Einkommensverteilungen wurden primär auf Haushaltsbasis errechnet.[234] Die umfassenden gesellschaftlichen Umwälzungen durch die Transformation ließen jedoch auch ökonomisch motivierte, relativ häufige Änderungen der Haushaltszusammensetzung, der Einkommensströme und der darauf folgenden intrafamiliären Distribution erwarten.[235] Dadurch wäre die Vergleichbarkeit der Ungleichheitsmaße erheblich reduziert worden. Andererseits ergeben sich allein aus der größeren Zahl der Kinder und Haushaltsangehörigen sowie aufgrund des größeren Anteils der Subsistenzproduktion in Transformationsländern gegenüber Industrienationen[236] empirisch bedeutende Skaleneffekte der Haushaltsproduktion, die für Haushaltsdaten sprechen.[237]

Pragmatisch kann auf Haushaltsdaten zurückgegriffen werden, wenn der intertemporale Vergleich sich auf nah beieinander liegende Zeitpunkte und der internationale Vergleich sich auf den Vergleich der nationalen Veränderungsraten bezieht.

3.2.2. Äquivalenzziffern bei unterschiedlichen Haushaltsgrößen

Werden Ungleichheits- oder Armutsmaße auf Haushaltsbasis berechnet, so resultiert als zweites Grundproblem die Bestimmung der Äquivalenzziffern bei der Bedarfsermittlung. Die Bestimmung von Äquivalenzziffern erfordert eine Einschätzung der Leistungsfähigkeit der Personen in der Haushaltsproduktion sowie eine Einschätzung der Bedürfnisse einzelner Personen.[238] Im einfachsten Fall wird allen Personen der gleiche Wert zugerechnet und aus dem Haushaltseinkommen per Division durch die Personenzahl das Pro-Kopf-Einkommen ermittelt.[239] Können positive Skaleneffekte in der Haushaltsproduktion

---

233 Vgl. Atkinson und Micklewright (1992), S. 70 und 188. Die oben erwähnte umfangreiche Auswertung von Deininger und Squire ermöglichte einen entsprechenden Vergleich für 67 Fälle. Im Mittel war der Gini-Koeffizient auf individueller Basis um 0,0169 Punkte höher als derjenige auf Haushaltsbasis, wobei in 50 der 67 Fälle tatsächlich eine positive Differenz festzustellen war. Vgl. Deininger und Squire (1996), S. 580.

234 Vgl. UNU-WIDER (2005), S. 7 sowie Database

235 Vgl. Apolte (2002), S. 108 sowie Mitra und Yemtsov (2005), S. 4.

236 Vgl. Svejnar (2002), S. 8.

237 Vgl. tho Seeth (1997), S. 63.

238 Zur Begründung von Äquivalenzziffern vgl. Becker und Hauser (1995), Buhmann et alii (1988), Faik (1995) sowie Atkinson und Micklewright (1992), S. 70.

239 Berechnungsmethoden für Äquivalenzziffern zeigen Faik (1995), S. 46, Rodrigues (1993), und van Praag, Hagenaars und van Weeren (1982).

(zum Beispiel durch Fixkostendegression für Miete, Heizung etc. sowie durch Internalisierung von Synergieeffekten) unterstellt werden, sollten die Bedürfnisse zusätzlicher Personen kleiner eingeschätzt werden als die bisherigen Durchschnittsbedürfnisse. Genauer: ein Zwei-Personen-Haushalt benötigt zur Erzielung des gleichen Nutzenniveaus weniger Einkommen als zwei Ein-Personen-Haushalte.[240] In den Transformationsländern spielen zudem angesichts der hohen Abgabenlast zusätzliche positive Skaleneffekte der Haushaltsgröße aufgrund erweiterter informeller Arbeitsteilung eine größere Rolle, weshalb die häufig verwendete modifizierte OECD-Skala adjustiert werden müsste.[241]

Die Berechnung von Äquivalenzziffern ist nicht werturteilsfrei möglich, da die möglichen Präferenzen der Haushaltsmitglieder über die demographische Zusammensetzung desselben ausgeklammert werden müssen.[242] Die Prämissen der Äquivalenzskalenanalyse sind:[243]

a) die Pool-Annahme, dernach das Haushaltseinkommen gemeinschaftlich verwendet wird,
b) die Wohlstandsgleichverteilungsannahme, gemäß der jedes Haushaltsmitglied in etwa den gleichen Wohlstand realisieren kann,
c) die Annahme, dass die personellen Bedarfsstrukturen identisch sind, und
d) die Annahme gleichbleibender Haushaltsgrößen und –zusammensetzungen.

Angesichts der vor Beginn des Transformationsprozesses zu erwartenden umwälzenden Änderungen in den Transformationsländern mussten seinerzeit insbesondere die beiden letzten Annahmen (c und d) als eher unwahrscheinlich bewertet werden. Die Bedarfsstrukturen, die im Unterschied zu den Bedürfnissen von der Kaufkraft und ihrer erwarteten Entwicklung abhängig sind, dürften

---

240 Beispiele für angewandte Äquivalenzziffern zeigen Becker und Hauser (1995), S. 343, De Vos und Zaidi (1997), Blackburn (1994) sowie Van Praag, Hagenaars und van Weeren (1982).

241 Der Sachverständigenrat, der noch in seinem Jahresgutachten 2002 für Deutschland das äquivalenzgewichtete Haushaltseinkommen der Haushaltsmitglieder mittels des Quotienten aus Haushaltseinkommen durch die Quadratwurzel aus der Haushaltsgröße ermittelte, verwendet zwei Jahre später die modifizierte OECD-Skala und konstatiert einen internationalen Trend zur Verwendung derselben. Vgl. Sachverständigenrat (2004), TZ. 846. Ähnlich das DIW, das diese Vorgehensweise auch mit den Empfehlungen des Statistischen Bundesamtes und Eurostat zur nationalen Berechnung der sogenannten Laeken-Indikatoren begründet. Vgl. Frick et alii (2005), S. 60.

242 Vgl. Triest (1998), S. 107 f. Ein weiterer Grund für die Unmöglichkeit der werturteilsfreien Konstruktion von Äquivalenzziffern liegt in der subjektiven Entscheidung für absolute oder relative Äquivalenzziffern. Vgl. Foster (1998), S. 337.

243 Vgl. Becker und Hauser (1995), S. 311 und Faik (1995), S. 42.

sich bei größeren projizierten absoluten und relativen Einkommensveränderungen selber erheblich wandeln. Das gilt ebenso für die Haushaltsgrößen und –zusammensetzungen. Das umfangreiche System direkt steuernder Staatseingriffe – von der aktiven Bevölkerungspolitik über die erhebliche pretiale Lenkung bis hin zu haushaltsspezifischen Mengenrestriktionen (darunter nicht zuletzt die Wohnungspolitik) – ließen erwarten, dass auch Haushaltsgröße und -zusammensetzung als Ergebnisse individueller und familiärer Anpassung an diese massiven Staatseingriffe angesehen werden müssen. Daraus folgt, dass mit der beabsichtigten weitreichenden Rücknahme staatlicher Eingriffe und dem sich dadurch erheblich verändernden Kalkül zur Bestimmung der optimalen Wohnsituation wiederum Anpassungen der Größe und Zusammensetzung der Haushalte zu erwarten waren.

Damit wird die ohnehin nicht objektiv durchführbare Berechnung von Äquivalenzziffern im Transformationsprozess methodisch angreifbar. Dieses Problem wird nur bedingt gemildert durch die Erkenntnisse, dass der tatsächliche Einfluss unterschiedlicher Äquivalenzziffern auf Ungleichheitsmaße relativ unklar ist,[244] für sich nicht schneidende Lorenzkurven als relativ gering gilt,[245] generell von länderspezifischen Faktoren abhängt[246] und als kleiner gilt als der Einfluss unterschiedlicher Äquivalenzziffern auf die Zusammensetzung bestimmter Einkommensgruppen.[247]

Unter stabilen sozio-ökonomischen Rahmenbedingungen kann man die verteilungspolitische Bewertung der bei Verwendung mehrerer Äquivalenzskalen ermittelten verschiedenen Einkommensniveaus und –verteilungen plausibel durch Betrachtung des Verlaufsbildes über die Jahre ergänzen.[248] Aus armutspolitischer Sicht im Sinne einer absoluten Armutslinie ist diese Ergänzung nur bedingt hilfreich, da es hierbei explizit um Einkommensniveaus geht. Jedoch kann unter den Bedingungen des Transformationsprozesses nicht von stabilen sozio-ökonomischen Rahmenbedingungen ausgegangen werden, was explizit die intertemporale Vergleichbarkeit von Äquivalenzskalen methodisch fraglich werden lässt.

Daraus folgt nicht die Ablehnung jeglicher Äquivalenzziffern, denn diese werden auch im simplen Fall der gängigsten Variante,[249] der Pro-Kopf-Betrachtung, stets zumindest implizit verwendet. Es folgt vielmehr, dass zum Zwecke der Datenfeststellung die Skala der verwendeten Äquivalenzziffern bekannt sein muss, und dass zum Zwecke des Vergleichs die daraus resultierende

---

244 Vgl. Gottschalk und Smeeding (1997), S. 639.
245 Vgl. Buhmann et alii (1988), S. 127.
246 Vgl. Buhmann et alii (1988), S. 132.
247 Vgl. De Vos und Zaidi (1997), S. 332.
248 Vgl. Sachverständigenrat 2004, TZ 846.
249 Vgl. UNU-WIDER (2005), S. 7.

Unsicherheit interpretativ verwendet werden muss. Idealerweise sollten Berechnungen mit mehreren Äquivalenzziffernsystemen durchgeführt sein. Doch gilt auch dann eine zunehmende Minderung der Vergleichbarkeit mit größerem Zeitabstand.

3.2.3. Gewichtung der einzelnen Einkommensbezieher

Werden Ungleichheitsmaße auf Haushaltsbasis ermittelt, können die äquivalenten Einkommen einmal für den Haushalt oder für jedes Haushaltsmitglied einmal in die Berechnung eingehen. Sind größere Haushalte tendenziell ärmer, so dürfte die zweite Variante zu größeren gemessenen Ungleichheiten führen. In der vorliegenden Arbeit wird angesichts des Individualkonzeptes einer offenen Gesellschaft für diese zweite Variante plädiert.[250] Bei Vergleichen ist jedoch auf methodische Konsistenz zu achten.[251]

3.2.4. Einkommensperiode

Manche Autoren vermuten, dass mit kürzerer zugrundegelegter Einkommensperiode die Berechnung der Einkommenshöhe einfacher und weniger fehlerbehaftet erfolgen dürfte.[252] Dagegen steht jedoch zu befürchten, dass das Ausmaß temporaler Falschmeldungen ansteigt. Sicher ist, dass die Varianz des Einkommens bei kurzen Perioden zunimmt, was die Ermittlung permanenter Ungleichheiten bzw. permanenter Armut erschwert.[253] Die Usance, Jahreseinkommen zu betrachten, führt bei Existenz von Kreditrationierung zur Unterschätzung der Armut sowie bei mehrjähriger intertemporaler Konsumglättung zur Überschätzung der Einkommensungleichheit.[254]

In Transformationsländern dürften beide Faktoren sowie eine generell hohe Varianz der kurzfristigen Einkommen gegeben sein. Zudem kam es im Verlaufe der Transformation in den meisten Ländern zu hoher Inflation. Bei hoher Inflation sollten die Perioden der Einkommensmessung verkürzt werden, sofern keine Anpassungen der unterperiodigen Zahlungen vorgenommen werden.[255] Theoretisch können deflationierte Einkommen verwendet werden, was jedoch die Verfügbarkeit von angemessenen Preisindizes voraussetzt.[256] Die relativ kurze Periode der Transformation lässt die Eliminierung des üblicher-

---

250 Gleiche Empfehlung auch bei UNU-WIDER (2005), S. 7.

251 Vgl. Atkinson und Micklewright (1992), S. 71.

252 Vgl. Fields (1994), S. 89 f. sowie Atkinson und Micklewright (1992), S. 67.

253 Vgl. Trede (1997), Atkinson und Micklewright (1992), S. 72 sowie Fields (1994), S. 89 f.

254 Vgl. Gottschalk und Smeeding (1997), S. 637.

255 Vgl. Milanovic (1996a), S. 72.

256 Vgl. dazu Abschnitt 3.2.8.

weise beachtlichen Anteils an Einkommensungleichheit bzw. Armut, welcher durch ökonomische Mobilität im Lebenslauf erklärbar ist, nicht zu.[257] Gegen unterjährige Einkommenskonzepte spricht auch der hohe Anteil der Agrarproduktion in Transformationsländern mit üblicherweise erntezyklisch bedingten Einkommensströmen. Daher kann aus theoretischer Sicht auch unter den Bedingungen des Transformationsprozesses ein leichter Vorteil für die Entscheidung für Jahreseinkommen konstatiert werden.

3.2.5. Einkommens- oder Konsummessung

Bisher wurde implizit davon ausgegangen, dass Ungleichheit und Armut in der „Währung“ Einkommen gemessen werden. Alternativ dazu ist auch die Messung über Konsum bzw. die Messung über den Konsum bestimmter Güter (*„basic needs approach“*) möglich.[258] Die Argumente, die für bzw. gegen den *„basic needs approach“* sprechen sowie die Vorteilhaftigkeit eines Einkommens- bzw. Konsumansatzes wurden in der Erörterung der Festlegung der Armutslinie (Abschnitt 2.3.1.) dargelegt. An dieser Stelle interessiert nun die Abwägung zwischen Konsum und Einkommen.

Die Messung der Armut bzw. der Ungleichheit über den Konsum wird von den Vertretern des Lebensstandard-Konzeptes vorgeschlagen. Danach ist das Konsumniveau einer Person für die Bewertung ihrer relativen Wohlstandsposition entscheidend. Das Gegenkonzept kann als „Rechte-Konzept“ bezeichnet werden: Danach sind die frei disponierbaren Rechte einer Person an Ressourcen (zum Beispiel in Form von Kaufkraft) entscheidend.[259]

Weder Einkommen noch Konsumausgaben geben die absolute Wohlstandsposition einer Person exakt wieder. Diese wird nämlich ergänzend beeinflusst durch die Bereitstellung öffentlicher Güter.[260] Der Wohlstandsbeitrag der bereitgestellten öffentlichen Güter wird in einer Einkommensmessung gemäß dem Wohlstandsmaß-Konzept der VGR nicht berücksichtigt, da die idealiter nicht-rivalen öffentlichen Güter zu einem Grenzpreis von Null abgegeben werden und somit auch keinen Wert repräsentieren.[261] In einer Konsummessung sowie im *„basic needs approach“* insbesondere zum Zwecke der Messung absoluter Armut sollten die öffentlich bereitgestellten Güter freilich miteinbezogen werden. In der Analyse der relativen Wohlstandsposition sowie

257 Vgl. Atkinson und Micklewright (1992), S. 142 f.

258 Vgl. UNU-WIDER (2005), S. 4, Atkinson und Micklewright (1992), S. 183.

259 Vgl. Atkinson (1987), S. 184 und S. 930.

260 Vgl. Hemmer (1995) sowie Atkinson und Micklewright (1992), S. 18.

261 Diese Unterscheidung zwischen Wohlstandsmaß und Leistungsmaß geht zurück auf Hicks (1940). Vgl. auch Kuznets (1948), S. 158 f., Forte und Buchanan (1961), S. 109 ff. sowie Blankart (1991), S. 116 ff.

der Veränderungen derselben können öffentliche Güter, soweit sie kostenlos für alle bereitgestellt werden, jedoch ausgeklammert werden.[262]

Unterschiede zwischen der Höhe des Konsums und der des Einkommens existieren aufgrund der intertemporalen Allokation des Einkommens, aufgrund der interpersonell und/oder intertemporal differierenden effektiven Steuer- und Abgabensätze und aufgrund der Ausgaben für langlebige Konsumgüter.[263] Letzteres führt dazu, dass auch die Konsumausgaben nur als Approximation des realisierten Konsums dienen können, was zu Abweichungen der gemessenen Ungleichheit führt, den mittelfristigen Trend aber nicht beeinflussen dürfte.[264] Generell weisen die konsumbasierten Maße meistens eine niedrigere Ungleichheit und Armut aus als einkommensbasierte.[265] Dieser Effekt wächst mit dem Grad der internationalen Öffnung aufgrund der dadurch erweiterten intertemporalen Allokation der Einkommen[266] und mit abnehmendem Grad an Unvollkommenheit der Kapitalmärkte.

Generell gelten konsumbasierte Maße als die geeigneteren und bevorzugten aus zwei Gründen:[267] Erstens besteht zwischen dem gegenwärtigen Wohlstand und dem gegenwärtigen Konsum eine direkte Beziehung, während Einkommen an sich keinen Nutzen generiert,[268] und zweitens kann der Konsum besser als das Einkommen als Approximation des permanenten Einkommens dienen.[269] Das letzte Argument wird in letzter Zeit jedoch in Frage gestellt. Zum einen müsste der Konsum als Approximation des permanenten Einkommens mit einkommensbasierten Maßen des permanenten Einkommens verglichen werden und nicht, wie häufig durchgeführt, mit einkommensbasierten Maßen des aktuellen Jahreseinkommens.[270] Zum anderen bedingt die Approximation des permanenten Einkommens durch den Konsum die fraglichen impliziten Annahmen,

---

262 Dies gilt nicht, sofern persönliche Diskriminierungen (Privilegien) oder regionale Diskriminierungen bei der Versorgung mit öffentlichen Gütern erfolgen. Im Falle der Privilegien müssen Schätzungen der daraus resultierenden Verzerrungen durchgeführt werden. Für den Fall der regionalen Diskriminierung kann eine disaggregierte mesoökonomische Analyse angewendet werden. Vgl. Hemmer und Diehl (1996), S. 7 ff.

263 Vgl. Sabelhaus und Schneider (1997).

264 Vgl. Johnsson und Shipp (1997), S. 136.

265 Vgl. Park und Brat (1995), S. 114 f., Sabelhaus und Schneider (1997), S. 174 f., Triest (1998), S. 109 f. und speziell für einige Transformationsländer Milanovic (1996a), S. 82. Ein Gegenbeispiel wird erwähnt in Jorgenson (1998).

266 Vgl. Park und Brat (1995), S. 114 f.

267 Vgl. Triest (1998), S. 109.

268 Vgl. Lipton und Ravallion (1995), S. 2572 f., Fields (1994), S. 89 f. und Jorgenson (1998), S. 88.

269 Vgl. Park und Brat (1995), S. 114., Kuznets (1963), S. 8 f. sowie Lipton und Ravallion (1995), S. 2572 f.

270 Vgl. Sabelhaus und Schneider (1997), S. 174 f.

dass konstanter Konsum präferiert wird und dass intertemporale Allokation für alle Einkommensbezieher gleichermaßen möglich ist.[271] Beide Annahmen dürften in Transformationsländern nicht realistisch sein. Die jüngere Erfahrung zeigt selbst in Industrieländern ein erhebliches Potential für weitere Konsumglättung, die erst durch Fortschritte in der Bonitätsbeurteilung und der Kreditüberwachung möglich wurden.[272] Dieses Potential kann in Transformationsländern erst mit einer weiteren Entwicklung des Finanzsektors gehoben werden.

Zudem erscheint das Konzept des permanenten Einkommens auf Transformationsländer mit drastischen strukturellen und ordnungspolitischen Änderungen sowie stark ausgeprägten Einkommensfluktuationen in der Anfangszeit des Transformationsprozesses[273] aus methodischen Gründen nicht übertragbar. Das Argument der direkten Beziehung zwischen Konsum und Wohlstand wird relativiert aufgrund der Verzerrung des Konsums durch die Approximation desselben durch Konsumausgaben. Nicht zuletzt der wachsende Anteil von dauerhaft nutzbaren Konsumgütern lässt diese Approximation fraglich erscheinen. Es ist a priori unklar, ob die Beziehung zwischen Konsumausgaben und Wohlstand direkter ist als die zwischen Einkommen und Wohlstand. Alternativ ist die Erhebung realer Konsummengen denkbar, was aus pragmatischen Gründen scheitern dürfte. Zudem erfordert auch dies die Aggregation der Konsumgüter mittels eines Preisvektors, dessen Festlegung eine weitere Unschärfe bedeuten kann.

Die generellen Messprobleme dürften für Einkommens- und Konsumausgabenmessung in etwa gleich gewichtig sein, die Frequenz der vorhandenen Einkommensstichproben ist jedoch höher.[274] Zusammenfassend kann Einkommen durchaus als Approximation des Konsums gesehen werden, was wiederum für den Wohlstand einer Person steht. Bei der Interpretation einkommensbasierter Armutsmaße ist jedoch die wahrscheinliche tendenzielle Unterschätzung sowie die Änderung der Zusammensetzung der Armutsgruppe zugunsten der Familien mit jungen Haushaltsvorständen zu berücksichtigen.[275]

In Transformationsländern ergeben sich weitere Schwierigkeiten in Form der Rationierung vieler Konsumgüter, welche aufgrund des nicht die realen Knappheiten widerspiegelnden Systems der relativen Preise unvermeidlich war. Rationierung existierte in Form der Privilegien für einen kleinen Teil der Bevölkerung sowie in Form der vielfach existierenden Parallelmärkte.[276] Rationierung bedeutet die bewusste Einschränkung der Gültigkeit eines ordnungs-

271 Vgl. Lipton und Ravallion (1995), S. 2573.
272 Vgl. Krüger (2006), S. 7 f.
273 Vgl. Brezinski (2002), S. 192.
274 Vgl. Sabelhaus und Schneider (1997), S. 174 f.
275 Vgl. Triest (1998), S. 110.
276 Vgl. Atkinson und Micklewright (1992), S. 184.

politischen universalen Gerechtigkeitsprinzips. Anstatt einer Verteilung nach Zahlungsbereitschaft, die von Elster als eine der „principles based on power" charakterisiert wird,[277] soll bei der Rationierung ein anderes Prinzip zum Tragen kommen. Es wird in den Worten Elsters versucht, lokale Gerechtigkeit herzustellen.[278] Werden Güter rationiert, so spielen das Rationierungskriterium[279] und die faktische Abgrenzbarkeit, also die Trennbarkeit von lokaler und globaler Gerechtigkeit eine erhebliche Rolle bei der Bewertung der daraus resultierenden Verteilungssituation.

Die Rationierungskriterien wurden von Elster in verschiedene Gruppen unterteilt. Er unterscheidet zum Beispiel zwischen egalitären Prinzipien wie Lotterie, Rotation und absoluter Gleichverteilung und zeitbasierten Prinzipien wie Warteschlangen und -listen. Letztere, die in ehemaligen Zentralplanwirtschaften eine große Bedeutung hatten, könnten nach Elster und anderen als progressiv im redistributiven Sinne angesehen werden.[280] Dies kann jedoch nur gelten, wenn das Prinzip in Reinform praktiziert werden kann. Dazu dürften Plätze auf der Warteliste nicht käuflich, die Verwalter der Listen nicht korrupt und Schwarzmärkte nicht existent sein.[281] Die zuletzt genannten Annahmen trafen auf die ehemals real existierenden Zentralplanwirtschaften in der Regel nicht zu. Da zudem die Rationierung in der Regel nicht nach einem der egalitären Prinzipien vorgenommen worden ist, kann a priori nicht angenommen werden, dass von der Rationierung eine progressive Wirkung ausging.

Wenn aber eine eindeutige Wirkung der Rationierung auf Einkommensungleichheit oder Armut nicht bestimmt bzw. erwartet werden kann, so ist die Verwendung einkommensbasierter Daten nur inferior gegenüber direkten konsumbasierten Daten. Sobald konsumbasierte Daten aber indirekt aus Einkommen und Sparverhalten ermittelt werden, lässt sich die methodische Unschärfe aufgrund der Rationierung nicht lösen. Zudem verbleibt aufgrund der unsicheren Datenlage nur der Verweis auf die Relativierung des hieraus resultierenden methodischen Problems durch die Betrachtung der Veränderungsraten der Ungleichheit oder Armut.[282] Die absoluten Daten sind nur mit großer Vorsicht zu interpretieren.

Neben der Rationierung stellen die Privilegien für eine kleine Elite ein weiteres methodisches Problem für die Verwendung der einkommensbasierten

---

277 Vgl. Elster (1991), S. 282.
278 Vgl. Elster (1991), S. 273 f.
279 Vgl. Atkinson und Micklewright (1992), S. 173.
280 Vgl. Elster (1991), S. 276 und Cornelius und Weder (1996), S. 588.
281 Vgl. Atkinson und Micklewright (1992), S. 174.
282 Vgl. Gottschalk und Smeeding (1997), S. 640.

Daten dar.[283] Sofern man unterstellen kann, dass die Privilegien nur Beziehern höherer Einkommen zufielen, dürfte die gemessene Ungleichheit die tatsächliche unterschreiten. Die dadurch entstehende Unterschätzung der Ungleichheit ist umso geringer, je heterogener und kleiner die Gruppe der Elite war.[284] Sofern die existierenden Schätzungen über die Größe der Elite einigermaßen zutreffen, muss der Umfang der Privilegien ganz erheblich gewesen sein, um überhaupt einen spürbaren Effekt auf die aggregierten Verteilungsmaße auszulösen.[285] Da es aber weder zur Größe der Elite noch zu den transferierten Gütern, geschweige denn zum Einkommensäquivalent derselben verlässliche Schätzungen gibt, verbleibt nur der Hinweis, dass einkommens- und konsumbasierte Messungen aufgrund des in Rede stehenden Effektes die Ungleichheit unterschätzen dürften.[286]

Das dritte oben angesprochene Problem der Existenz von Schwarzmärkten ist methodisch in zweierlei Hinsicht ein Argument, welches die Kritik an den einkommensbasierten Messungen relativiert. Zum einen wird der Effekt von Rationierungsprinzipien, die nicht auf der Zahlungsbereitschaft basieren, durch Schwarzmarktaktivitäten verwässert. Zum anderen dürfte Konsum von Gütern, die auf Schwarzmärkten erworben wurden, kaum messbar sein und allzuoft verheimlicht werden. Die Einkommensmessung setzt dagegen in der Regel an der Quelle (Lohn- und Gehaltslisten) an und erfasst mithin auch Einkommen, das zum Kauf von Gütern auf Schwarzmärkten verwandt wird.

Die theoretisch postulierte Überlegenheit der konsumbasierten Messungen ist im Kontext des Transformationsprozesses – zumindest in den Anfangsjahren – mithin zu relativieren. Aus den vorstehenden transformationsspezifischen Messproblemen resultiert die methodische Forderung, möglichst direkt ermittelte konsumbasierte Daten zu verwenden. Bei Nichtvorhandensein derselben sollte sich die Messung auf die Veränderungsraten der mit einkom-

---

283 Zu den Privilegien zählen Realtransfers, wie die Versorgung mit diversen ansonsten nicht oder nur schwer erhältlichen Gütern (Chauffeure, Devisen / Sorten, verschiedene Importgüter, Auslandsreisen) oder die Ausnahmen von den ansonsten geltenden Rationierungskriterien (besser Ausbildungseinrichtungen, größere Häuser, Autos). Vgl. Atkinson und Micklewright (1992), S. 168 sowie Cornelius und Weder (1996), S. 593.

284 Schätzungen bewegen sich zwischen 0,3 Prozent der städtischen Bevölkerung und 1,5 Prozent der gesamten Bevölkerung. Vgl. Bergson (1984), S. 1070, Fußnote 25 sowie Atkinson und Micklewright (1992), S. 170.

285 Ebenda.

286 Morrisson schätzte Mitte der 1980er Jahre, dass diese Privilegien etwa 0,2 - 0,3 Prozent der Bevölkerung betrafen und der Gini-Koeffizient um etwa 3 bis 4 Prozentpunkte nach unten verzerrt war. Zitiert nach Cornelius und Weder (1996), S. 594, FN 11. Für die ehemalige DDR kann offensichtlich die Verfügbarkeit eines Telefons (in etwa 20 Prozent der Haushalte) als verlässlicher Indikator für eine privilegierte Stellung und für höheres Einkommen gesetzt werden. Vgl. Bird, Frick und Wagner (1998).

mensbasierten Daten gemessenen Ungleichheit und Armut beschränken. In beiden Fällen ist die Unterschätzung der Ungleichheit aufgrund der kaum dokumentierten Privilegien zu berücksichtigen.

3.2.6. Einkommensbegriff

Auch der genaue Umfang und Inhalt dessen, was mit dem Einkommensbegriff beschrieben wird, kann als Messproblem gesehen werden. Nach Bergson sollte Einkommen idealiter in monetärer Form, frei verfügbar zum Tausch für Waren und Dienstleistungen zu nicht-diskriminierenden Preisen ausgezahlt werden.[287] Sofern diese Bedingungen nicht erfüllt sind, gibt die Verteilung des Einkommens kein adäquates Bild der Verteilung des Wohlstands in einer Gesellschaft wieder und die Interpretation von Änderungen der Einkommensverteilung im Zeitablauf wird signifikant erschwert.[288]

Diese Bedingungen waren gerade in ehemals zentralplanwirtschaftlichen Staaten nicht gegeben. Neben einem hohen Anteil an Realtransfers und einer deutlichen Ausdehnung der öffentlich bereitgestellten Güter im Vergleich zu Marktwirtschaften wurden relativ große Lohnanteile nicht monetär ausbezahlt und der Staat griff in vielen Fällen diskriminierend in das Preissystem ein.[289] Die allgemeine Messung der Ungleichheit und Armut in zentralplanwirtschaftlichen Staaten steht hinsichtlich des Einkommensbegriffes vor einem Dilemma. Der eng auf monetäres Leistungseinkommen, das frei verfügbar ist, abstellende Einkommensbegriff misst nur einen relativ kleinen Anteil des Wohlstandes. Der weit, möglichst umfassend definierte Einkommensbegriff erfasst verschiedene Einkommenskategorien, deren relative Werte nur bedingt ermittelbar sind.

In Anlehnung an McAuley können bei Verwendung eines umfassenden Einkommensbegriffes für ehemals zentralplanwirtschaftliche Staaten zumindest die folgenden drei aggregierten Stufen des Einkommens unterschieden werden:[290]

- Monetäres verfügbares Einkommen: Darunter versteht man das monetäre Einkommen aus eigener wirtschaftlicher Tätigkeit zuzüglich der erhaltenen monetären Transfers und abzüglich des individuell zurechenbaren Anteils an Zwangsabgaben (Steuern, Beiträge zu Sozialversicherungen mit parafiskalischem Charakter).
- Persönliches Einkommen: Darunter versteht man das monetäre verfügbare Einkommen zuzüglich der Imputationen für Einkommen aus Sub-

287 Vgl. Bergson (1984), S. 1057.
288 Vgl. Atkinson und Micklewright (1992), S. 145 f.
289 Vgl. De Melo, Denizer und Gelb (1996), S. 399.
290 Vgl. Atkinson und Micklewright (1992), S. 73 und die dort angegebenen Literatur.

sistenzwirtschaft, selbstgenutztem Wohneigentum und privaten Realtransfers.

- Gesamteinkommen: Dieses umfasst schließlich das persönliche Einkommen zuzüglich des Wertes der staatlich bereitgestellten Realtransfers.

Diese sukzessive erweiterten drei Definitionen des Einkommens erreichen erst mit ihrer dritten und umfassendsten Variante den umfassenden Einkommensbegriff nach Haig-Simons, der als Summe aus dem realem Konsum und der Änderung des Nettovermögens definiert ist.[291]

Nach der Entscheidung für diesen umfassenden Einkommensbegriff sind bei der Interpretation der gemessenen Werte die unterschiedlichen Messprobleme der einzelnen Einkommensbestandteile und die möglichen Verzerrungen, die bei der Messung der Ungleichheit und Armut daraus resultieren, zu beachten. Eine umfassende quantitative Analyse der möglichen Verzerrungen kann für die ehemals zentralplanwirtschaftlichen Staaten ex post nicht mehr geleistet werden. Dazu wäre ein komplettes System von Schattenpreisen für die in den Stichproben nach ihrem Einkommen befragten Individuen nachträglich zu erstellen. Für viele der real transferierten Güter sowie für real übertragenes Einkommen waren die Opportunitätskosten Null, da freier Handel der Güter nicht erlaubt war, bzw. die Güter nur über Realtransfers zu beziehen waren. Mithin ist weder der Wert noch der *„excess burden"* der Realtransfers zu ermitteln. Im Folgenden werden nur die offenkundigen und wichtigen Verzerrungen der Ungleichheits- und Armutsmessung durch die Aggregation eigentlich getrennt zu behandelnder Einkommensbestandteile qualitativ erörtert. Dabei wird analog der Abstufung von McAuley vorgegangen.

Bei der Bestimmung des monetären Einkommens aus eigener wirtschaftlicher Tätigkeit tritt in der Regel das Phänomen auf, dass unterschiedliche Einkommensbestandteile mit unterschiedlicher Genauigkeit erfasst werden. Üblicherweise sind Lohn und Gehalt relativ gut zu erfassen, während Kapitaleinkünfte Mess- und Ehrlichkeitsprobleme aufwerfen.[292] Es gibt Hinweise, dass Kapitaleinkünfte eher von Personen in den oberen Einkommensklassen unterschlagen werden.[293] Der Effekt der monetären Transfers wie der Steuern und Zwangsabgaben hängt von der Progressivität und Effektivität des Transfer- und Steuersystems ab.[294] Das größte Problem dabei liegt in der individuellen Zurechnung. Die Verteilungswirkungen unterschiedlicher Steuersysteme sind

291 Vgl. Gottschalk und Smeeding (1997), S. 637 sowie Atkinson und Micklewright (1992), S. 73. Zur Berücksichtigung des Wohlstandsbeitrags der bereitgestellten öffentlichen Güter vgl. oben unter 3.2.5 Einkommens- oder Konsummessung.

292 Vgl. Milanovic (1996a), S. 67.

293 Vgl. Gottschalk und Smeeding (1997), S. 640.

294 Vgl. Deininger und Squire (1996), S. 580.

nur schwer vergleichbar, da indirekte Steuern in der Regel nicht individuell zugerechnet werden und zum Teil auch die Abgrenzung der direkten Steuern strittig ist. Meist werden Vermögensteuern in Verteilungsanalysen nicht als direkte Steuern erfasst.[295] Es ist auch für die hier betrachtete Ländergruppe unklar, welchen Effekt die indirekten Steuern auf die Verteilung ausübten. Die vorliegenden Erhebungen berücksichtigen generell nur zum Teil monetäre Transfers, Steuern und Zwangsabgaben. Aus empirischen Erhebungen ist jedoch bekannt, dass im Vergleich zu westeuropäischen Industrieländern der Progressivitätsgrad der Transfer- und Steuersysteme in ehemals zentralplanwirtschaftlichen Staaten eher gering ist.[296]

Die zur Ermittlung des persönlichen Einkommens notwendigen Informationen über Einkommen aus Subsistenzwirtschaft, selbstgenutztem Wohneigentum und privaten Realtransfers, wiewohl wichtig für die Wohlstandsmessung,[297] liegen in ehemals zentralplanwirtschaftlichen Staaten ebenso wenig vor wie andernorts. Für alle drei Kategorien gibt es bestenfalls Schätzungen über die Richtung des Einflusses auf die Verteilung, deren Unsicherheit am Beispiel des Wohnraumes dargestellt wird.[298]

So schätzen Buckley und Gurenko, dass Wohnungen und Häuser den größten Anteil an Realtransfers oder -einkommen in der UdSSR ausmachten und dass die dafür vorzunehmenden Imputationen eine deutliche Verringerung der Einkommensungleichheit bedeuteten.[299] Dabei gehen sie offenbar von der Tatsache aus, dass die Verteilung der meist über Betriebe den Beschäftigten zu niedrigen Mieten bereitgestellten Wohnungen eine geringere Ungleichheit aufwies als die Verteilung des monetären Einkommens. Hier gilt jedoch wiederum, dass die Verteilungswirkung des angewandten Rationierungsprinzips nur separat bewertet werden kann, wenn es in Reinform durchgeführt wurde.

Eine formal egalitäre Verteilung des Wohnraumes bedeutet nur dann eine egalitäre Verteilung des Wohlstands aus Wohnraumnutzung, wenn sichergestellt ist, dass Wohnraum auch faktisch egalitär verteilt ist. De facto existierten auch in der UdSSR Wohnungen unterschiedlicher Größe und Qualität. Ein offizieller Wohnungsmarkt im Sinne eines individuellen Angebots und individuel-

---

295 Vgl. Gottschalk und Smeeding (1997), S. 639.

296 Vgl. Milanovic (1994), sowie die Berechnungen in Diehl (1998), S. 85 ff.

297 Vgl. Fields (1994), S. 89 f.

298 Rosser, Rosser und Ahmed (2000) schätzen für 16 Transformationsländer den Umfang des gesamten informellen Sektors über den Energieverbrauch und schließen auf eine positive Korrelation des Umfanges des informellen Sektors zur gesamten Einkommensungleichheit. Sie konzedieren aber, dass die Ergebnisse aufgrund der schlechten Datenlage nur sehr vorsichtig zu interpretieren seien. Vgl. Rosser, Rosser und Ahmed (2000), S. 158 und S. 168.

299 Vgl. Buckley und Gurenko (1997), S. 28.

ler Nachfrage war zumindest in den Städten nicht gegeben. Der dadurch erheblich reduzierte Anteil der umgesetzten (neu und/oder anders vermieteten) Wohnungen („flow") im Verhältnis zum Bestand („stock") lässt auf große Friktionen in der Wohnungsversorgung schließen. Die zum Beispiel lebenszyklisch bedingten Veränderungen der gewünschten Wohnungsgröße und -qualität dürften nur zu einem geringen Teil realisierbar gewesen sein. Eine solche Situation bietet erhebliche Anreize für Schwarzmarktgeschäfte und sekundäre Verteilung der rationierten Wohnungen. Die daraus resultierende Verteilung kann angesichts der erheblichen Friktionen auf dem Wohnungsmarkt theoretisch auch ungleicher sein als die der monetären Einkommen.

Buckley und Gurenko kritisieren weiterhin, dass das Weglassen des Wohnwertes aus der Einkommensberechnung mit dem Argument, die Mieten seien ohnehin niedrig gewesen, eine erhebliche Verzerrung bedeute.[300] Analog zur Nichtberücksichtigung der Bereitstellung öffentlicher Güter im Wohlstandsmaß können auch Imputationen nur nach tatsächlichen Opportunitätskosten vorgenommen werden.[301] Mithin erscheint eine Berücksichtigung des Wohnwertes in Höhe der Mieten gerechtfertigt und die entstehende Verzerrung bei extrem niedrigen Mieten als gering.

Die dargestellte Fraglichkeit der Abschätzung selbst der Richtung der Verzerrung der Ungleichheitsmessung aufgrund falscher Imputationen gilt analog auch für Imputationen aus Subsistenzwirtschaft und privaten Realtransfers. Damit sind freilich auch Richtung und Ausmaß der Verzerrung bei Nicht-Berücksichtigung von Imputationen unklar.

Schließlich lässt sich auch der Schritt vom persönlichen Einkommen zum Gesamteinkommen via Addition des Wertes der staatlich bereitgestellten Realtransfers nur mit großen Messproblemen gehen. Tatsächlich gab es in den ehemals zentralplanwirtschaftlichen Staaten auch eine Reihe von Realtransfers, die nicht auf die Elite beschränkt waren.[302] Die Bewertungsprobleme realer Einkommensbestandteile wurden oben bereits erörtert. Den staatlichen Realtransfers wird für Mitteleuropa vor der Transformation eine ähnliche relative Bedeutung zugemessen wie für Westeuropa. Eine umfassende Inzidenzanalyse erscheint hochgradig von Werturteilen belastet.[303]

Atkinson und Micklewright vermuten, dass zudem die Konsumentensubventionen in mitteleuropäischen Staaten Einkommensungleichheiten reduzier-

---

300 Ebenda.
301 Vgl. oben unter 3.2.5. Einkommens- oder Konsummessung.
302 Vgl. Atkinson und Micklewright (1992), S. 168.
303 Vgl. Atkinson und Micklewright (1992), S. 18.

ten, jedoch seien sie noch weniger progressiv gewesen als die Realtransfers.[304] Auf genauere Schätzungen kann nicht rekurriert werden.

Abschließend ist noch das Problem der illegalen Einkommen anzusprechen. Es gibt Hinweise darauf, dass die Einbeziehung illegaler Einkommen in die Berechnung der Einkommensungleichheit signifikante und länderspezifisch unterschiedliche Effekte zeitigt.[305] Dies kann und wird im Folgenden jedoch mangels Daten nicht weiter berücksichtigt werden, zumal dieses Problem in der praktischen Distributionspolitik wohl stets ungelöst bleiben muss.

Als wichtiges Ergebnis in der Wahl zwischen umfassendem Einkommensbegriff, dessen Bestandteile nur bedingt objektiv aggregierbar sind, und eingeschränktem Einkommensbegriff, der wichtige Wohlstandsfaktoren auslässt, bleiben die Forderung, nur auf methodisch konsistent ermittelte Werte zu rekurrieren, und der Hinweis, dass die Verzerrungen der absoluten Werte in der Betrachtung der Veränderungsraten relativiert werden.[306]

3.2.7. Regionale Differenzierung

Ein weiteres Grundproblem in Verteilungs- und Armutsmessungen ist die Frage der Notwendigkeit einer regionalen Differenzierung.[307] Mit zunehmender Größe des Landes und zunehmender Heterogenität der natürlichen Lebensbedingungen, Wirtschaftsstruktur und -politik erscheint auch eine regionale Differenzierung der Messung erforderlich.[308] Im Falle einer regional differenzierten Betrachtung dürfen jedoch nicht nur die Armutslinien und regionalspezifische Einkommen differenziert werden. Vielmehr sind auch regionalspezifische inflationäre Anpassungen und Imputationen vorzunehmen.[309] Methodisch erweist sich in einigen Fällen der Vergleich der Pro-Kopf-Einkommen zwischen den Staaten als weniger problembehaftet als der Vergleich der Pro-Kopf-Einkommen der Bürger eines Landes.[310]

---

304 Ebenda.

305 In einer Untersuchung anhand sowjetischer Emigranten in den 1970er und 1980er Jahren zeigten Alexeev and Gaddy im Jahr 1991, dass der illegale Einkommen einschließend berechnete Gini-Koeffizient für Emigranten aus Russland, Weißrussland, der Ukraine, Moldawien und den baltischen Staaten etwa einen Prozentpunkt höher liegt als der entsprechende Wert für legale Einkommen. Für die transkaukasischen und zentralasiatischen Sowjetrepubliken betrug der Unterschied dagegen etwa sieben Prozentpunkte. Zitiert nach Atkinson und Micklewright (1992), S. 121.

306 Vgl. Gottschalk und Smeeding (1997), S. 640.

307 Vgl. Bigman und Fofack (2000), S. 129 ff., Hentschel et alii (2000), S. 147 ff. sowie Bigman et alii (2000).

308 Vgl. Hemmer und Diehl (1996).

309 Vgl. Fields (1994), S. 89 f.

310 Vgl. Jäntti und Sandström (2005), S. 2.

Im Transformationsprozess kommen drei Faktoren besonders erschwerend hinzu:

- Die Produktionsstruktur war in nicht wenigen Zentralplanwirtschaften ausgeprägt regional konzentriert. Privatisierung, Liberalisierung und besonders die Auflösung der Produktionsverbünde unter den Zentralplanwirtschaften Zentral- und Osteuropas hatten daher starke regionalspezifische Auswirkungen, je nach regionaler Produktionsstruktur.
- Mit dem Beginn des Transformationsprozesses wurde auch Binnen- und Außenmigration erleichtert, wodurch sich schnell verzerrende Effekte ergeben können.
- Im Grenzgebiet zu westlichen Industrieländern ergaben sich unmittelbar nach Beginn des Transformationsprozesses zahlreiche neue Formen des Außenwirtschaftsverkehr, deren Erfassung nicht immer zeitnah erfolgt sein dürfte. Dieser Effekt gilt mit wachsender Divergenz des Transformationsfortschrittes sowie der ökonomischen Performanz auch für die Grenzregionen zwischen Transformationsstaaten.

3.2.8. Inflationäre Anpassung

Damit wäre der in dieser Auflistung letzte Punkt der Messprobleme schon angesprochen. Einkommen müssen bei mehrjährigen Vergleichen deflationiert werden. Bei hoher Inflation sollten die Perioden der Einkommensmessung verkürzt werden, sofern keine Anpassungen der unterperiodigen Zahlungen vorgenommen werden.[311] Dabei stellt die Wahl eines geeigneten Vergleichsindizes das größte Problem dar. Gerade für Transformationsländer werden erhebliche Abweichungen der Preisentwicklung verschiedener Gütergruppen beobachtet.[312] Das daraus resultierende Problem wiegt umso schwerer, als die Inflationsraten generell in den ersten Transformationsjahren im Vergleich zu OECD-Ländern sehr hoch waren.[313] Desweiteren müsste ein adäquater Preisindex, so er denn nicht der Ideallösung eines individuellen Ausgabendeflators entspricht,[314] eine Mischung aus offiziellen und Schwarzmarktpreisen darstellen.[315] Es ist klar, dass auch in der Wahl der Deflationierungsmethode erhebliches Potential für Werturteile und divergierende Ansichten steckt.

Die damit einhergehenden Unsicherheiten sind aus mehreren Gründen in Transformationsländern weit gravierender als in Industrieländern:

---

311 Vgl. Milanovic (1996a), S. 72.
312 Vgl. Milanovic (1995), S. 6.
313 Vgl. Sachs (1996), De Melo, Denizer und Gelb (1996) und Worldbank (1996).
314 Vgl. Triest (1998), S. 110.
315 Vgl. Atkinson und Micklewright (1992), S. 175.

- der zu erwartende strukturelle Wandel einschließlich der signifikanten Verbesserung der Produktqualität erschwert die Konstruktion eines adäquaten Warenkorbes, der über längere Zeit konstant ist,[316]
- die Wahl der Vergleichsfamilie ist erschwert durch die zu erwartenden Änderungen in der familiären Zusammensetzung und in der Größe der Haushalte,[317]
- die Preismessung für den repräsentativen Warenkorb leidet unter großen regionalen Unterschieden und Auswirkungen der noch nicht voll durchgewirkten Liberalisierung; entsprechend groß und volatil sollten die Preisdifferenzen ausfallen.[318]

Die Probleme sind praktisch lösbar, aber immer besonders angreifbar, da von zahlreichen Werturteilen getragen. Sie bewirken zudem eine erhebliche Verzerrung der Zahlen für internationale (und intertemporale) Vergleiche, wenn andernorts (oder zu anderen Zeitpunkten) mit anderen Methoden gemessen wurde. Die praktische Unsicherheit wird auch empirisch untermauert durch die teilweise über mehrere Jahre rückwirkend erfolgten zahlreichen Revisionen der ursprünglichen offiziellen Inflationsdaten mit zum Teil größeren Abweichungen.[319]

3.3. Grenzen der Verfügbarkeit

Zu den Problemen der Adäquanz von Daten sowie ihrer Messbarkeit kommt in der praktischen Politik das Problem der mangelnden Verfügbarkeit.

3.3.1. Theoretische Grenzen

Das Problem besteht hinsichtlich jeder der oben genannten Anforderungen an die Daten. Damit werden freilich nicht alle Verteilungs- oder Armutsdaten wertlos, nur etwa weil sie auf inadäquaten Äquivalenzziffern beruhen oder sich nur auf Teilaspekte (etwa städtische Armut) begrenzt bleiben. Sie können und müssen bei Fehlen besserer Daten verwendet werden. Jedoch ist die Interpretation schwierig und unbedingt offenzulegen. Nicht zuletzt muss auf die eingeschränkte Vergleichbarkeit mit späteren, eventuell besseren Messkonzepten hingewiesen werden. Eine echte Erfolgsmessung ist so nicht zu gewährleisten.

Die wichtigsten theoretischen Grenzen der Verfügbarkeit von Verteilungs- und Armutsdaten sind:

---

316 Vgl. Fischer, Sahay und Végh (1996), S. 48 sowie Milanovic (1995), S. 6.

317 Vgl. Svejnar (2002), S. 21.

318 Vgl. De Melo, Denizer und Gelb (1996), S. 399.

319 Vgl. European Bank for Reconstruction and Development (Hrsg.), (2005), S. 50, (2003), S. 58 und (2001), S. 61.

- Nicht-Verfügbarkeit: Da prinzipiell für Fragen der personellen Einkommensverteilung nur Befragungsdaten verwendet werden können, beschränkt sich die Verfügbarkeit auf die wenigen repräsentativen Haushaltsbefragungen mit konstantem und adäquatem Einkommenskonzept.[320] Damit liegen in der Regel keine unterjährigen Daten vor. Während fehlende Makrodaten in vielen Fällen durch vorliegende Mikrodaten oder Partialdaten einigermaßen plausibel geschätzt werden können (etwa die Entwicklung des privaten Konsums aus vorliegenden Einzelhandelsumsätzen), sind mikrobasierte Verteilungs- und Armutsdaten nicht durch aggregierte Daten zu substituieren.
- Unvollständigkeit: Vorliegende Daten können sowohl hinsichtlich der Zielgrößen (Verteilungs- und Armutsdaten) als auch hinsichtlich der interpretationsnotwendigen Strukturdaten unvollständig sein. Ersteres bezieht sich etwa auf fehlende Daten für bestimmte Regionen. Letzteres ist besonders problematisch, wenn, wie zu erwarten, die Messkonzepte im Laufe der Zeit dem Stand der Wissenschaft angenähert werden. Ohne vorliegende Strukturdaten der früheren Messungen ist die Interpretation der Entwicklung aufgrund der nur bedingt vergleichbaren Erhebungen erschwert.
- Zeitliche Verzögerung: Der handelnde Politiker benötigt am besten Daten in Echtzeit und zwar mit einer gewissen Vorlaufeigenschaft. Verteilungs- und Armutsdaten sind aber per se extrem nachlaufende Daten, da zum Ersten ihre Erhebung viel Zeit in Anspruch nimmt[321] und zum Zweiten die Strukturprozesse erst auf die Mikroebene durchgewirkt haben müssen, bevor ihre distributive Wirkung beurteilt werden kann. Die Intensität des Trickle-Down Effektes kann eben erst am Ende der Wirkungskette gemessen werden. Sicherlich ist die Konstruktion von vorlaufenden Indikatoren denkbar, doch bedingt dies eine klare Vorstellung über kausalanalytische Zusammenhänge der Verteilungs- und Armutspolitik im Transformationsprozess.
- Korrektheit: Empirische Daten unterliegen allfälligen Erhebungs- und Verarbeitungsfehlern, deren Ausmaß und Entwicklung in der Regel nicht statistisch fassbar ist. Nur für den Fall der fehlerhaften Berechnung sind spätere Revisionen denkbar.

---

320 Es liegen nur sehr wenige verlässliche Haushaltsbefragungen vor 1996 vor. Vgl. Filer und Hanousek (2002), S. 230.

321 Am aktuellen Rand lagen Mitte 2005 noch nicht alle Messungen aus Erhebungen des Jahres 2003 vor. Vgl. UNU-WIDER (2005); Database. Es kann daher mit einer Verarbeitungsverzögerung von rund zwei Jahren nach Erhebung gerechnet werden.

- Mangelnde Vergleichbarkeit: Nicht zuletzt stellt sich das Problem der mangelnden Vergleichbarkeit von Daten, etwa international oder – temporal. Dies kann an unterschiedlichen Methoden und Fehlern in der Umsetzung von Messkonzepten liegen.[322] Daten, deren Konzeptionsmängel durch ergänzende Kenntnisse hinreichend interpretierbar sind, müssen nicht gleichzeitig auch hinreichend vergleichbar sein zu anderen Daten mit anderen Konzeptionsmängeln.[323]

3.3.2. Pragmatische Vorschläge angesichts der Datenverfügbarkeit

Bisher wurden theoretische Anforderungen an Verteilungs- und Armutsindizes erörtert und Lösungen oder pragmatische Regelungen zur Milderung wichtiger Probleme in der Messung der Einkommensungleichheit respektive Armut im Transformationsprozess dargestellt. Sofern nicht umfangreiche verlässliche Mikro-Datenbestände zur Neuberechnung der entsprechenden Indizes vorhanden sind, ist der Politiker jedoch auf einschlägige vorberechnete und publizierte Indizes angewiesen. Mithin kann auch die Anforderung der Verfügbarkeit (Publikation) der entsprechenden Indizes in einem die Vergleichbarkeit der entsprechenden Transformationspolitik ermöglichendem Maß für möglichst viele Transformationsländer und über den Verlauf des ganzen Transformationsprozesses das Auswahlkriterium für einzelne Indizes sein.

Für Verteilungsanalysen sieht es in dieser Hinsicht besser aus als für Armutsanalysen. Der bezüglich der Häufigkeit seiner Berechnung und bezüglich des Verbreitungsgrades eindeutig dominante Index ist der Gini-Koeffizient, der zudem noch die oben aufgestellten Axiome der Verteilungsmessung erfüllt.[324] Neben der Wiedergabe einiger allgemeiner Fakten des Transformationsprozesses, so wie sie sich aus der Literatur zusammenfassen lassen, werden an konkreten Daten im Folgenden fast ausschließlich Gini-Koeffizienten dargestellt.[325]

Bezüglich der Messung von Armut wurde bereits in der Erörterung der Wahl der Armutslinie mit dem Fehlen konsistent und vergleichbar berechneter absoluter Armutslinien argumentiert. Gerade das Ziel einer Vergleichbarkeit der Armutswirkungen verschiedener Transformationspolitiken macht es aber notwendig, eine international vergleichbare Bestimmung der Armutslinie, die auch im Verlauf des Transformationsprozesses nicht zu verzerrten Messungen führt, zu finden. Eine Lösung in Form einer relativen Armutslinie, etwa auf der Höhe

---

322 Vgl. Svejnar (2002), S. 19.

323 Vgl. Jäntti und Sandström (2005), S. 2.

324 Vgl. Besley und Burgess (2003), S. 10.

325 Das Gros der vorhandenen Messungen basiert auf dem Einkommenskonzept; nur wenige messen anhand des Konsums oder der Ausgaben. Vgl. UNU-WIDER (2005), S. 4.

des 20-Prozent-Perzentils der Einkommensverteilung, ist weit verbreitet. Sie ist aus Sicht der reinen Armutsanalyse zum Zwecke der Armutsbekämpfung suboptimal. Bezogen auf die besonderen Bedingungen des Transformationsprozesses kann sie jedoch aus den erörterten Gründen durchaus verwendet werden.

Der Einkommensanteil des ärmsten Fünftels der Gesellschaft ist ein relativ gut verfügbarer Armutsindex, der in der Regel auch in Verteilungsmessungen publiziert wird. Problematisch sind daran die Nichterfüllung des Fokus-Axioms sowie die nur partielle Erfüllung des Transfer-Axioms. Der Einkommensanteil des ärmsten Fünftels einer Gesellschaft ist nicht unabhängig von dem Einkommen der Nicht-Armen und er verändert sich bei Transfers zwischen Armen nicht. Zwei der sechs oben aufgestellten Axiome werden also verletzt. Beide Axiome könnten jedoch auch bei Verwendung einer relativen Armutslinie erfüllt werden, wenn ein Index, der auch die Verteilung der Einkommen innerhalb der Gruppe der Armen einbezieht, gewählt würde. Leider sind Berechnungen derartiger Indizes kaum verfügbar. Der Einkommensanteil des ärmsten Fünftels einer Gesellschaft kann somit in Ergänzung des Gini-Koeffizienten zur hilfsweisen Beurteilung der verteilungspolitischen Akzeptanz der verfolgten Ordnungspolitik eingesetzt werden.

3.4. Daten im Transformationsprozess

In diesem Abschnitt werden, der jüngeren makroökonomischen Tradition folgend, stilisierte Fakten des Transformationsprozesses dargestellt. Darunter sind Daten zu verstehen, denen unter Berücksichtigung üblicher Schwankungen eine gewisse Regelmäßigkeit im Zeitablauf bzw. im Querschnittsvergleich zukommt.[326] Die Erstverwendung sogenannter „stilisierter Fakten" wird Nicholas Kaldor (1957) zugeschrieben, der auf einer Konferenz der International Economics Association sechs stilisierte Fakten des Wachstumsprozesses beschrieben hat.[327] Die Bedeutung stilisierter Fakten liegt zum einen in ihrer Eigenschaft als erster Prüfstein für die Leistungsfähigkeit einer Theorie. Zum anderen stellt aus empirischer Sicht die Feststellung stilisierter Fakten grundsätz-

---

326 Barro / Sala-i-Martin bezeichnen 'stilisierte Fakten' auch als „empirical regularities". Vgl. Barro und Sala-i-Martin (1995), S. 5.

327 Ursprünglich nannte Kaldor die späteren stilisierten Fakten „remarkable historical constancies". Vgl. Kaldor (1957), S. 591. Vgl. ebenso Maußner und Klump (1996), S. 1 und Barro und Sala-i-Martin (1995), S. 5. In diesem Sinne versuchen auch eine Reihe von Autoren auf anderen Gebieten der Ökonomik stilisierte Fakten festzustellen. Für die allgemeine Makroökonomik versuchten dies Solow (1997), Taylor (1997), Eichenbaum (1997), Blinder (1997) und Blanchard (1997b). In der Verteilungstheorie sind Aghion und Bolton (1992), Phelps-Brown (1988) und Gottschalk und Smeeding (1997) zu nennen. Für die Arbeitsmarkttheorie leistete dies Franz (1996).

lich die erste Aufgabe der Wissenschaft dar, wenn neue Fragestellungen theoretisch gelöst werden sollen.[328] Die Existenz bestimmter empirischer Gesetzmäßigkeiten ist schließlich im epistemologischen Sinne als Grundvoraussetzung der Legitimation einer wissenschaftlichen Teildisziplin anzusehen.[329]

Für die Transformationstheorie erfüllte die letzte Aufgabe die Annahme sogenannter Repetitionsphänomene.[330] Über die Rechtfertigung der Transformationstheorie hinaus, die in der im Kapitel 1 erfolgten Skizzierung des Transformationsprozesses dargelegt wurde, werden im Folgenden die wichtigsten Ergebnisse der Transformation in Form stilisierter Fakten präsentiert. Soweit angesichts des noch andauernden Transformationsprozesses von stilisierten Fakten gesprochen werden kann, werden Wachstumsraten, Inflationsraten und die Entwicklung der Einkommensverteilung sowie der Armutsquoten dargestellt und systematisiert.

3.4.1. Daten zum Wirtschaftswachstum

Die Daten über das Wirtschaftswachstum können als ein Maß für den Erfolg der Transformationspolitik dienen. Daneben stellen sie eine Benchmark für persönliche Einkommenserwartungen wie für die Erwartungsbildung hinsichtlich der angemessenen Kapitalverzinsung dar. Ergänzend zu den oben dargelegten Adäquanzproblemen und Messproblemen der Daten über Einkommensverteilung und Armut werden zunächst die wichtigsten Messprobleme der Wachstumsdaten in Transformationsländern erörtert.

3.4.1.1. Messprobleme der Wachstumsdaten

Bei den Messproblemen der Wachstumsdaten in Transformationsländern lassen sich drei Gruppen unterscheiden:

a) Probleme aus der verzerrten Messung des Volkseinkommens vor Beginn der Transformation,
b) Probleme aus Verzerrungen, die während und teilweise aufgrund der Transformation eintraten, und
c) Vergleichsprobleme zwischen den Transformationsstaaten.

---

328 So forderten Forscher auch für die Verteilungstheorie explizit eine Konzentration der Forschungstätigkeit auf die Feststellung stilisierter Fakten. Vgl. Gottschalk und Smeeding (1997), S. 660.

329 Die Gesetzesartigkeit der Welt und mithin die Nichtexistenz eines Mysteriums ist darüber hinaus die seit vielen Jahrtausenden bewährte Grundannahme jeglicher menschlichen kognitiven Leistung.

330 Vgl. Kloten (1989), S. 100.

Zu a)
Die Messung des Volkseinkommens in zentralplanwirtschaftlichen Staaten war durch die Anwendung des Konzeptes des Bruttomaterialproduktes grob verzerrt; in der Regel nach oben.[331] Dienstleistungen wurden unterbewertet. Doch die Anreize aus dem Plansystem wirkten deutlich in Richtung einer „Übererfüllung" der Pläne.[332]

Insgesamt sind die Ergebnisse der damaligen VGR aus wohlstandstheoretischer Sicht höchst fraglich, da die große Mehrzahl der Preise nicht als Knappheitspreise angesehen werden kann, sondern als Verrechnungsgrößen der Planglättung dienten.[333] Zudem wurden zahlreiche Güter produziert, die aus Sicht eines freien Marktes unverkäuflich und folglich wertlos waren.[334] Kleine und mittlere Unternehmen wurden oft genug unterrepräsentiert in den Schätzungen, und aufgrund der restriktiven staatlichen Politik bildete sich durchweg ein großer informeller Sektor, der unerfasst oder unterfasst blieb.[335] Ein Aspekt, der für eine Überbewertung des BIP in ehemaligen Zentralplanwirtschaften spricht, sind die in einigen Ländern eingepreisten Kosten für Zahlungsverzug, wodurch die Preise noch mehr überhöht wurden.[336] Hinzu kam, dass auch die Meldungen der besser erfassten Großunternehmen oft zweifelhafter Natur waren, da die Rechnungslegungsmethoden von denen westlicher Industrieländer stark verschieden waren. Die international agierenden Unternehmen wandten für interne Steuerungszwecke zwar westliche Rechnungslegungsprinzipien an, führten aber für statistische Zwecke eine Parallelbuchführung.[337]

Die außenwirtschaftlichen Transaktionen in ehemals zentralplanwirtschaftlichen Staaten sind generell schwierig konsistent zu bewerten, da mit wechselnden, aber nicht auf Marktpreisen basierenden Wechselkursen gearbeitet wurde.[338] Aus Sicht einer konsumentenorientierten Bewertung darf ein erheblicher Anteil der gehandelten Güter als praktisch wertlos angesehen werden; er erzielte nur im Zwangshandel einen Kaufpreis. Folgerichtig brach der

---

331 Vgl. De Melo, Denizer und Gelb (1996), S. 399.

332 Åslund schätzt die Übertreibung des BIP in Transformationsländern auf rund fünf Prozent. Vgl. Åslund (2001), S. 3.

333 Vgl. Fischer, Sahay und Végh (1996), S. 48 sowie Mesa-Lago (1998), S. 859.

334 Vgl. Åslund (2001), S. 6.

335 Vgl. Svejnar (2002), S. 8, Åslund (2001), S. 4 f. sowie Klugman und Braithwaite (1998), S. 39. Schätzungen über die relative Bedeutung des informellen Sektors gehen für die westlicheren Transformationsländer auf bis zu einem Drittel, für östliche deutlich darüber und auf bis zur Hälfte des BIP in Transformationsländer, die sich zeitweilig im Krieg oder unter wirtschaftlichem Embargo befanden. Vgl. Brezinski (2002), S. 197 sowie Milanovic (1996a), S. 32.

336 Vgl. Bloem, Cotterell und Gigantes (1998), S. 12.

337 Vgl. Filer und Hanousek (2002), S. 23.

338 Vgl. De Melo, Denizer und Gelb (1996), S. 399.

Außenhandel zwischen den COMECON-Staaten nach seiner Liberalisierung praktisch ein und erzwang so die Einstellung der Produktion dieser unverkäuflichen „Exportgüter".[339] Zudem bestehen Erfassungsprobleme des früheren Binnenhandels in den Staaten, die sich mit und zu Beginn des Transformationsprozesses erst bildeten (Nachfolgestaaten der UdSSR, der Tschechoslowakei sowie Jugoslawiens).

Gemessen an westlichen Vergleichswerten investierten die Zentralplanwirtschaften enorm viel. Gemessen am tatsächlichen Konsum produzierten sie jedoch extrem energieintensiv und erzielten eine unterdurchschnittliche Kapitalrendite. Im Umkehrschluss kann daher das Investitionsvolumen vor der Transformation als überhöht ausgewiesen betrachtet werden.[340]

Eine besondere Problematik der VGR bilden die Staatsunternehmen.[341] Folglich resultieren daraus besonders ausgeprägte Probleme für die VGR in Staaten mit einem relativ hohen Anteil an Produktion in Staatsbetrieben. Zunächst ist jeweils zu unterscheiden, ob es sich um Marktproduktion oder Nicht-Marktproduktion handelt. Die Wertschöpfung der Marktproduktion wird über den Output ermittelt, während die der Nicht-Marktproduktion über den Input geschätzt wird. Je mehr Schätzungen erfolgen müssen, desto unsicherer und subjektiver wird das Ergebnis. Eine zweite Problematik besteht in der Erfassung und Verrechnung von Finanzströmen zwischen dem Staat und den Staatsunternehmen. Dabei ist oft weder der Umfang dieser Zahlungen und ihre Periodenzugehörigkeit genau bestimmbar noch ihre Zuordnung zu laufenden Zahlungen für Gegenleistungen, Abgaben respektive Subventionen, Kapitaltransfers oder Finanzbeziehungen.

Zu b)

Nach Beginn der Transformation muss im Umkehrschluss des oben gesagten mit einer Übererfassung der „Einkommensverluste" aufgrund des Zusammenbruchs der großen Industriebetriebe gerechnet werden.[342] Dies gilt, zumal diese das zentralplanwirtschaftliche BIP durch „Übererfüllung" und durch Produktion zu Nicht-Knappheitspreisen aufgebläht haben.[343] Die Problematik der inadäquaten Preise lässt sich auch nachträglich durch geschätzte Schattenpreise nur mit unverhältnismäßig hohem Aufwand und Unsicherheitsgrad lösen. Daher plädieren einzelne Autoren für eine Schätzung des BIP durch Bezug auf physische

---

339 Vgl. Åslund (2001), S. 8.

340 Vgl. Åslund (2001), S. 12. Åslund erklärt diese überhohen Investitionen mit Sabotage und Verschwendung.

341 Vgl. zu dem folgenden Abschnitt Bloem, Cotterell und Gigantes (1998), S. 4 ff.

342 Vgl. Fischer und Sahay (2001), S. 4.

343 Vgl. Worldbank (1996), S. 18.

Mengen. Die „Gewinne“ der Transformation wurden anfangs unterschätzt. Die neu enstehenden Kleinbetriebe blieben einige Zeit außerhalb des Blickfeldes der offiziellen Statistik,[344] ebenso wie große Teile des nun privat erzielten Einkommens der Erfassung (und Besteuerung) entzogen wurden.[345]

Zu c)

Für Wachstumsvergleiche im Transformationsprozess stellt sich die Frage des Vergleichsjahres. Berücksichtigt man, dass die Nachfolgestaaten der UdSSR erst 1992 mit der Transformation beginnen konnten, so sinkt das Vergleichseinkommen für das Jahr „Null“ der Transformation um gut fünf Prozent, mithin fällt der durchschnittliche Rückgang des Volkseinkommens zu Beginn der Transformation niedriger aus.[346]

Die Vergleichbarkeit der VGR-Daten von Transformationsländern im Verlauf des Transformationsprozesses leidet unter drei transformationsspezifischen Aspekten: Erstens änderte sich die Repräsentativität und die Qualität der Daten in den einzelnen Ländern mit dem Aufbau einer Statistikbehörde,[347] die ökonomische Transaktionen zu erfassen versucht, anstatt sie zu steuern. In einigen Transformationsländern waren in den ersten Transformationsjahren eine erhebliche Fluktuation des Personals der statistischen Ämter, eine zeitweilig bedeutende Reduktion der Finanzmittel für statistische Zwecke und ein scharfer Rückgang der Bereitschaft der Haushalte, Fragebögen zu beantworten, zu beobachten.[348] Dies mag auch ein Grund für die häufigen drastischen Revisionen, die oft genug ein Drittel bis die Hälfte vorheriger Wachstums- oder Schrumpfungsraten ausmachten, sein.[349] Der Prozess des Auf- und Umbaus der Statistikämter vollzog sich jedoch mit unterschiedlicher Geschwindigkeit, so dass die Daten eines Jahres von ausgeprägt unterschiedlicher Verlässlichkeit sind.

Zweitens kam es zeitweise zu unterschiedlichen Verwendungen von gleichen Begrifflichkeiten (etwa der Definition einer Privatunternehmung), die jedoch die Vergleichbarkeit einschränkten. Und drittens verringerten sich die verzerrenden Effekte der vormals zentralplanwirtschaftlichen Eingriffe im Zuge des Transformationsfortschrittes. Jedoch auch dieser vollzog sich mit unterschiedlicher Geschwindigkeit. Nicht zuletzt war das Ausmaß der ursprünglichen Verzerrung der VGR vor Beginn der Transformation zwischen den einzelnen

---

344 Vgl. Filer und Hanousek (2002), S. 226, Brezinski (2002), S. 192, Sachs (1996), S. 130 sowie De Melo, Denizer und Gelb (1996), S. 399.

345 Vgl. Sachs (1996), S. 130; Johnson, Kaufmann und Shleifer (1997), 160 f. sowie Klugman und Braithwaite (1998), S. 39.

346 Vgl. Åslund (2001), S. 2.

347 Viele der Nachfolgestaaten der UdSSR oder Jugoslawiens verfügten anfangs nicht über eine eigene Statistikbehörde. Vgl. Fischer, Sahay und Végh (1996), S. 48.

348 Vgl. Brezinski (2002), S. 192.

349 Vgl. Åslund (2001), S. 5.

Transformationsstaaten höchst verschieden.[350] Aus diesen Einschränkungen der Vergleichbarkeit folgt eine ganz erhebliche methodische Problematik für alle Quervergleiche zwischen den Transformationsstaaten.[351]

Zusammenfassend kann davon ausgegangen werden,

- dass das geschätzte BIP in den damaligen Zentralplanwirtschaften vor der Transformation übertrieben war,
- es am Beginn der Transformation untertrieben war und
- zwischen den Transformationsländern nur bedingt vergleichbar ist.

3.4.1.2. Wachstumsdaten

Das Wirtschaftswachstum nach den oben gebildeten Gruppen von Transformationsländern im ungewichteten arithmetischen Mittel zeigt Abbildung 4: Wirtschaftswachstum der Transformationsländer nach Gruppen.

Abbildung 4: Wirtschaftswachstum der Transformationsländer nach Gruppen (in %)

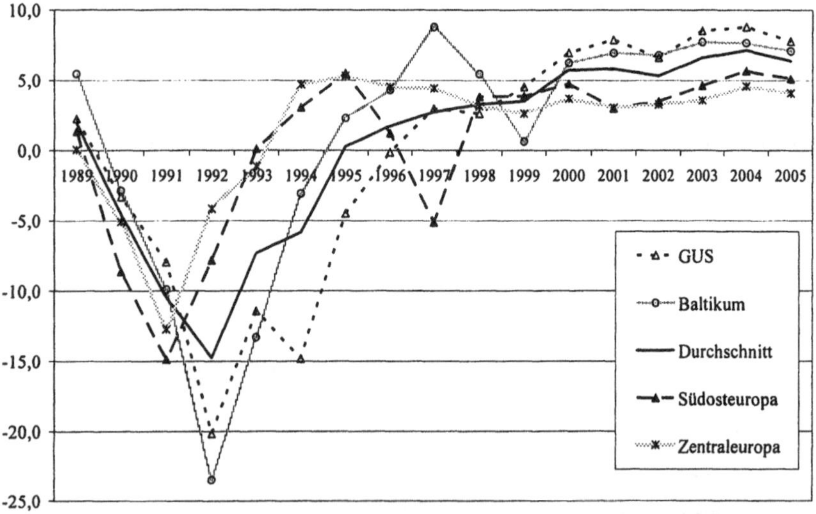

Quelle: European Bank for Reconstruction and Development (Hrsg.), (2005), S. 48, (2003), S. 56 und (2001), S. 59. Daten für 2004 geschätzt; Daten für 2005: Projektion.

---

350 Vgl. De Melo, Denizer und Gelb (1996), S. 399.

351 Vgl. Filer und Hanousek (2002), S. 227 f.

Das alles in allem relativ homogene Bild eines Einbruchs der Wirtschaftsleistung unmittelbar nach Transformationsbeginn und einer sukzessiven Erholung danach gilt durchweg für alle von der EBRD betrachteten Transformationsstaaten.[352] Im Jahr 1991 wies keines der 25 hier betrachteten Länder ein positives Wirtschaftswachstum auf, im Jahr darauf nur Polen. Ab dem Jahr 2000 schrumpft die Wirtschaftsleistung nur noch einmal, nämlich im Jahr 2001 in Mazedonien. Der hier gezeigte „v-förmige" Verlauf lässt sich zum Teil mit den oben geschilderten diametralen Erfassungsproblemen vor und nach Transformationsbeginn erklären.

3.4.2. Daten zur Inflationsentwicklung

Die Erfassungsprobleme der Inflationsdaten in Transformationsländern wurden bereits im Abschnitt 3.2.8 oben kursorisch dargelegt. Die Inflationsdaten im ungewichteten arithmetischen Mittel nach Ländergruppen zeigt Abbildung 5: Inflation (%) in Transformationsländern nach Ländergruppen. Die logarithmische Darstellung zeigt die zu Beginn des Transformationsprozesses rasant steigenden Preise, teilweise in einer Hyperinflation mündend, und die danach erfolgreiche Stabilisierung in den meisten Transformationsländern.

---

352 Vgl. Fischer und Sahay (2001), S. 4.

Abbildung 5: Inflation (%) in Transformationsländern nach Ländergruppen

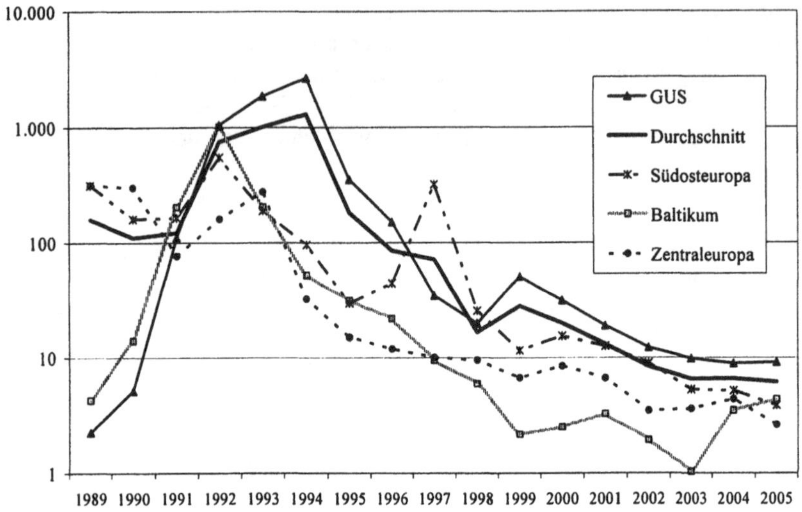

Quelle: European Bank for Reconstruction and Development (Hrsg.), (2005), S. 50, (2003), S. 58 und (2001), S. 61.

3.4.3. Daten zur Verteilungs- und Armutslage

Im folgenden wird zunächst die Bedeutung der Verteilungs- und Armutsdaten erörtert, bevor die Datenverfügbarkeit dargelegt und abschließend die Daten dargestellt werden. Die Daten beschränken sich dabei auf den klassisch ökonomischen Anteil der Wohlfahrt, den Wohlstand.

In Verteilungsdaten von zentralplanwirtschaftlichen Staaten sind insbesondere die Disparitäten, die aus nicht-monetären Einschränkungen für Teile der Bevölkerung resultierten, nie enthalten:

- drastische Einschränkung der Freiheitsrechte für die Masse der Bevölkerung,
- ideelle Privilegien für die Elite und
- mangelnde Partizipation an der Gestaltung des öffentlichen Lebens.

Diese Aspekte sind für die Wohlfahrt hoch relevant.[353] Sie können gleichwohl in einer auf Wohlstand abzielenden Verteilungsanalyse nicht berücksichtigt werden.

3.4.3.1. Bedeutung der Verteilungs- und Armutsdaten für zentralplanwirtschaftliche Staaten

Die Darstellung der Ausgangslage der Verteilungs- und Armutssituation in den heutigen Transformationsländern vor Beginn der Transformation, das heißt bis etwa 1990, muss der allgemeinen politischen Bedeutung der Verteilungs- und Armutssituation sowie der Verfügbarkeit qualitativ hinreichender Daten Rechnung tragen. Einzelne Werte für die Einkommensungleichheit oder Armut können in ihrer absoluten Höhe für sich genommen kaum aussagekräftig interpretiert werden. Die Akzeptanz der sich im Zuge des Transformationsprozesses ergebenden Änderungen der Einkommensungleichheit und der Armutssituation hängt jedoch auch von der faktischen Relation der entsprechenden Werte im Systemvergleich zum Zeitpunkt vor der Transformation ab. Mithin sind die absoluten Werte der Einkommensungleichheit und Armut mit den entsprechenden Werten in den eher marktwirtschaftlichen Staaten zu vergleichen. Darüber hinaus wird für die Beurteilung der Akzeptanz der Transformationspolitik die Entwicklung der faktischen Einkommensungleichheit und Armut im Transformationsprozess und der dabei mögliche intertemporale und internationale Vergleich heranzuziehen sein.

Beim für die Ausgangslage vorzunehmenden Systemvergleich ist jeweils zwischen der offiziellen Darstellung bzw. der gesellschaftlichen Perzeption und der faktischen Situation zu unterscheiden. Zwar ergibt sich eine veränderte Akzeptanz der Transformationspolitik primär aus der Veränderung der wahrgenommenen Situation, doch für eine wissenschaftliche Erörterung des Themas ist primär die faktische Veränderung relevant. Eine fehlende Akzeptanz der Transformationspolitik aufgrund einer objektiv falschen Perzeption der Einkommensungleichheit oder Armut stellt dagegen primär ein innergesellschaftliches Kommunikationsproblem dar.[354]

---

353 In einer Analyse der relativen Abweichung der Wohlfahrtsindikatoren eines Landes von dem Wohlstandsniveau gemessen am Pro-Kopf-Einkommen nach Kaufkraftparitäten rangieren acht (!) Transformationsländer unter den zehn Staaten mit der größten positiven Abweichung. Vgl. McGillivray (2005), S. 344. Vgl. ergänzend die Experimente von Güth und Weck-Hannemann (1997), S. 40.

354 Die fehlerhafte Perzeption einer Situation ist epistemologisch verschieden von der oben angesprochenen Bedeutung der subjektiven Armutslinie für die Festlegung einer wissenschaftlich verwendeten Armutslinie. Die Bestimmung von Armutslinien erfolgt letzten Endes über ein Werturteil. Besteht innerhalb einer Bevölkerung ein hinreichend großes Übereinkommen über dieses Werturteil, so kann diese subjektive Meinung

Darüber hinaus dürfte idealiter der relevante Vergleich der Verteilungs- und Armutsindikatoren nur unter der nachgewiesenen Existenz einer makroökonomischen Stabilität vorgenommen werden.[355] Es ist denkbar, dass Staaten kurz- und mittelfristig durch redistributive Maßnahmen, die nicht dauerhaft aufrecht zu erhalten sind, die gemessene Einkommensungleichheit und Armut stark zu reduzieren vermögen. Es sind mindestens drei Formen einer solchen nichtnachhaltigen Distributionspolitik möglich:

- Die Distributionspolitik erhöht dauerhaft die Verschuldung des Staates gemessen am Verhältnis zur Wirtschaftsleistung des Landes.
- Die Distributionspolitik führt zu einem anderen Wachstumsniveau, weil das Verhältnis aus staatlichem Konsum zu staatlichen Investitionen wächst und die gesamtwirtschaftliche Investitionsquote sinkt.
- Die Distributionspolitik führt zu signifikanten negativen Leistungsanreizen der Empfänger wie der Zahler.

Vergleicht man die Einkommensungleichheit bzw. Armut eines Staates in einer makroökonomisch instabilen Situation mit anderen Staaten oder im Zeitablauf, so müsste eigentlich die gemessene Einkommensungleichheit und Armut um den nicht-dauerhaft reduzierbaren Anteil erhöht werden. Einige Indizien sprechen für eine nicht-nachhaltige Redistributionspolitik in den ehemals sozialistischen Ländern vor der Transformation. Ihre quantitative Bedeutung und das Ausmaß der damit zu begründenden Relativierung einer eventuellen später eintretenden Zunahme der Einkommensungleichheit oder Armut dürften jedoch nur bedingt objektiv ermittelbar bleiben.

Die Ausgangslage ist durch den besonderen gesellschaftlichen Stellenwert der Verteilungs- und Armutspolitik in ehemals zentralplanwirtschaftlichen Staaten geprägt: Bei der Übertragung verteilungs- und armutspolitischer Grundsätze aus Marktwirtschaften auf ehemals zentralplanwirtschaftliche Staaten ergibt sich ein ideologischer Zielkonflikt: Aktive Transferpolitik - etwa redistributive Maßnahmen oder Armutsbekämpfung - kann im Sinne einer *„revealed poverty existence“*[356] auch als Anerkenntnis einer ungerechten Primärverteilung interpretiert werden. Tatsächlich gibt es für die Staaten Zentral- und Osteuropas sowie für die ehemalige UdSSR auch Hinweise auf eine gespaltene staatliche

---

durchaus das vom Wissenschaftler zu treffende Werturteil beeinflussen. Bei der faktisch fehlerhaften Perzeption einer Politik, zum Beispiel der Wahrnehmung einer Zunahme der Armut bei gegebener Armutslinie, obwohl die Armut faktisch abgenommen hat, handelt es sich dagegen um eine positive Frage. Die Meinung der Betroffenen ist diesbezüglich aus wissenschaftlicher Sicht irrelevant, weil positive Fragen - Rationalität der Betroffenen vorausgesetzt - faktisch zu klären sind.

355 Vgl. Baer und Maloney (1997), S. 315.

356 Atkinson und Micklewright argumentieren analog für die Feststellung einer *„revealed poverty line“*. Vgl. Atkinson und Micklewright (1992), S. 187.

Einstellung gegenüber den Armen:[357] Einerseits kam es teilweise zu intensiver sozialer Fürsorge für jene Teile der Bevölkerung, welche als Benachteiligte des vorherigen kapitalistischen Regimes angesehen wurden (zum Beispiel ungelernte Arbeiter, Besitzlose, Analphabeten). Andererseits hatten staatliche Behörden wenig Einsehen mit den „systemimmanenten Armen", denen selbst die „Segnungen" des Sozialismus nicht zu Wohlstand verhalfen (z. B. nicht-dauerhaft Beschäftigte, Nicht-Sesshafte, Alkoholiker). Sie wurden als persönliche Fehlentwicklungen abgetan, denen nicht zu helfen sei. Darüber hinaus wurde auch der Begriff „Armut" bewusst vermieden. Auf politischer Ebene wurde zwar von „Unterversorgung" gesprochen, wenn Menschen weniger als das „soziale Minimumeinkommen" bezogen, sie wurden aber nicht als „arm" bezeichnet.[358] Die Akzeptanz einer solchen Politik wurde erhöht durch die ideologische Stigmatisierung des individuellen ökonomischen Wohlstands.[359]

Ein weiterer Hinweis auf den in ehemals zentralplanwirtschaftlichen Staaten besonders hervortretenden ideologischen Zielkonflikt[360] bietet die verzerrende Gestaltung der Stichproben bei der Erhebung der Einkommensverteilung in der UdSSR. Verschiedene Autoren erkennen in der Konstruktion der Stichproben vor der Transformation einen systematisch verzerrenden Effekt zu Lasten des Anteils der Personen mit niedrigem Einkommen und der Personen mit sehr hohem Einkommen.[361] Ob dies Absicht oder Unkenntnis statistischer Methoden war, lässt sich ohne weitere Forschung nicht entscheiden, dienlich für die Zwecke der Machthaber im Sinne des Ausweises einer weniger ungleichen Einkommensverteilung sowie einer geringer ausgeprägten Armut war es in jedem Fall. Die Stichproben für Erhebungen der Einkommensverteilung wurden keineswegs zufällig oder repräsentativ für die gesamte Bevölkerung vorgenommen, vielmehr wurde bewusst auf Repräsentation einzelner sozio-ökonomi-

---

357 Vgl. Milanovic (1995), S. 4.

358 Vgl. tho Seeth (1997), S. 59.

359 Vgl. tho Seeth (1997), S. 61.

360 Es muss nicht betont werden, dass auch in demokratischen und/oder eher marktwirtschaftlichen Staaten die Regierung eher an einer Untertreibung der Einkommensungleichheit und Armut interessiert sein dürfte. Doch wirkt erstens die Opposition dem entgegen und ist zweitens die mögliche Zielverfehlung nicht so groß, da nur in den ehemals zentralplanwirtschaftlichen Staaten die Machthaber explizit vorgaben, eine egalitäre Einkommensverteilung zu verfolgen.

361 Dazu tragen die Auswahl ausschließlich der Beschäftigten und die Panelstruktur bei. Vgl. Atkinson und Micklewright (1992), S. 244, tho Seeth (1997), S. 60, Milanovic (1996a), S. 69 f. sowie Cornelius und Weder (1996), S. 592 f. Die wichtigsten Verzerrungen wurden in den baltischen Staaten und Russland durch Einführung eines neuen Surveys im Zuge des Transformationsprozesses beseitigt. Vgl. Milanovic (1996a), S. 70 sowie (1999), S. 323 ff. und Klugman und Braithwaite (1998), S. 43 f.

scher Gruppen geachtet.[362] Zu diesen statistischen Unzulänglichkeiten kommen die oben bereits angesprochenen umfangreichen, in ihrer Inzidenz nicht eindeutig einzuschätzenden Verteilungswirkungen der staatlichen Realtransfers, Privilegien, Preissubventionen und Rationierungen hinzu.

Der ideologische Zielkonflikt, das offizielle Staatsziel einer egalitären Verteilung, die nicht bzw. verzerrend durchgeführten Armuts- und Verteilungsanalysen, das öffentliche Totschweigen entsprechender Fragenkomplexe sowie die Ideologisierung der Bevölkerung in Richtung einer Ablehnung interindividueller Wohlstandsdifferenzen dürften drei Wirkungen auf die einschlägigen Einstellungen und Perzeptionen der Bevölkerung in ehemals zentralplanwirtschaftlichen Staaten begünstigt haben:

- den Glauben, dass Einkommensungleichheit und Armut in zentralplanwirtschaftlichen Staaten von absolut und relativ zu marktwirtschaftlichen Staaten untergeordneter Bedeutung sei,
- die ideologische Ablehnung jeglicher Einkommensungleichheit und Armut und
- die Zuweisung der Verantwortung für Einkommensungleichheit und Armut an den Staat.

Alle drei Aspekte waren dazu geeignet, sich für die Akzeptanz transformationspolitischer Maßnahmen, die zu steigender Einkommensungleichheit und Armut führen können, als schwere Hypothek zu erweisen.

3.4.3.2. Verfügbarkeit belastbarer Daten

Vor Beginn des Transformationsprozesses gab es über das Niveau der Ungleichheit der Einkommen und über das Ausmaß der Armut in zentralplanwirtschaftlichen Staaten fast alle denkbaren Sichtweisen: Einige vertraten die Auffassung, zentralplanwirtschaftliche Staaten wiesen eine deutlich niedrigere Einkommensungleichheit und Armut als vergleichbare marktwirtschaftliche Staaten auf, während andere dies verneinten mit dem Hinweis auf die evtl. regressive Wirkung der Realtransfers und Privilegien sowie auf die Unterdrückung echter Lohnverhandlungen.[363] Es gibt neben der Verwendung unterschiedlicher und nur bedingt aussagekräftiger Indizes eine Reihe struktureller Gründe für die extrem abweichenden Auffassungen in dieser Frage:

- signifikante Unterschiede in der Einkommensungleichheit zwischen den zentralplanwirtschaftlichen Staaten,[364]
- Veränderungen der Einkommensungleichheit im Zeitablauf,[365]

---

362 Vgl. Milanovic (1996a), S. 68.
363 Vgl. Atkinson und Micklewright (1992), S. 15.
364 Vgl. Atkinson und Micklewright (1992), S. 28 f.

- unterschiedliche Einstellungen der Forscher zu dem ideologischen Anspruch auf Verwirklichung einer egalitären Gesellschaft und zu den Problemen seiner Realisierbarkeit,
- erhebliche Revisionen von Schätzungen in späteren Jahren,[366]
- mangelnde Dokumentation der konzeptionellen Entscheidungen bei Erhebungen von Daten zur Einkommensungleichheit,[367] die Interpretationsspielräume offen ließen, und
- teilweise nicht rezipierte verwertbare Daten über Einkommensungleichheit in zentralplanwirtschaftlichen Staaten.

Mit dem Beginn des Transformationsprozesses setzte in der ökonomischen Literatur der westlichen Staaten eine intensivere Erforschung der faktischen ökonomischen Situation der zentralplanwirtschaftlichen Staaten ein. Es stellte sich heraus, dass die Datenlage für viele Staaten zwar teilweise verzerrt, aber insgesamt deutlich besser war, als es in der westlichen Fachliteratur bis dato rezipiert worden war.[368] Die vorher mit Hilfe teilweise sehr umständlicher Methoden, wie der Befragung von Auswanderern und spätere Hochrechnung dieser nicht sehr repräsentativen Daten,[369] gewonnenen Erkenntnisse konnten in einigen Fällen durch Verwenden von auch vorher schon prinzipiell zugänglichen Quellen korrigiert werden.[370] Das heißt nicht, dass sie gemessen an den in diesem Kapitel erläuterten Anforderungen gut oder angemessen war; im Gegenteil, wie die folgenden Abschnitte aufzeigen werden.

Die Datenlage vor der Transformation in den ehemals zentralplanwirtschaftlichen Staaten war relativ verzerrt und wenig transparent.[371] Erst mit der

---

365 Ebenda sowie auf S. 87.

366 Teilweise wurden Ergebnisse der funktionalen Einkommensverteilung in Folgejahren um bis zu 20 Prozent revidiert. Vgl. Hölscher (2001), S. 22.

367 Vgl. UNU-WIDER (2005), S. 8.

368 Verschiedene Autoren stellen insbesondere den mitteleuropäischen Staaten gute Zeugnisse hinsichtlich der Qualität der Daten über Einkommensverteilung aus. Im Gegensatz zu den russischen Daten könne für Polen, für die ehemalige Tschechoslowakei, für Jugoslawien und für Ungarn von einer den britischen Daten vergleichbaren Qualität ausgegangen werden. Vgl. Atkinson und Micklewright (1992), S. 40, Milanovic (1994) und Cornia (1994), S. 589.

369 Vgl. Atkinson und Micklewright (1992), S. 180 und die dort angegebene Literatur.

370 Allgemein gute Übersichten über die Einkommensverteilung und teilweise auch über die Armutssituation in zentralplanwirtschaftlichen Staaten vor der Transformation bieten Atkinson und Micklwright (1992), Phelps-Brown (1988), Bergson (1984) und Flakierski (1984).

371 Für die Verteilungs-und Armutsdaten gelten die bei der Erörterung der Wachstumsdaten dargelegten Probleme analog. Vgl. im Abschnitt 3.4.1.1 Messprobleme der Wachstumsdaten. Ergänzend bemerkenswert erscheint diesbezüglich das Faktum einer

Veröffentlichung einer einschlägigen Vollerhebung zu Verteilungsdaten von Deininger und Squire im Jahre 1996 lag eine erste international vergleichbare Datenbasis vor.[372] Der nächste Update dieser Basis mit zahlreichen Verbesserungen und Korrekturen erfolgte erst 2005.[373] In dieser Datensammlung, der World Income Inequality Database, finden sich für den Zeitraum seit 1980 insgesamt 950 Berechnungen der Einkommensungleichheit in Form des Gini-Koeffizienten. Davon entfallen 265 auf den Zeitraum 1980 bis 1989, also die Phase unmittelbar vor der Transformation in den meisten zentral- und osteuropäischen Staaten. Für alle Staaten der Welt listet diese Datenbank 4.664 Berechnungen auf, davon 3.044 für den Zeitraum seit 1980.

In dieser Datenbank wird den Berechnungen eine Qualitätseinstufung beigemessen, die sich nach der Skalierung in Tabelle 6: Qualitätseinstufungen der World Income Inequality Database richtet. Es lässt sich anhand der vorhandenen Literatur nicht feststellen, inwieweit diese Datensätze im Detail den oben erläuterten Vorschlägen für die einzelnen Anforderungen und Lösungen für Messprobleme im Transformationsprozess entsprechen. Die Qualitätseinstufungen im World Income Inequality Database beziehen sich im Kern auf die Repräsentativität der Stichprobe sowie auf ein einigermaßen plausibles Einkommenskonzept respektive Ausgaben- oder Konsumkonzept. Bei dieser ordinalen Einstufung werden Erhebungsprobleme mit Fragen der Einkommenskonzeption miteinander „verrechnet", was angesichts der notwendigen Entscheidung unumgänglich ist, aber weitere subjektive Bewertungsspielräume eröffnet.

Tabelle 6: Qualitätseinstufungen der World Income Inequality Database

Einstufung	Beschreibung der Beobachtungen
1	a) Einkommenskonzept bekannt b) Hinreichende Qualität des Einkommenskonzeptes sowie der Erhebung
2	Qualität des Einkommenskonzeptes oder der Erhebung ist problematisch oder unbekannt oder konnte nicht verifiziert werden
3	Einkommenskonzept und Erhebung sind problematisch oder unbekannt
4	Datenlage unzuverlässig

Quelle: UNU-WIDER (2005), S. 15.

offenbar hohen Korrelation des Niveaus der Einkommensungleichheit mit dem Umfang des informellen Sektor. Vgl. Brezinski (2002), S. 197 f.

372 Vgl. UNU-WIDER (2005), S. 8.

373 Vgl. UNU-WIDER (2005), Database, auch zu den folgenden Abschnitte. Es handelt sich dabei um eine Vollerhebung und Bewertung der vorhandenen Erhebungen und Berechnungen zur Einkommensungleichheit.

Im Vergleich der Qualitätseinstufungen der für Transformationsländer vorliegenden Berechnungen mit allen Ländern schneiden erstere nicht gut ab. Besonders auffällig ist der geringe Anteil von Berechnungen mit Qualitätseinstufung „1" im dem Jahrzehnt vor der Transformation, wie in Abbildung 6: Anteil der Berechnungen mit Qualitätseinstufung „1" dargestellt. Insgesamt lässt sich eine deutliche Verbesserung der Qualität der Berechnungen seit 1980 feststellen; auch und besonders in den Transformationsländern.

Abbildung 6: Anteil der Berechnungen mit Qualitätseinstufung „1"

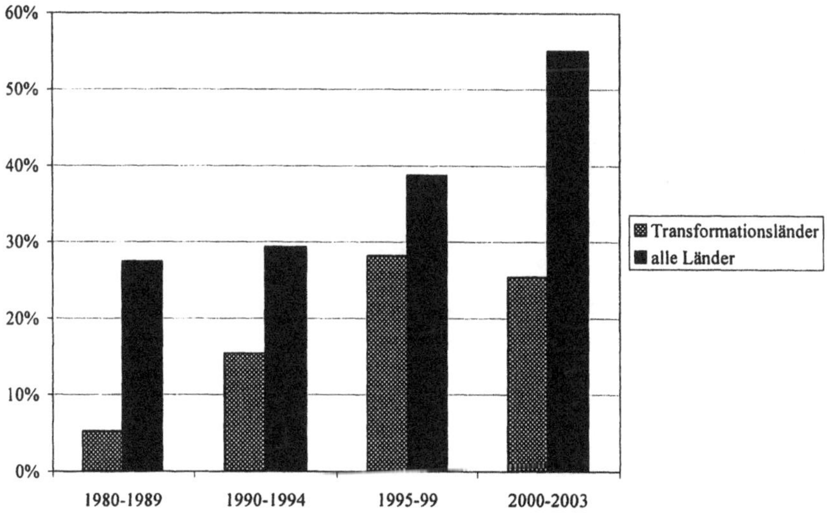

Quelle: Eigene Berechnungen nach UNU-WIDER (2005), Database.

Beschränkt man sich auf Daten mit der Datenqualität „1" verbleiben nur noch 138 Studien über die Einkommensungleichheit in 13 der 25 oben genannten Transformationsländer. Mehr als die Hälfte aller Transformationsländer sind nicht erfasst, viele Jahre bleiben ohne Wert. Hinzu kommt die auch intertemporal mangelnde Vergleichbarkeit der Werte, da die Einkommenskonzepte und die Stichprobenauswahl der Studien sowie andere konzeptionelle Aspekte der Erhebung und Berechnung (etwa die gewählten Äquivalenzziffern) relativ oft variieren. Weiterhin wird eine Bewertung durch eine Reihe von Jahren, für die mehrere Erhebungen mit gleichem Einkommenskonzept, aber teilweise erheblicher Abweichung der Ergebnisse vorliegen, erschwert. Dies gilt, bezieht man die Studien mit Qualitätseinstufung „1" und „2" ein, für insgesamt 26 Messungen in mehr als der Hälfte der Transformationsländer. Kurzum, beschränkte man sich also auf die Studien mit der Qualitätseinstufung „1“, dann gewänne zwar die Qualität der Aussagen, es wären derer aber relativ wenige mit zudem stark eingeschränktem Gültigkeitsbereich. Um folglich mehr Länder abdecken zu können und einen größeren Datenpool zu haben, soll im Folgenden auf Daten bis zum Qualitätsniveau „2“ zurückgegriffen werden.[374]

3.4.3.3. Daten für die Ausgangslage

Die in Tabelle 7 und Tabelle 8 präsentierten Daten beruhen nur auf Quellen, die hinsichtlich Datenauswahl und Berechnung der verwendeten Indizes die oben aufgestellten wichtigen Mindestanforderungen erfüllen. Es handelt sich bei der Datenbasis von Deininger und Squire um das Vorgängerprojekt der World Income Inequality Database.[375] Deininger und Squire unterschieden seinerzeit, Mitte der 1990er Jahre, nur zwischen einem „high quality dataset“ und allen anderen. Aus heutiger Sicht würden die Daten nach dem World Income Inequality Database und deren Qualitätseinstufungen vorzuziehen sein. Danach jedoch sind wesentlich weniger Armutsdaten mit verwertbarer Qualitätseinstufung verfügbar.[376]

Um dennoch einige Ausführungen über die Armutsinzidenz zum Beginn des Transformationsprozesses machen zu können, wird auf die Werte des High Quality Dataset nach Deininger und Squire und einigen weiteren Quellen zurückgegriffen. Dies mag nach heutiger Einschätzung verzerrend wirken, erlaubt aber ein Verständnis der damaligen Perzeption der Armutslage. Zunächst zeigt Tabelle 7 die Einkommensungleichheit sowie Armutsinzidenz für die Transformationsländer zu Beginn des Transformationsprozesses.

Die Einkommensungleichheit[377] vor der Transformation differierte zwischen den zentralplanwirtschaftlichen Staaten relativ stark. Relativ hohe Werte werden zum Einen von Staaten mit hohen interregionalen Einkommensdifferenzen (China, Jugoslawien und UdSSR) und zum Anderen von einigen südlichen ehemaligen Sowjetrepubliken (Armenien, Aserbaidschan, Tadschikistan, Usbekistan, Kirgisistan und Kasachstan) erreicht.

---

374 Anhand der in den folgenden Abschnitten zu präsentierenden Daten werden die Probleme der mangelnden Verfügbarkeit konkreter analysiert.

375 Vgl. Deininger und Squire (1996).

376 Vgl. die Erläuterungen im Abschnitt 3.4.3.5.

377 Vgl. zu den folgenden empirischen Aussagen UNU-WIDER (2005), Database; Brezinski (2002), S. 186 ff., Hölscher (2001), Deininger und Squire (1996), High Quality Data Set sowie die dort angegebene Literatur und Cornelius und Weder (1996), S. 591und die dort angegebene Literatur.

Tabelle 7: Einkommensungleichheit und Armutsinzidenz zu Beginn der Transformation

Transformations-länder	Jahr	Gini-Koeffizient (mit 100 multipliziert)	Einkommensanteil des unteren Quintils in %
Armenien	1989	39,39	1,70
Armenien	1990	26,9	c
Aserbaidschan	1990	34,5	c
Bulgarien	1989	20,69	10,80
Bulgarien	1990	24,53	10,54
China	1980	32,0	7,93
Estland	1990	24,0	c
Georgien	1990	29,1	c
Jugoslawien	1990	31,88	7,33
Kasachstan	1990	29,7	c
Kirgisistan	1990	30,8	c
Lettland	1990	24,0	c
Litauen	1990	24,8	c
Moldawien	1990	26,7	c
Polen	1989[a]	26,71	9,20
Polen	1990	26,24	9,52
Rumänien	1989[a,b]	23,38	9,98
Russland	1990	25,9	c
Tadschikistan	1990	33,4	c
Tschechoslowakei	1988[a]	20,07	11,90
Turkmenistan	1990	30,8	c
UdSSR	1989	27,77	8,91
UdSSR	1990	28,1	c
Ukraine	1990	24,0	c
Ungarn	1989[a]	23,34	10,87
Usbekistan	1990	31,5	c
Weißrussland	1990	23,3	c

Tabelle wird fortgesetzt

Fortsetzung: Tabelle 7: Einkommensungleichheit und Armutsinzidenz zu Beginn der Transformation

Marktwirtschaften	Jahr	Gini-Koeffizient (mit 100 multipliziert)	Einkommensanteil des unteren Quintils in %
Großbritannien	1989[a]	31,20	8,12
Großbritannien	1990[a]	32,30	7,78
U.S.A.	1989[b]	38,16	4,60
U.S.A.	1990[b]	37,80	4,60

Alle Untersuchungen sind einkommensbasiert und beziehen sich, soweit nicht anders angegeben, auf das Bruttoeinkommen und den Vergleich von Individualeinkommen.

a: Die Untersuchung bezieht sich auf das Nettoeinkommen.

b: Die Untersuchung bezieht sich auf den Vergleich von Haushaltseinkommen.

c: Nicht vergleichbar ermittelt.

Quelle: Deininger und Squire (1996), High Quality Data Set sowie die dort angegebene Literatur und Cornelius und Weder (1996), S. 591 sowie die dort angegebene Literatur.

Selbst die ehemals zentralplanwirtschaftlichen Staaten mit etwas weniger ungleicher Einkommensverteilung weisen Gini-Koeffizienten von über 0,2 auf. Cum grano salis lässt sich die Einkommensungleichheit ohne Berücksichtigung der verschiedenen Privilegien, des Schwarzmarktes und der Rationierungen derjenigen der egalitäreren marktwirtschaftlichen Staaten vergleichen. Sie war leicht niedriger als der Durchschnitt der Industrieländer und deutlich niedriger als der Durchschnitt der Länder mit vergleichbarem Pro-Kopf-Einkommen.[378] Es lässt sich darüber hinaus festhalten, dass der Einkommensanteil der mittleren (obersten) Schicht in Industrieländern in der Regel höher (niedriger) war als in den ehemals zentralplanwirtschaftlichen Staaten.[379]

Der Armutsvergleich zwischen den ehemals zentralplanwirtschaftlichen Staaten und den Marktwirtschaften anhand des oben zum Zwecke der Längsschnittanalyse gewählten Indikators (Einkommensanteil des unteren Quintils) ist nur bedingt möglich. Der Querschnittsvergleich wird damit freilich wenig aussagekräftig, weil die Einkommensanteile des unteren Quintils der Bevölkerung sich in den verschiedenen Ländern auf sehr unterschiedliche Gesamteinkommen beziehen. Eine Interpretation der Daten kann daher an dieser Stelle

---

378 Dies ist auch, bei teilweise etwas anderer Datenpräsentation, die Interpretation von Cornia (1994), S. 573; Milanovic (1995), S. 3; Atkinson und Micklewright (1992), S. 16 f. sowie Commander, Tolstopiatenko und Yemtsov (1999), S. 414 f.

379 Vgl. Deininger und Squire (1996), S. 584.

nicht erfolgen.[380] Andere Autoren, die Querschnittsvergleiche der Armutsinzidenz mit absoluten Armutslinien vorgenommen haben, kommen zu dem Schluss, dass die Armut in den ehemals zentralplanwirtschaftlichen Staaten sehr unterschiedlich und im Schnitt nicht unbedingt niedriger als in den Marktwirtschaften war.[381]

3.4.3.4. Daten über die Entwicklung der Einkommensungleichheit

Trotz sorgfältiger Auswahl der Datenquellen muss noch immer konzediert werden, dass die im Folgenden präsentierten Werte aufgrund von erheblichen Messproblemen in den Transformationsländern von den „wahren Werten" mehr oder weniger stark abweichen. Einerseits werden in der Literatur ganz allgemein Zweifel an der Verlässlichkeit der Daten geäußert.[382] Andererseits gibt es plausible Hinweise auf früher untertriebene Einkommensungleichheit und Armut in Transformationsländern.[383]

Nach der oben begründeten Auswahlentscheidung werden alle Messungen der Einkommensungleichheit in Transformationsländern berücksichtigt, die nach den Kriterien und Einschätzungen des World Income Inequality Database mindestens dem Qualitätsstandard „2" entsprechen. Aus der Menge der nach dieser Vorauswahl verfügbaren 446 Messungen können einige nicht verwendet werden, weil

- für sie keine weitere Vergleichsmessung vorliegt, die im gleichen Land den gleichen Personenkreis abfragt und mit gleichem Einkommenskonzept arbeitet,
- sie sich nur auf geographisch abgegrenzte Teilgebiete eines Staates beziehen, oder

---

380 Denkbar ist ein absoluter Vergleich der Einkommen der Armen mittels Multiplikation der Quintile mit dem Fünffachen des länderspezifischen Pro-Kopf-Einkommens (in internationalen Dollar). Doch angesichts der oben beschriebenen konzeptionellen Probleme der Armutsmessung sollte ein solcher Vergleich nur innerhalb einer Einkommensklasse vorgenommen werden. Gottschalk und Smeeding (1997) vergleichen zum Beispiel die U.S.A. nur mit Ländern, deren mittleres Einkommen mindestens 70 Prozent desjenigen der U.S.A. beträgt.

381 Vgl. Atkinson und Micklewright (1992), S. 36 sowie Milanovic (1995), S. 4.

382 Cornia hält eine Untertreibung der Einkommensungleichheit und Armut in den Transformationsländern für gegeben. Vgl. Cornia (1994), S. 596.

383 Milanovic begründet dies mit der heutigen Einbeziehung auch der Niedrigeinkommensbezieher und Nicht-Sesshaften bei gleichzeitiger geringer Qualität der Einkommensdaten, während früher beide Aspekte umgekehrt vorlagen. Vgl. Milanovic (1995), S. 12 f.

- die Studien nur für einen spezifischen und atypischen Personenkreis repräsentativ sind (zum Beispiel Beschäftigte in den Staatsunternehmen).

In dieser Abgrenzung liegen immerhin noch für 19 der europäischen Transformationsländer (einschließlich aller Nachfolgestaaten der UdSSR) sowie für China und Vietnam einschlägige Messungen vor, jedoch viele mit nicht vergleichbarem Konzept.

Die Tabelle 8 zeigt die Entwicklungen der Einkommensungleichheit nach der Transformation. Zur besseren Vergleichbarkeit werden die Daten nach vergangenen Jahren nach Transformationsbeginn geordnet. Da der Transformationsbeginn nicht einheitlich zum 1. Januar eines Jahres erfolgt und an unterschiedlichen Maßnahmen festgemacht wird, können sich freilich Verzerrungen zu den sonst üblichen Darstellungen ergeben, die allerdings angesichts der allfälligen zeitlichen Unschärfen in den Erhebungsdaten als unbedeutend angesehen werden können.

Aus den Daten werden weitere Aspekte ihrer Unsicherheit offenkundig. Entscheidend für die politische Bewertung einer Erhebung zur Einkommensungleichheit ist ihre Vergleichbarkeit zu früheren Erhebungen und besonders zu Erhebungen zum Zeitpunkt vor einer Maßnahme, deren Evaluation erfolgen soll. Daher bräuchten Staaten idealiter eine möglichst lange und ungebrochene Reihe von Erhebungen mit vergleichbarer Methodik und Qualität.

Seit Beginn der Transformation sind in den europäischen Transformationsländern bis 2003 maximal 13 Jahre vergangen. Doch von den 25 oben betrachteten Transformationsländern, bzw. von den 19 Ländern, für welche verwertbare Daten in hinnehmbarer Qualität vorliegen, können nur 12 auf eine ungebrochene Reihe vergleichbarer Erhebungen verweisen, die sich über wenigstens die Hälfte des Transformationsprozesses (sieben oder mehr Jahre) erstreckt.[384]

---

384 Vgl. Tabelle 9: Strukturparameter der jährlichen Änderungen des Gini-Koeffizienten in den Transformationsländern.

Tabelle 8: Gini-Koeffizienten (mit 100 multipliziert) in Transformationsländern (geordnet nach Jahren nach Transformationsbeginn)

Land	Konzept	Start	0	1	2	3	4	5	6	7	8	9	10	11	12
Armenien	Beschäftigte, Bruttoverdienste	1992	35,5	36,6	32,1	38,1	48,6								
Armenien	alle, verfügbares Eink.	1992					42,0						35,9		
Aserbaidschan	Beschäftigte, Bruttoverdienste	1992	36,1		42,8	45,9	45,8	46,2	46,2		50,6	50,1	50,8		
Weißrussland	alle, Konsum	1992						31,0	32,0						
Weißrussland	Beschäftigte, Bruttoverdienste	1992	34,1	39,9		37,3	35,6	35,4	35,1	33,7	33,7	34,3	34,2		
Weißrussland	alle, verfügbares Einkommen	1992			25,3 bis 27,5	24,4 bis 28,2	24,9	25,3 bis 27,7	23,5 bis 27,2	24,7	24,5	24,6			
Bulgarien	alle, Konsum	1990						29,2	32,1	32,1					
Bulgarien	Beschäftigte, Bruttoverdienste	1990	21,2	26,2		25,1			29,1						

Tabelle wird fortgesetzt

Fortsetzung Tabelle 8: Gini-Koeffizienten (mit 100 multipliziert) in Transformationsländern (geordnet nach Jahren nach Transformationsbeginn)

Land	Konzept	Start	0	1	2	3	4	5	6	7	8	9	10	11	12
Bulgarien	alle, verfügbares Einkommen	1990			33,1	33,5	37,4	38,4	35,7	36,6	34,5	32,6	33,2	33,3	37,0
Bulgarien	alle, Bruttoeinkommen	1990						39,0	31,9	48,0				54,0	
Kroatien	Beschäftigte, Nettoverdienste	1990	27,1	26,7	27,5	26,5				24,6					
Tschechien	Beschäftigte, Bruttoverdienste	1990		21,2	21,4	25,8	26,0	28,2	25,4	25,9	25,8	25,7	27,0	27,2	27,3
Tschechien	alle, verfügbares Einkommen	1990	20,1	22,2	18,1 bis 20,7	18,1			25,8						
Estland	alle, Bruttoeinkommen	1991			34,0 bis 39,0	36,0 bis 39,0	36,0 bis 39,0	33,0 bis 36,0							
Estland	alle, Ausgaben	1991					31,0		34,0 bis 38,0	36,0	36,2	36,7		36,6	35,5

Tabelle wird fortgesetzt

Fortsetzung Tabelle 8: Gini-Koeffizienten (mit 100 multipliziert) in Transformationsländern (geordnet nach Jahren nach Transformationsbeginn)

Land	Konzept	Start	0	1	2	3	4	5	6	7	8	9	10	11	12
Estland	alle, verfügbares Einkommen, auf Haushaltsbasis	1991					39,8	37,0	36,1	35,4	36,1	38,9	38,5	39,3	
Estland	alle, verfügbares Einkommen	1991					35,4		34,0	37,0		36,4			
Estland	Beschäftigte, Bruttoverdienste	1991							33,6	38,4	40,1	37,6	38,8		
Ungarn	alle, verfügbares Einkommen	1991	20,9 bis 29,7		23,1	23,4	24,2	24,6	25,4	25,0	25,3 bis 30,2		25,9	27,2	26,7
Kirgisistan	alle, Konsum	1992		43,0			48,5	35,0	35,6	34,9					
Lettland	Beschäftigte, Bruttoverdienste	1992	33,3	28,3	32,5	34,6	34,9	29,3 bis 43,8	33,2	33,3	33,7	32,2	32,8		
Lettland	alle, verfügbares Einkommen	1992				31,0	30,8	32,6	32,1 bis 38,0	33,0	32,7		35,8		

Tabelle wird fortgesetzt

Fortsetzung Tabelle 8: Gini-Koeffizienten (mit 100 multipliziert) in Transformationsländern (geordnet nach Jahren nach Transformationsbeginn)

Land	Konzept	Start	0	1	2	3	4	5	6	7	8	9	10	11	12
Litauen	Beschäftigte, Bruttoverdienste	1992	37,2		39,0	37,4	35,0	34,5	35,7	36,8		38,2	39,0		
Litauen	alle, verfügbares Einkommen	1992						30,9	33,2	34,3	35,5	35,4	35,7		
Litauen	alle, Konsum	1992						33,7	32,9						
Mazedonien	Beschäftigte, Nettoverdienste	1992	23,5	27,2	25,3	27,0	25,0	25,9	27,1	27,7	27,7	28,6	28,2		
Mazedonien	alle, verfügbares monetäres Einkommen	1992			27,3	29,5	31,1	29,5		30,8	34,6	33,4	33,2		
Moldawien	alle, verfügbares Einkommen	1992						42,1 bis 46,4			43,7	43,5	43,6		
Polen	alle, verfügbares Einkommen	1990		26,5	29,4	28,4 bis 31,7	32,3	32,1	32,8	33,4	32,6	32,0 bis 33,4	34,5	34,1	35,3

Tabelle wird fortgesetzt

Fortsetzung Tabelle 8: Gini-Koeffizienten (mit 100 multipliziert) in Transformationsländern (geordnet nach Jahren nach Transformationsbeginn)

Land	Konzept	Start	0	1	2	3	4	5	6	7	8	9	10	11	12
Rumänien	alle, verfügbares Einkommen	1990	22,7	25,8	25,9	26,7	26,4	30,6	30,2	30,5	29,8	29,9	31,0	35,3	29,1
Russland	alle, verfügbares Einkommen	1992	44,0			43,3					42,6				
Slowakei	alle, verfügbares Einkommen	1990							23,7 bis 26,0	24,9	26,2	24,9	26,4	26,3	26,7
Slowenien	Beschäftigte, Bruttoverdienste	1990	23,2	27,3	26,0	27,6	27,5	35,8	29,8	30,7	30,6	30,5	30,6	31,0	
Slowenien	alle, verfügbares Einkommen, OECD-Äquivalenzskala	1990								22,2	22,3	22,5	22,3	22,0	21,9

Tabelle wird fortgesetzt

Fortsetzung Tabelle 8: Gini-Koeffizienten (mit 100 multipliziert) in Transformationsländern (geordnet nach Jahren nach Transformationsbeginn)

Land	Konzept	Start	0	1	2	3	4	5	6	7	8	9	10	11	12
Slowenien	alle, verfügbares Einkommen, pro Kopf	1990		26,5	25,9	25,1	24,6	26,4	25,2	24,0	24,0	24,3	24,0 bis 24,8	24,6	24,4
Ukraine	Beschäftigte, Bruttoverdienste	1992	25,1	36,4			41,3	40,6	39,1	42,7	46,2	45,2	41,8		
Land	**Konzept**	**Start**	**6**	**7**	**8**	**9**	**10**	**11**	**12**	**13**	**14**	**15**	**16**	**17**	**18**
Vietnam	alle, Konsum	1987	33,4					35,4							

Tabelle wird fortgesetzt

Fortsetzung Tabelle 8: Gini-Koeffizienten (mit 100 multipliziert) in Transformationsländern (geordnet nach Jahren nach Transformationsbeginn)

Land	Konzept	Beginn	10	11	12	13	14	15	16	17	18	19	20	21	22	...	25
China	alle, verfügbares Einkommen	1978	38,2							29,0 bis 45,2	39,0				39,0		44,9
China	ländliche Bevölkerung, verfügbares Einkommen	1978	33,8						33	31,1 bis 41,6	28,3	32,7 bis 33,0	33,0	35,0	33,0		33,4
China	städtische Bevölkerung, verfügbares Einkommen	1978	23,3		18 bis 23	17,0 3 bis 24	25	27	30	21,1 bis 33,2	28,0	28,0			25,3		32,9
China	Städte, Ausgaben	1978								18,5		19,6					

Die Erhebungen beziehen sich, wenn nicht anders angegeben, auf Personen als einkommensbeziehende Einheit und verwenden (zeilenweise) dieselben Äquivalenzziffern. Ihre Repräsentativität über alle Einwohner oder Teilkonzepte ergibt sich aus der Spalte „Konzept“. Studien, die sich auf regionale Abgrenzungen beziehen, wurden nicht einbezogen.

Liegen für ein und dasselbe Jahr mehrere Ergebnisse bei identischem Einkommens- und Erhebungskonzept vor, werden Minimum und Maximum der Ergebnisse aufgeführt.

Quelle: Zusammenstellung nach UNU-WIDER (2005), Database.

Die asiatische Transformation begann zwar früher, doch liegen hier die Probleme eher in der Qualität der Daten. Daten mit einer Qualitätseinstufung „2“ oder besser nach dem Konzept des World Income Inequality Database sind für China erst ab 1988 publiziert. Es existieren eine Reihe unterschiedlicher Einkommenskonzepte und Abgrenzungen (städtische und ländliche Bevölkerung), für die mit großen Lücken in einigen Jahren Werte vorliegen. In fünf Fällen werden für ein Jahr nach dem gleichen Erhebungs- und Einkommenskonzept mehrere Werte vorgelegt. Dabei weichen die Ergebnisse in vier dieser Fälle um über sieben Prozentpunkte voneinander ab. Bei einer über alle Transformationsländer gemittelten mittleren Abweichung von 0,5 Prozentpunkten sind derartig extreme Unterschiede für die Messung der Einkommensungleichheit in ein und demselben Zeitraum analytisch unbrauchbar.

Für Vietnam liegen nur zwei Messungen (1993 und 1998) mit vergleichbarem Konzept in der Qualitätsstufe „2“ oder besser vor. Andere asiatische Transformationsstaaten können auf keine qualitativ vergleichbaren Erhebungen zurückgreifen.

Auch die intertemporalen Vergleiche zeigen schwer interpretierbare Auffälligkeiten: In vier Fällen „springt“ der mit 100 multiplizierte Gini-Koeffizient im Vergleich aufeinanderfolgender Jahre um über zehn Prozentpunkte: Armenien (Jahr vier nach Transformationsbeginn), Ukraine (Jahr eins nach Transformationsbeginn), Kirgisistan (Jahr fünf nach Transformationsbeginn) und Bulgarien (Jahr sieben nach Transformationsbeginn).

Um die Entwicklung der Einkommensungleichheit zu illustrieren, wurden die jährlichen Veränderungen des Gini-Koeffizienten der verschiedenen Erhebungskonzepte ungewichtet gemittelt. Zwar sind die absoluten Ergebnisse (Gini-Koeffizient) nach unterschiedlichen Einkommenskonzepten nicht vergleichbar, aber ihre Veränderungen zum vergleichbaren Vorjahreswert sollten gleichgerichtet und mit ähnlicher Ausprägung ausfallen. Daher erscheint diese Vorgehensweise der Betrachtung der mittleren Änderung des Gini-Koeffizienten der konzeptionell verschiedenen Messungen plausibel durchführbar. Fehlende Jahre zwischen zwei Messungen desselben Einkommenskonzeptes wurden dabei interpoliert. Dies unterstellt vereinfachenderweise eine kontinuierliche Entwicklung der Einkommensungleichheit. Für den Fall, dass für ein und dasselbe Jahr mehrere Ergebnisse des identischen Einkommens- und Erhebungskonzeptes vorliegen, wurden Minimum und Maximum der Ergebnisse ungewichtet gemittelt. Die Tabelle 9 zeigt die so ermittelten Strukturparameter dieser Änderungen des Gini-Koeffizienten. Dabei sind die länderübergreifenden Durchschnitte ungewichtete Mittelwerte. Asiatische Transformationsländer werden dazu nicht mehr betrachtet. Für Vietnam ist die Datenlage extrem dünn. Und die in Tabelle 8 vorgestellten Werte beziehen sich für China im Gros der Fälle auf eine Auswahl ländlicher Bevölkerung bzw. städtischer Bevölkerung.

Bei dem in China bestehenden Stadt-Land-Gefälle der Einkommenshöhe ist zu erwarten, dass die erforderlichen Messungen für die gesamte Bevölkerung größere Einkommensungleichheiten zeigen als die beiden Subindikatoren. Mithin ist eine Mittelung nach oben beschriebenem Verfahren nicht sinnvoll.

In den Strukturparametern wie in der Tabelle 9 wird erneut die Dürftigkeit der Datenlage besonders für europäische Transformationsländer (einschließlich Nachfolgestaaten der UdSSR) offenkundig. Die Standardabweichung für die mittleren jährlichen Veränderungen des Gini-Koeffizienten eines Landes liegt immer deutlich über der absoluten mittleren Änderung des Koeffizienten. Für zwei Länder liegt sie sogar über der absoluten kumulierten Änderung des Gini-Koeffizienten nach zehn Jahren Transformationsprozess. Weiterhin liegt auch die Spannweite zwischen minimaler Änderung (bzw. größter Abnahme des Ungleichheitsmaßes) und maximaler Änderung in mehr als der Hälfte der Fälle über bzw. nahe der absoluten kumulierten Änderung im gesamten bis dato erfassten Transformationsprozess.

Um ein Verlaufsbild der Entwicklung des Gini-Koeffizienten aufzuzeigen, werden die europäischen Transformationsländer wieder in die im Kapitel 1 definierten Gruppen eingeteilt. Den Verlauf der Einkommensungleichheit im Transformationsprozess zeigt Abbildung 7.

Ein stilisiertes Verlaufsmuster der Einkommensungleichheit im Transformationsprozess ist aus den Darstellungen in Abbildung 7, Tabelle 8 Tabelle 9 nur bedingt zu erkennen. Zu viele Lücken bestehen, zu groß sind die jährlichen Schwankungen.

Klar ist, dass der Transformationsprozess im Durchschnitt der hier präsentierten Daten zu einer größeren Einkommensungleichheit geführt hat.[385] Nach mehr als einem Jahrzehnt liegt der ungewichtete durchschnittliche Gini-Koeffizient der europäischen Transformationsländer (einschließlich der Nachfolgestaaten der UdSSR) um 5,4 Prozentpunkte höher. In fünf Transformationsländern wurde ein Rückgang der Einkommensungleichheit erzielt; vier davon bieten jedoch ausgeprägt wenige Erhebungen zum Vergleich. Die größten Ausweitungen der Einkommensungleichheit wurden in Südeuropa registriert, dicht gefolgt von einigen GUS-Staaten, aber auch Polen und Tschechien verzeichnen überdurchschnittliche Zunahmen. Die Schwankungen der Veränderungsraten der Einkommensungleichheit sind in Südeuropa und den GUS besonders ausgeprägt; sie reichen in einigen Jahren an das Ausmaß der kumulierten Änderung des Gini-Koeffizienten heran. Das Baltikum erfährt mit durchschnittlich 1,7 einen relativ moderaten Anstieg der Einkommensungleichheit. Dabei nehmen die anfangs extremen Schwankungen im Zeitverlauf ab. Über

---

[385] Vgl. auch zu den folgenden Sätzen die ähnlichen Aussagen bei Brezinski (2002), Hölscher (2001), Mitra und Yemtsov (2005), S. 3 f. und Kornai (2006), S. 228 f.

alle Länder hinweg, besonders aber für Südeuropa und die GUS, lässt sich ein Trend zu niedrigerem Anstieg des Gini-Koeffizienten konstatieren; in einigen Ländern hat gerade in jüngerer Zeit die Einkommensungleichheit etwas abgenommen. Ein Vergleich des aktuellen Niveaus der Einkommensungleichheit der Transformationsländern zeigt, dass sie sich sowohl im länderübergreifenden Durchschnitt als auch in der Spreizung der Gini-Koeffizienten über ihre Gruppe den globalen Werten respektive den Werten für die OECD-Länder angenähert haben.[386]

---

386 Vgl. Mitra und Yemtsov (2005), S. 3.

Tabelle 9: Strukturparameter der jährlichen Änderungen des Gini-Koeffizienten in den Transformationsländern

	Durchschn. Änderung des Gini-Koeffizienten pro Jahr	Gesamtänderung	in Jahren	Std.-abw.	minimale Änderung	maximale Änderung	Spannweite	Max. Zahl aufeinanderfolgender Messungen
Estland	0,2	2,3	10	0,85	-1,1	1,8	2,9	8
Litauen	0,1	1,1	10	1,22	-2,4	1,1	3,5	6
Lettland	0,3	2,8	10	2,39	-5,0	4,2	9,2	11
Baltikum	**0,1**	**1,7**	**12**	**1,12**	**-2,1**	**2,6**	**4,6**	
Polen	0,8	8,8	11	1,15	-0,8	2,9	3,7	12
Ungarn	0,1	1,4	12	1,17	-1,1	2,8	3,9	11
Tschechien	0,7	7,9	12	1,08	-1,3	2,4	3,7	12
Slowakei	0,3	1,9	6	1,02	-1,3	1,5	2,8	7
Slowenien	-0,2	-2,4	11	0,83	-1,2	1,8	3,0	12
Kroatien	-0,4	-2,5	7	0,55	-1,0	0,8	1,8	4
Zentraleuropa	**0,3**	**3,1**	**12**	**0,37**	**-0,4**	**0,8**	**1,2**	
Rumänien	0,5	6,4	12	2,75	-6,2	4,3	10,5	13
Bulgarien	1,5	17,5	12	2,29	-1,4	5,7	7,1	11
Mazedonien	0,7	5,9	8	1,79	-1,6	3,8	5,4	11

Tabelle wird fortgesetzt

Fortsetzung Tabelle 9: Strukturparameter der jährlichen Änderungen des Gini-Koeffizienten in den Transformationsländern

	Durchschn. Änderung des Gini-Koeffizienten pro Jahr	Gesamtänderung	in Jahren	Std.-abw.	minimale Änderung	maximale Änderung	Spannweite	Max. Zahl aufeinanderfolgender Messungen
Südeuropa	**1,0**	**11,6**	**12**	**1,48**	**-1,3**	**4,1**	**5,3**	
Russland	-0,2	-1,4	8	0,05	-0,2	-0,1	0,1	0
Weißrussland	0,1	1,4	10	2,11	-1,6	5,8	7,4	8
Ukraine	1,7	16,7	10	4,06	-3,4	11,3	14,7	7
Kirgisistan	-1,4	-8,1	6	6,03	-13,5	1,9	15,4	4
Armenien	0,7	7,0	10	4,33	-4,5	10,5	15,0	5
Moldawien	-0,1	-0,6	5	0,13	-0,2	0,1	0,3	3
Aserbaidschan	1,5	14,7	10	1,53	-0,5	3,4	3,9	5
GUS	**0,5**	**5,4**	**10**	**1,84**	**-2,4**	**4,3**	**6,6**	
Durchschnitt europäische Transformationsländer[a]	**0,5**	**5,4**	**12**	**0,72**	**-0,3**	**2,2**	**2,5**	

a: einschließlich Nachfolgestaaten der UdSSR.

Die jährlichen Veränderungen des Gini-Koeffizienten der verschiedenen Erhebungskonzepte (vgl. Tabelle 8) wurden ungewichtet gemittelt. Fehlende Jahre zwischen zwei Messungen wurden interpoliert. Länderübergreifende Durchschnitte sind ungewichtete Mittelwerte.

Liegen für ein und dasselbe Jahr mehrere Ergebnisse des identischen Einkommens- und Erhebungskonzeptes vor, werden Minimum und Maximum der Ergebnisse ungewichtet gemittelt.

Quelle: Eigene Berechnung nach UNU-WIDER (2005), Database.

Abbildung 7: Verlauf der Einkommensungleichheit im Transformationsprozess (durchschnittliche jährliche Änderung des Gini-Koeffizienten) nach Ländergruppen ohne asiatische Transformationsländer

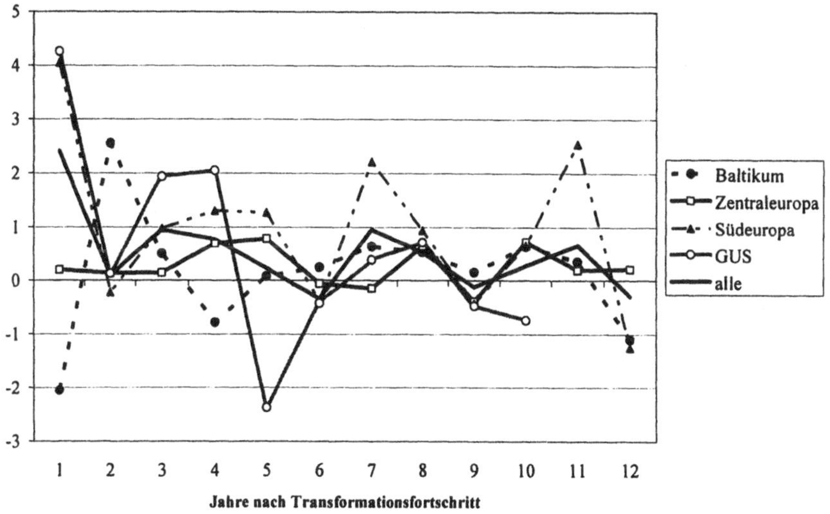

Quelle: Eigene Berechnungen nach UNU-WIDER (2005), Database. Die Hinweise zu Tabelle 8 und Tabelle 9 gelten analog.

3.4.3.5. Daten über die Entwicklung der Armut

Wie anhand der oben dargelegten strengeren Anforderungen an Armutsmessung zu erwarten war, ist die faktische Datenlage hinsichtlich der Armutsmessung in Transformationsländern noch weitaus eingeschränkter als die der Einkommensungleichheit. Der Einkommensanteil des unteren Quintils wird nur in 23 Studien mit der Qualitätseinstufung „2“ nach dem World Income Inequality Database angegeben.[387] Diese beschränken sich auf fünf Länder. Doch nur drei Studien davon beziehen sich überhaupt auf die gesamte Bevölkerung, während

[387] Natürlich müsste der Einkommensanteil des unteren Quintils zu berechnen sein, wenn Daten für die Berechnung des Gini-Koeffizienten vorliegen. Jedoch veröffentlichen die Studien diese Daten nicht und in den hier beschriebenen Fällen auch nicht die Quintilsanteile. Die Datenlage für Insider war natürlich besser. Es lässt sich aber heute nur noch schwer nachvollziehen, ob und inwieweit die politischen Entscheidungsträger davon profitieren konnten. In jedem Fall waren bei Nichtveröffentlichung die Vergleichbarkeit der Daten für die externe (und internationale) Evaluation eingeschränkt. Vgl. UNU-WIDER (2005), S. 9.

20 aus Erhebungen der Einkommen von Beschäftigten resultieren. Für die Erörterung der Entwicklung der Einkommensverteilung mögen solche Erhebungen ergänzend hinzugezogen werden können; für Armutserörterungen sind sie jedoch unbrauchbar. Denn eine Beschränkung auf Beschäftigte blendet eine wichtige Gruppe potentiell „Armer", die Arbeitslosen, aus.[388]

Um dennoch ein Bild von der Datenlage zu erhalten, werden entgegen der oben begründeten Festlegung auch Studien berücksichtigt, die nur der Qualitätseinstufung „3" nach dem World Income Inequality Database entsprechen. Bei ihrer Interpretation ist zu berücksichtigen, dass das Einkommenskonzept und die Art der Erhebung problematisch oder unbekannt sind. Über die tatsächliche Vergleichbarkeit der Ergebnisse kann also praktisch nichts ausgesagt werden. Immerhin stehen bei dieser weiteren Abgrenzung 27 Messungen aus sieben Transformationsländer zur Verfügung. Die Entwicklung des Einkommensanteils des untersten Quintils in diesen sieben Ländern zeigt Tabelle 10: Entwicklung des Einkommensanteils des untersten Quintils in einigen Transformationsländern.

Die wenigen Daten – leider alle Bruttokonzepte – lassen zum einen große Unterschiede erkennen. Der Einkommensanteil des unteren Quintils entspricht in einigen Ländern dem doppelten der für andere Länder gemessenen Werte. Zum anderen wird eine tendenzielle Abnahme des Einkommensanteils sichtbar. Die Aussagen der hier gewählten Präsentation sind tendenziell deckungsgleich mit vielen einschlägigen früheren Länderstudien oder Vergleichen.[389] Es zeigt sich kein deutliches Verlaufsbild der Armut. Es fällt jedoch auf, dass die Zunahme der so gemessenen Armut oft erst in späteren Jahren nach Transformationsbeginn sich beschleunigte.

In China trat zunächst eine Erhöhung des Einkommensanteils des unteren Quintils ein. Erst rund sechs Jahre nach Transformationsbeginn sinkt der Wert. Die vorher erzielten deutlichen Verbesserungen der Einkommenssituation der Armen werden danach wieder aufgezehrt, mit ebenso deutlichen relativen Einkommensverlusten. Bei den hohen Wachstumsraten des Pro-Kopf-Einkommens in China dürfte sich jedoch die absolute Einkommensposition des unteren Quintils in den hier betrachteten 14 Jahren nach der Transformation nicht verschlechtert haben.

Die absoluten Werte lassen sich jedoch nur vergleichen, wenn die oben aufgestellten Kriterien an Methodik und Datenbasis eingehalten wurden. Nicht

---

388 Immerhin wurden in zahlreichen Transformationsländern schon relativ früh nach Beginn der Transformation zweistellige Arbeitslosenquoten erreicht. Vgl. Kornai (2006), S. 231.

389 Vgl. (auch zu den folgenden Sätzen) Deininger und Squire (1996), Cornelius und Weder (1996), S. 592; Cornia (1994); Klugman und Braithwaite (1998) und Milanovic (1995, 1996a).

vergleichbar sind die absoluten Werte der weit verbreiteten Armutsanalysen im Transformationsprozess mittels Gegenüberstellung der jeweiligen Armutsquote nach nicht-normierten Armutslinien (absolutes Armutskonzept).[390] Sie berücksichtigen nicht die Abhängigkeit des Maßes von der relativen Lage der Armutslinie, was zu einer phasenweise unterschiedlichen Entwicklung der Armutsinzidenz führt.[391]

390 Vgl. Milanovic (1995), S. 14, der mit einer Armutslinie für alle Transformationsländer von 120 $ pro Monat nach internationalen Dollar zum Preisniveau von 1990 arbeitet.

391 Dies wird von Milanovic selbst ausführlich dargelegt. Vgl. Milanovic (1996a), S. 79.

Tabelle 10: Entwicklung des Einkommensanteils des untersten Quintils in einigen Transformationsländern

Land / Einkommenskonzept	1988	1989	1990	1991	1992	1993	1994	1995	1996	1997	1998	
Tschechien Bruttoverdienste	11,9				11,6							
Estland Ausgaben					7,0	6,2						
Estland Bruttoeinkommen						6,4						
Ungarn Bruttoverdienste		8,9			8,4							
Polen Bruttoverdienste		12,7			11,2							
Russland Monetäres Bruttoein-kommen								5,4	6,3	6,3	6,3	
Slowakei Bruttoverdienste	12,0				12,6							
	1980	1982	1983	1984	1985	1986	1987	1988	1989	1990	1991	1992
China Bruttoeinkommen	7,9	8,5	8,7	10,1	8,7	7,6	6,9	6,6	6,5	7,0	6,4	6,0

Quelle: UNU-WIDER (2005), Database.

3.4.3.6. Details der Einkommensungleichheits- und Armutsentwicklung

Unabhängig von der schwierigen Erfassung der aggregierten Armut bietet die Literatur ein einheitlicheres Bild in der Bestimmung der Risikogruppen für Armut im Transformationsprozess: Von Armut überdurchschnittlich betroffen sind Großfamilien oder Familien von Alleinerziehenden, Arbeitslose, mangelhaft Ausgebildete, Alte und gering Vermögende, insbesondere wenn sie über kein Land oder Haus verfügen.[392] Unter einem absoluten Armutskonzept werden im Transformationsprozess bei stark sinkendem Pro-Kopf-Einkommen auch viele Personen, die im Arbeitsleben stehen, als Arme erfasst.[393] Unumstritten und unabhängig von den verschiedenen Armutskonzepten ist auch das offensichtliche Sinken der Armutsinzidenz im Verlaufe des chinesischen Transformationsprozesses, ganz im Gegensatz zu Osteuropa oder den UdSSR-Nachfolgestaaten.[394] Als wichtigste Erklärung wird meist die erfolgreiche anfängliche Reform des Agrarsektors in China angeführt.[395]

Im Vergleich der Einkommensentwicklung verschiedener sozioökonomischer Gruppen in Osteuropa und den UdSSR-Nachfolgestaaten schneiden die Selbständigen im Privatsektor am besten ab vor den Rentnern, den Arbeitern und schließlich den Landwirten.[396] Die Einkommensungleichheit zwischen Stadt und Land sowie interregional nimmt offensichtlich im Transformationsprozess zu.[397]

Als Grund für die zunehmende Einkommensungleichheit werden in der Regel die Zunahme der relativen Bedeutung und der Konzentration der Einkommen aus dem Privatsektor sowie die zunehmende Bedeutung der Einkommen aus selbständiger Tätigkeit und der Vermögenseinkommen genannt.[398]

---

392 Vgl. Worldbank (1996), S. 71; Klugman und Braithwaite (1998), S. 45 ff. und Milanovic (1996a), S. 102 f.

393 Vgl. Klugman und Braithwaite (1998), S. 45 und Milanovic (1996a), S. 103.

394 Vgl. Cornia (1994), S. 598.

395 Vgl. Cornia (1994), S. 601.

396 Vgl. Cornia (1994), S. 599 und Milanovic (1996a), S. 99. Milanovic beschreibt in einigen Fällen auch eine gleich gute Entwicklung von Arbeitern und Rentnern. Vgl. Milanovic (1995), S. 23; (1996a), S. 56 ff. und (1996b), S. 135 ff.

397 Vgl. Milanovic (1995), S. 9 ff.

398 Vgl. Milanovic (1999), S. 311 ff.; (1996a), S. 38 und S. 52 sowie (1995), S. 17 f. Der Anteil der Vermögenseinkommen einschließlich der privaten Altersversorgung zuzüglich der Einkommen aus selbständiger Tätigkeit am Gesamteinkommen lag Ende der 1980er Jahre bei etwa 21 Prozent in Marktwirtschaften und bei nur 14 Prozent in ehemaligen Zentralplanwirtschaften. Vgl. Milanovic (1996a), S. 17.

4. Modellunsicherheit

Ungeachtet aller methodischen, epistemologischen, wissenschaftstheoretischen und irrationalen Kritiken, die Politiker gegen das Verwenden von Modellen vorbringen, verwenden sie letzten Endes trotzdem immer ein Modell.[399] Ohne eine Minimalvorstellung von der Wirkweise und möglichen Effektivität einer Maßnahme oder auch des Unterlassens einer Maßnahme müsste das Verhalten eines Politikers auch für ihn selbst als vollständig irrational und mithin fern jeder intersubjektiven Plausibilität und Begründbarkeit liegen. Sobald man sich auf – seien es noch so primitive – Modelle einlässt, entstehen drei Probleme, über die man sich Rechenschaft geben muss:[400]

- Wirkungsrichtung: Welche Wirkung wird erzielt?
- Wirkungsintensität: Wie stark ist die Wirkung?
- Wirkungszeit: Wann beginnt die Wirkung und wie lange hält sie an?

Kurzum, die Wirtschaftspolitik muss wissen, inwieweit die vorhandenen Instrumente in der Lage sind, die gesetzten Ziele zu erreichen. Das verweist erneut auf die großen Probleme, die aus unklaren und inkonsistenten Zielen resultieren, weil sie die ohnehin vorhandenen Probleme der Daten- und Modellunsicherheiten potenzieren können.

Hinsichtlich der Verteilungs- und Armutspolitik im Transformationsprozess kann es um vier Typen von Modellen gehen:

a) Modelle zur Erklärung der Entstehung und Persistenz von Armut und ungleicher Verteilung
b) Modelle zur Transfereffizienz, das heißt über die Wirkung von verteilungs- oder armutspolitischen Maßnahmen, die direkt Einkommen umverteilen
c) Modelle über distributive Wirkungen des Transformationsprozesses
d) Modelle über distributive Wirkungen einzelner transformationspolitischer Maßnahmen

Die Modellprobleme hinsichtlich der Modelle vom Typ (a) und (b), das heißt zur Erklärung der Entstehung von Armut und ungleicher Einkommensverteilung sowie zur Transfereffizienz werden separat, losgelöst vom Transformationsprozess, behandelt. Da der Schwerpunkt auf der Unsicherheit im Transformationsprozess liegt, kommt der Armuts- und Verteilungspolitik eine dem prinzipiellen politischen Ziel, nämlich Schaffung einer marktwirtschaftlichen

---

399 Dies gilt für alle Entscheidungen unter Unsicherheit. Sie implizieren stets eine Minimalvorstellung von der Umweltsituation und dem Einfluss der Instrumente auf dieselbe. Vgl. Bamberg und Coenenberg (1974), S. 88.

400 Vgl. Maisel (1982), S. 653 sowie Luckenbach (2000), S. 374 ff.

Wirtschaftsordnung, untergeordnete Rolle zu. Sie wird in dieser Sicht als Querschnittsaufgabe in allen Teilprozessen der Transformation verstanden werden.

Um Modelle vom Typ (c) und (d) plausibel aufzustellen, bedürfte es eines fortgeschrittenen Standes der Transformationstheorie. Um die Folgewirkungen der nicht marginalen Schritte im Transformationsprozess rational zu erörtern, bedürfte es streng genommen eines transformationstheoretischen Totalmodelles, das zudem die Veränderungen der Umwelt einigermaßen hinreichend genau prognostiziert und einbezieht. Auch heute, sechzehn Jahre nach dem Beginn der Transformationsprozesse in Osteuropa, ist die Ökonomik weit von solchen Totalmodellen entfernt, so sehr dies aus Sicht der Theorie der Wirtschaftspolitik auch bedauert werden muss.[401]

Doch die Politik kann nicht warten, bis die Wissenschaft Zusammenhänge theoretisch plausibel modelliert hat. Sie handelt immer, auch wenn sie nicht handelt, zumal in der Distributionspolitik. Es wäre zu einfach, würde man die Erörterung der Unsicherheit mit dem Hinweis auf das Fehlen plausibler transformationstheoretischer Totalmodelle beenden. An die Stelle der Erörterung der Unsicherheit solcher Modelle tritt in dieser Arbeit die generelle Kritik der Transformationstheorie sowie die Beschreibung der Einschränkungen der Modellierbarkeit von Prozessen im Transformationsprozess.[402]

Denkbar ist daneben die isolierende Abstraktion von einzelnen Aufgabenbereichen der Transformation (vgl. im Abschnitt 1.3.2) und die Abschätzung ihrer distributiven Wirkungen. Bei aller Fragwürdigkeit des Ausblendens der Interdependenzen[403] ist dies der erste Schritt auf dem Weg zur Analyse und Erfassung der verteilungspolitischen Implikationen für die Teilentscheidungen des Transformationsprozesses.

Der Erörterung der Unsicherheit in den vier Modelltypen geht die Beschreibung der prinzipiellen Quellen der Modellunsicherheit voraus.

4.1. Quellen der Modellunsicherheit

Modelle vereinfachen.[404] Bereits in dieser fast tautologischen Feststellung liegt eine wichtige Quelle der Modellunsicherheit, nämlich die Entscheidung

---

401 Vgl. Luckenbach (2000), S. 361.

402 Beiden Aspekten kommt freilich eine über den engen Argumentationszusammenhang hinausreichende Bedeutung auch für andere Modellkritiken zu, auf deren gesonderte Erwähnung in der Regel verzichtet wurde.

403 Vgl. Aghion und Commander (1999), S. 278.

404 Die folgenden Ausführungen gelten übergreifend für Entscheidungsmodelle, Prognosemodelle, Simulationsmodelle und Erklärungsmodelle. Vgl. Luckenbach (2000), S. 374 ff.

darüber, welche Zusammenhänge für die jeweilige Fragestellung relevant und welche Modellvereinfachungen adäquat sind.[405]

Daneben wird derselbe Zusammenhang nicht selten von verschiedenen Modellen modelliert, es besteht also Modellkonkurrenz und mithin die Gefahr eines Modellstrukturfehlers.[406] Grob gesprochen können diese in Aggregationsfehler und falsche Komponenten, falsche funktionale Beziehungen und unzutreffende Rahmenbedingungen unterteilt werden. Nicht selten nehmen die verschiedenen Modelle zwar denselben Zusammenhang an, beziehen aber andere Variablen ein oder nehmen eine andere Interdependenz an. Mitunter werden schlicht die notwendigen Verhaltensannahmen anders modelliert. Modellkonkurrenz ist – wie Konkurrenz in der Regel – hilfreich, doch für den handelnden Politiker resultiert dann eine gesteigerte Unsicherheit daraus, wenn unterschiedliche Handlungsempfehlungen resultieren.[407]

Doch selbst derselbe modellierte Zusammenhang mit denselben Variablen und Interdependenzen sowie Verhaltensannahmen kann noch zu unterschiedlichen Ergebnissen führen, wenn unterschiedliche Schätzmethoden verwendet werden. Zu der Modellunsicherheit des theoretischen Strukturzusammenhanges kommt die Unsicherheit über das adäquate empirische Modell.[408]

An dieser Stelle kann die Datenunsicherheit auch Modellunsicherheiten bedingen. Denn selbst dasselbe empirische Modell bedarf noch einer identischen Abgrenzung der Variablen sowie eines identischen Schätzzeitraums, um wirklich dieselben Ergebnisse zu zeitigen.[409] Die Bedeutung des Schätzzeitraumes wird noch deutlicher, wenn die Strukturzusammenhänge sich wandeln, also Strukturbrüche auftreten. Diese sind mit ökonometrischen Tests nicht erkennbar.[410] Dieses Problem kann weiter erschwert werden, wenn im Modell nicht direkt beobachtbare Daten verwendet werden, die ihrerseits geschätzt werden müssen.[411]

4.2. Unsicherheiten der Modelle zur Erklärung von ungleicher Einkommensverteilung und Armut

Der Wirtschaftspolitiker braucht zunächst ein Grundverständnis von der Entstehung und möglicherweise Persistenz von Armut und ungleicher Verteilung.

---

405 Vgl. Deutsche Bundesbank (2004), S. 16 f.
406 Vgl. Scholles (1997), S. 15.
407 Vgl. Deutsche Bundesbank (2004), S. 17.
408 Vgl. Deutsche Bundesbank (2004), S. 17.
409 Vgl. Deutsche Bundesbank (2004), S. 17.
410 Vgl. Deutsche Bundesbank (2004), S. 18.
411 Schätz- und Messfehler wirken hier einander verstärkend. Vgl. Scholles (1997), S. 15 sowie Deutsche Bundesbank (2004), S. 20.

Soweit es sich nämlich nicht um persistente Formen der Armut und ungleichen Einkommensverteilung handelt, muss eine Abwägung hinsichtlich der Tolerierbarkeit dieses temporären Marktergebnisses getroffen werden. Soweit es sich um persistente Formen der Armut und Verteilung handelt, ergibt sich nur dann zwingender Handlungsbedarf, wenn die allgemeinen Ziele der Wirtschaftspolitik damit erheblich verfehlt werden und geeignete Maßnahmen möglich sind, die Abhilfe versprechen, ohne gravierende Nebenwirkungen zu erzeugen.

Ein solches Verständnis ist wichtig, weil es zunächst zu den kausalen Ursachen von Armut und ungleicher Einkommensverteilung führt. Eine rationale Wirtschaftspolitik widmet sich in erster Linie der Kausaltherapie für erkannte Zielabweichungen, sofern es sich nicht um existentielle Gefahren handelt. Jenseits existentieller Gefahren kommt symptomtherapeutischen Eingriffen, um die es sich bei distributiven Maßnahmen im hier verstandenen Sinne handelt, a priori eine subordinierte Rolle zu. Subordiniert deshalb, weil diese Eingriffe die Marktprozesse stören und Verzerrungen der Allokation erzeugen. Dadurch besteht nämlich die Gefahr, dass distributive Eingriffe auch solche Marktprozesse stören, die eigentlich zu einem Abbau von Armut und Einkommensungleichheit beitragen. Erst der Nachweis der Überlegenheit symptomtherapeutischer Eingriffe macht diese zum primären Mittel der Wahl.

Darüber hinaus mag es ein „natürliches“ Niveau an Einkommensungleichheit und Armut geben, das sich allein durch zufällige und unvermeidbare Einwirkungen bildet, selbst wenn keine diskriminierenden Mechanismen zur Einkommensungleichheit beitragen. Dabei muss es sich nicht um ein absolutes Niveau handeln, sondern es kann auch die Tendenz im Laufe des Entwicklungsprozesses sein. Die Theorie ist weit davon entfernt, ein solches Niveau auf analytischem Wege plausibel zu bestimmen. Jedoch vermögen die im Zeitablauf erhobenen Daten über die Einkommensverteilung national wie international sowie die stilisierten Fakten derselben durchaus einschlägige Anhaltspunkte für den handelnden Politiker zu geben.[412]

Sieht man Kausaltherapien als solche an, die an den diskriminierenden Mechanismen ansetzen, so führt ihre konsequente Anwendung zu einer Entwicklung auf das „natürliche“ Niveau an Armut oder Einkommensungleichheit hin.[413] Die darüber hinausgehenden symptomtherapeutischen Maßnahmen könnten zwar Armut und Einkommensungleichheit weiter reduzieren, aber nur um den Preis einer Verzerrung der Markteffekte. Daher braucht der Vertei-

---

412 Vgl. dazu die Ausführungen zur sich wandelnden sozialen Akzeptanz von Einkommensdisparitäten in Atkinson (2000).

413 So wollte auch Kuznets eingedenk der beobachtbaren Unterschiede in Leistungsfähigkeit und Bedürfnissen ein Niveau der berechtigten Ungleichheit („warranted inequality“) bestimmen und darüber hinaus gehende Ungleichheit bekämpfen (vgl. Kuznets (1963), S. 11).

lungs- und Armutspolitiker auch eine Marke für die „natürliche“ Armut oder Einkommensungleichheit. Dies ist umso wichtiger, wenn das Ausmaß der Verzerrungen vom Abstand der politisch erwünschten Armut oder Ungleichheit von der Marke der „natürlichen“ Armut oder Ungleichheit abhängt.

Im Umkehrschluss deuten freilich Werte für Armut und Einkommensungleichheit im eigenen Land, die sich rasch und anhaltend von den als „natürlich“ empfundenen Niveaus entfernen, zumindest die Notwendigkeit einer detaillierten Analyse sowie vermutlich auch gezielter Gegenmaßnahmen an.

4.2.1. Verteilungstheorien

Während funktionale Verteilungstheorien im allgemeinen den gleichen Bewährungsgrad und die gleiche Präzision haben wie die ihnen zugrundeliegenden Modelle der Wachstumstheorie, stellt sich das Bild für die personelle Verteilung weit komplexer dar. Die Grundlage für eine wirkliche Erklärung der personellen Einkommensverteilung wäre neben einer Erklärung der Renditen unterschiedlicher Produktionsfaktoren, wie sie sich aus der Wachstumstheorie ergeben könnte, auch eine Erklärung der personellen Verteilung dieser Produktionsfaktoren. Verteilungstheorien für die personelle Verteilung gehen also mindestens einen Schritt weiter als die klassische Makroökonomie, die mit aggregierten Daten arbeitet. Es ist deshalb nicht verwunderlich, dass führende Verteilungstheoretiker den relativen „Rückstand“ der Verteilungstheorie konstatieren.[414]

Erst im Zuge der Entwicklung der endogenen Wachstumstheorie in den 1990er Jahren kam es zu einer mikrobasierten Verteilungstheorie.[415] Aufbauend auf Modellen der endogenen Wachstumstheorie haben einige Autoren versucht, speziell Modelle zu entwickeln, die persistente Formen der personellen Einkommensverteilung zu erklären vermögen. Denn die neoklassische Wachstums- und Verteilungstheorie konnte dies nicht, wie Stiglitz (1969) in einer Analyse der Verteilung von Einkommen und Vermögen in einem neoklassischen Wachstumsmodell zeigt. Analog zum Postulat der absoluten Konvergenz im Wachstumsprozess schließt er auf das Ergebnis langfristig egalitärer Verhältnisse.[416] Formal leitet er auch die Egalisierungsgeschwindigkeit her.

Die Grundlage für die spätere Entwicklung der oben erwähnten „endogenen Wachstumstheorien“ war damit zwar gelegt. Es dauerte aber theoriegeschichtlich noch mehr als ein Vierteljahrhundert, bis tatsächlich endogenisierte Erklärungen der Verteilung angeboten wurden. Hinzu kommt, dass die Ent-

414 Vgl. Ravallion (1997), S. 635, Atkinson (1996) sowie Danziger und Gottschalk (1986), S. 408.

415 Vgl. Aghion und Bolton (1992), S. 609.

416 Vgl. Stiglitz (1969); ebenso zum folgenden. Vgl. auch Atkinson (1997), S. 312.

wicklung einer ersten theoretischen Modellierung hin zu einer Form der angewandten Ökonomik mit direkt umsetzbaren Politikbezug sowie ihre Perzeption durch die handelnden Politiker in der Regel weitere Zeit in Anspruch nimmt. Mit anderen Worten: Die in der Transformationspolitik beginnend in den 1990er Jahren handelnden Wirtschaftspolitiker arbeiteten ohne umsetzbare Kenntnis der endogenen Verteilungstheorie. Der damalige „State of the Art" der Verteilungstheorie kann mit den Kenntnissen über die stilisierte Form der Einkommensverteilung und ihren partiellen statischen Erklärungen sowie in dynamischer Hinsicht mit den Ideen über die Entwicklung der aggregierten Einkommensverteilung im Zeitablauf (Diskussion der Kuznets-These) und Vorstellungen über die Einkommensmobilität von Personen unterschiedlicher Einkommensgruppen im Zeitablauf beschrieben werden. Die Erörterung der Unsicherheit dieser nicht immer formaltheoretisch modellierten Vorstellungen für den handelnden Politiker wird im folgenden ergänzt um neuere endogenisierte Erklärungen der Verteilung, damit die später zu ziehenden Implikationen Gültigkeit über die 1990er Jahre hinaus beanspruchen können.

4.2.1.1. Stilisierte Fakten der Einkommensverteilung

Stilisierte Fakten der Einkommensverteilung dienen mindestens zweierlei:[417] Sie bilden zum einen das empirische Grundmuster, das eine Plausibilität beanspruchende Theorie zu erklären in der Lage sein muss. Sie bilden zum anderen, soweit sie länder- und zeitenübergreifend gelten, ein Gerüst für die Vorstellung einer als „natürlich" empfundenen Einkommensverteilung. Letzteres bedingt freilich, dass übergeordnete Gründe für die Persistenz einer ungleichen Einkommensverteilung nicht gegeben sind.

Bezogen auf die funktionelle Einkommensverteilung zeigt sich in Marktwirtschaften über Jahrzehnte, wenn nicht Jahrhunderte eine länderübergreifende Stabilität der Rangfolge von Berufsgruppen nach ihren Verdiensten sowie cum grano salis auch der relativen Einkommensunterschiede zwischen verschiedenen Beschäftigungen und innerhalb einer Berufsgruppe.[418] Nicht zuletzt zeigt sich länderübergreifend das Bild einer Abhängigkeit der Einkommen von dem Berufsalter und dem natürlichen Alter der Person – das Einkommen steigt bis zu einem mittleren Alter und sinkt hernach bis zum Ausscheiden ab, bleibt jedoch deutlich über dem Niveau der Anfangsjahre.[419]

Bezogen auf die personelle Einkommensverteilung zeigen sich gemessen an der größeren Komplexität ihrer Bestimmung noch erstaunlich stabilere

---

417 Zur ausführlicheren Behandlung des theoretischen Konstruktes der stilisierten Fakten für die Theoriebildung siehe Kapitel 4.1.

418 Vgl. Phelps-Brown (1988), S. 397 und 408.

419 Vgl. Phelps-Brown (1988), S. 400.

Muster.[420] Zunächst darf als stilisierter Fakt gelten, dass wir es in der Regel über das Gros aller Einkommensbezieher mit einer kontinuierlichen Verteilung zu tun haben.[421] Bis zum 85 Prozent-Perzentil erscheinen die Einkommensunterschiede zwischen den Personen graduell und stetig. Größere Lücken, welche einzelne Einkommensgruppen von anderen separieren, fallen nicht auf. Dass die Einkommen am oberen Ende in eher diskreten Sprüngen ansteigen, ist wohl auch Ausdruck der Paretoverteilung, die dort die Randverteilung der Einkommen beschreibt.

In der Tat wurde die nach Vilfredo Pareto benannten Verteilungsfunktion in seiner Analyse der Einkommensverteilung entwickelt.[422] Er bezog dabei jedoch primär reiche Einkommensbezieher ein. Über die gesamte Spanne der Einkommen kann die Randverteilung der Häufigkeiten an Beziehern bestimmter Einkommen durch eine dreigeteilte Funktion beschrieben werden.[423] Am oberen Rand gilt eine Pareto-Funktion, im größeren mittleren Bereich sind die Häufigkeiten bei guter Näherung lognormalverteilt, während am kleineren unteren Ende eher noch eine Normalverteilung Anwendung finden kann. Unklar erscheint vielen die genaue Abgrenzung, ab wann die Normalverteilung besser zur Beschreibung geeignet ist als die Lognormalverteilung. Dies ergibt in der graphischen Vorstellung eine eingipflige linkssteile Glocke, deren rechter Schwanz ausgeprägt lang erscheint.[424]

---

420 Vgl. Gottschalk und Smeeding (1997), S. 636.

421 Vgl. Phelps-Brown (1988), S. 465.

422 Vgl. Külp (1994), S. 165.

423 Vgl. Abbildung 8, Abbildung 9 sowie Abbildung 10 zu den Wahrscheinlichkeitsdichtefunktionen der Normal-, der Lognormal- und der Paretoverteilung.

424 Vgl. Aghion und Bolton (1992), S. 603 f., Phelps-Brown (1988), S. 410 ff., der sich explizit auf Studien aus mehreren Jahrzehnten bezieht, sowie Sahota (1978), S. 3 und Milanovic (1996a), S. 78, der auch Transformationsländer einbezieht.

Abbildung 8: Dichtefunktionen von normalverteilten Zufallsgrößen mit unterschiedlichen Parametern

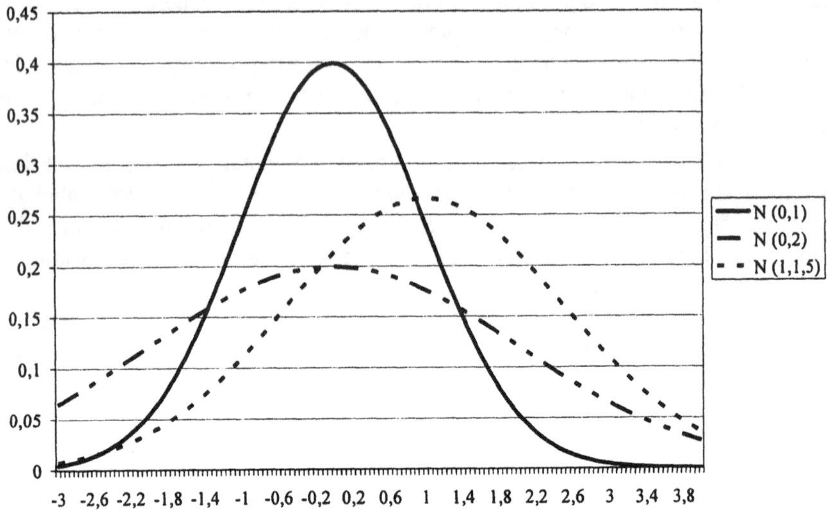

Abbildung 9: Dichtefunktionen von lognormalverteilten Zufallsgrößen mit unterschiedlichen Parametern (mit $\mu=0$)

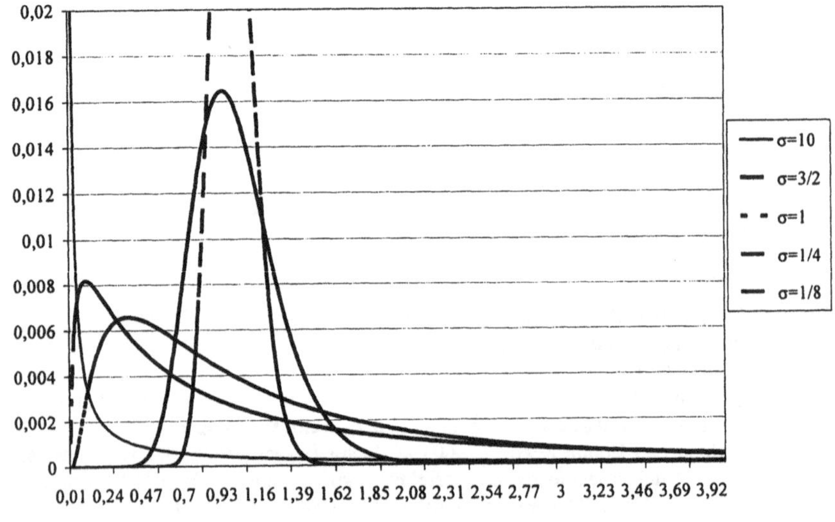

Abbildung 10: Dichtefunktionen von paretoverteilten Zufallsgrößen mit unterschiedlichen Parametern ($x_{min}=1$)

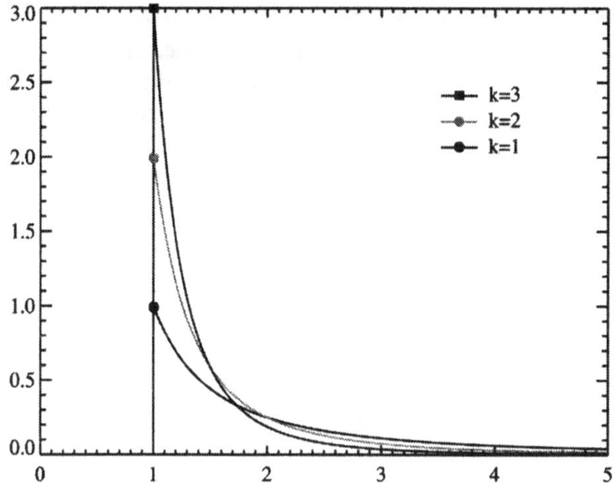

Quelle: Wikipedia, http://de.wikipedia.org/wiki/Paretoverteilung, vom 11. Oktober 2006.

Weitere stilisierte Fakten gelten offenbar zumindest für OECD-Länder:[425] Es gibt große Unterschiede im Niveau der Einkommensungleichheit zwischen einzelnen Ländern. In den vergangenen Jahrzehnten wurde ein tendenzieller Anstieg der Ungleichheit beobachtet, jedoch unkorreliert in seiner Intensität mit dem jeweiligen Niveau der Einkommensungleichheit. Offenbar wirken globalisierende Faktoren tendenziell ähnlich auf die Einkommensverteilung in den relativ offenen und wohlhabenden OECD-Ländern. Zudem scheint ihre Wirkung stärker zu sein als die der Reformen der Verteilungspolitik. Die Verteilung der verfügbaren Einkommen (nach Steuern und Transfers) ist in allen OECD-Staaten weniger ungleich als die der Markteinkommen.

4.2.1.2. Partialmodelle zur Einkommensverteilung

Verteilungstheoretische Erklärungsansätze müssen die beschriebenen stilisierten Fakten der Einkommensverteilung plausibel nachbilden können. Daher werden im folgenden weder die rein auf die funktionelle Einkommensverteilung abstellenden Theorieansätze noch die traditionellen Zwei-Klassen-Ansätze aus der Mitte des letzten Jahrhunderts berücksichtigt. Beide können Einkommensungleichheit nur mit der Annahme intrinsischer Unterschiede zwischen

---

[425] Vgl. zu diesem Absatz Gottschalk und Smeeding (1997), S. 636.

den Beziehern hoher respektive niedriger Einkommen erklären. Ihnen fehlt somit eine theoretisch konsistente Mikrofundierung, und sie vermögen nicht die kontinuierliche Häufigkeitsverteilung der Einkommen zu erklären.[426]

Stiglitz, der modelltheoretisch die Tendenz einer Marktwirtschaft zu einer egalitären Einkommensverteilung, vorausgesetzt Märkte funktionieren perfekt, nachwies, sah als mögliche Gründe für dauerhaft bestehende Einkommensungleichheit lediglich intrinsische Unterschiede zwischen den Personen, imperfekte Kapitalmärkte sowie stochastische Prozesse, konkret:

- unterschiedliches Sparverhalten für Angehörige verschiedener Einkommensgruppen,
- unterschiedliches Sparverhalten zu verschiedenen Lebenszeitpunkten bei divergierender Besetzung der Altersgruppen,
- unterschiedliches Reproduktionsverhalten für Angehörige verschiedener Einkommensgruppen,
- unterschiedliche Produktivitäten von Angehörigen verschiedener Einkommensgruppen und
- stochastische Prozesse.

In Anlehnung daran werden im Folgenden zwei Gruppen von Modellen zur Einkommensverteilung unterscheiden:[427]

a) Modelle, die allein auf stochastische Prozesse respektive zufällige Unterschiede der Personen rekurrieren, und
b) Modelle, die allokative Ineffizienzen – in der Regel unvollkommene Kapitalmärkte – zur Ursache haben.

zu a) Stochastische Erklärungen der Einkommensungleichheit

Die länderübergreifende Einheitlichkeit der Randverteilung der Einkommensverteilung ist relativ leicht durch Kombination stochastischer Prozesse darstellbar.[428] Dieses Faktum hat seit der Mitte des vorigen Jahrhunderts Theoretiker zu Mutmaßungen über die Verteilung der Fähigkeiten zur Einkommenserzielung und die daraus resultierende Einkommensungleichheit motiviert.[429]

Die Normalverteilung am unteren Rand der Einkommensbezieher könnte erklärt werden als das Ergebnis eines additiven Zusammenspiels von mehreren Zufallsvariablen,[430] beispielsweise die zufällig verteilten natürlichen Begabungen plus die zufällig verteilten Umwelteinflüsse auf die Einkommenserzielung

---

426 Vgl. Aghion und Bolton (1992), S. 609.
427 Vgl. Sahota (1978), S. 2.
428 Vgl. Phelps-Brown (1988), S. 420 f.
429 Vgl. Rhodes (1942).
430 Vgl. Phelps-Brown (1988), S. 420 sowie Rinne (1995), S. 284.

aus den Begabungen etc. In Ergänzung dazu könnte der folgende lognormalverteilte Bereich der Einkommensverteilung als das Ergebnis eines multiplikativen Zusammenspiels von mehreren Zufallsvariablen oder als das Zusammenspiel von mehreren selbst normalverteilten Zufallsvariablen erklärt werden.[431] Einfacher noch, die Lognormalverteilung der Einkommen könnte mit einer positiven Korrelation der Arbeitsstunden und der Lohnsätze erklärt werden.[432] Analog dazu ergäbe sich schließlich die Paretoverteilung am oberen Ende der Einkommensskala durch eine exponentielle Verknüpfung von Zufallsvariablen, etwa in Form unterschiedlicher Wachstumsraten.[433]

Letzten Endes sind es keine reinen Zufallsprozesse, die hier die Form der Einkommensverteilung erklären, sondern die Kombination der unterschiedlichen Fähigkeiten zur Einkommenserzielung. Eingedenk der zahlreichen Einkommensarten (Arbeitseinkommen, Kapitaleinkommen und ihrer Subgruppen), der Vielzahl der Determinanten der jeweiligen Faktorverteilung sowie der Höhe ihres Entgelts und der Mannigfaltigkeit ihrer Kombination ist es durchaus denkbar, dass eine komplexe Einkommensverteilung aus der zufälligen Kombination von persönlichen Fähigkeiten resultiert.[434]

In den Rahmen der stochastischen Erklärungen der Einkommensverteilung sind weitere Erklärungen über Markov-Ketten oder solche mit unterschiedlichen Wahrscheinlichkeiten der Ab- und Aufwärtsdynamik der individuellen Einkommensposition zu setzen.[435]

Nicht ganz stochastisch, aber doch in dem Sinne zufällig, als sie keine allokativen Ineffizienzen implizieren, sind Ansätze, die Ungleichheit der Einkommen über die „Individual Choice Theory" zu erklären versuchen. Danach sind die zu einem Zeitpunkt messbaren Einkommensunterschiede zu einem Gutteil Ausdruck der individuellen Konsumpräferenzen in der Entscheidung für Einkommen oder Nicht-Pekuniäre Vorteile.[436] In der Weiterentwicklung durch Friedman entsteht die jeweilige Einkommensverteilung durch eine für alle Personen gleiche, daher nicht intrinsische, aber doch einkommensabhängige Risikoscheu.[437] Nicht zuletzt vertreten die Proponenten der Humankapitaltheorie die Ansicht, dass die relative Einkommensposition das Ergebnis eines individuellen

---

431 Vgl. Külp (1994), S. 168 sowie Rinne (1995), S. 288.

432 Vgl. Külp (1994), S. 167.

433 Vgl. Phelps-Brown (1988), S. 422 f. und Cowell (1977), S. 89.

434 Vgl. Sahota (1978), S. 4.

435 Vgl. Sahota (1978), S. 7 f., der auf Modelle von Shorrocks verweist und auf S. 24 f. das ähnlich strukturierte Random-Walk-Modell von Thurow darlegt. Ebnso Phelps-Brown (1988), S. 423, der hierzu Champernowne (1953, 1973) ausgiebig wiedergibt.

436 Vgl. Sahota (1978), S. 9 f.

437 Vgl. Sahota (1978), S. 10.

Optimierungsverhaltens zur Maximierung des Barwertes von Humankapitalinvestitionen darstellt.[438]

Die intuitive Plausibilität dieser Erklärungen darf nicht darüber hinwegtäuschen, dass es sich letztlich nur um stilisierte Erklärungen handelt. Mit ihnen kann in Simulationen eine in der Realität gegebene Einkommensverteilung grob nachgebildet werden. Sie geben aber nur wenige Anhaltspunkte für das zu erwartende Niveau an Einkommensungleichheit in einer Gesellschaft und vermögen in aller Regel die zu erwartende Tendenz nach wichtigen wirtschafts- und ordnungspolitischen Weichenstellungen nicht anzugeben, es sei denn, die bisherige Einkommensungleichheit weicht drastisch von der in ähnlich strukturierten Volkswirtschaften oder von der historisch beobachteten ab. Eine wirkliche empirische Erklärung einer Einkommensverteilung basierend auf der gegebenen Faktor- und Fähigkeitenverteilung und der jeweiligen Entlohnung bleibt wohl angesichts der nötigen Mikrofundierung, der potentiell unendlichen Zahl der Einflussfaktoren und der erheblichen Messprobleme für „Fähigkeiten" (sofern die Entlohnung dafür als Maßstab ausscheidet, da hier explanandam) auf absehbare Zeit nur denkbar.[439]

Kritiker dieser stochastischen Erklärungen weisen zudem auf die schwierige Abgrenzung zwischen stochastischen Eigenschaften und den letztlich ökonomisch wirksamen Ausprägungen hin. So mag die Intelligenz naturbedingt sein, aber das verwertbare Humankapital ist doch ein Produkt aus natürlichen Begabungen und Erziehung. Solange einkommensrelevante Faktoren nicht direkt auf genetische Unterschiede zurückgeführt werden können, bleibt stets ein Element der Fähigkeit, Einkommen zu erzielen, zumindest partiell menschengemacht.[440]

zu b) Einkommenstheorien mit allokativen Ineffizienzen

Die Kritik an den stochastischen Ansätzen führt direkt zu Einkommenstheorien mit allokativen Ineffizienzen oder gar diskriminierenden Elementen. Diese sind inspiriert von der Erwartung einer egalitären Einkommensverteilung unter der Annahme intrinsisch identischer Individuen und folglich dem Schluss, dass die beobachtbare Persistenz der ungleichen Einkommensverteilung durch Marktversagen erklärt werden könne.[441] Dabei wird übersehen, dass intrinsische Identität nicht zwingend identisches Verhalten bedeutet, wenn nämlich bei iden-

---

438 Vgl. Sahota (1978), S. 12 ff. Aus Sicht des Lebenseinkommens kann folglich trotz bestehender Einkommensunterschiede zu jedem Zeitpunkt Egalität bestehen , vgl. Aghion und Bolton (1992), S. 606 FN 3.

439 Vgl. Sahota (1978), S. 5.

440 Vgl. Aghion und Bolton (1992), S. 606, Phelps-Brown (1988), S. 422, Grubb (1985) und Sahota (1978), S. 5 f.

441 Vgl. Aghion und Bolton (1992), S. 606.

tischer Verhaltensannahme stochastische Unterschiede zu unterschiedlichen Verhalten führen (etwa einkommensabhängige Risikoaversion). Intrinsische Unterschiede wären gegeben, wenn unterschiedliche Verhaltensannahmen oder Sprünge in den Reaktionsfunktionen das Modell ausmachten. Wichtig ist für diese Erwartung einer egalitären Einkommensverteilung die Fristigkeit der Betrachtung. Denn die Wirkungen der tatsächlich beobachtbaren Unterschiede in der Anfangsausstattung mit Produktionsfaktoren dürften auch bei minimalen allokativen Ineffizienzen erst im Laufe von Generationen zu beseitigen sein.

Die Erklärungsstruktur der stochastischen Modelle[442] ist stets ähnlich. An einer Stelle des Marktprozesses kommt es zur fortgesetzten und sich manchmal selbstverstärkenden Diskriminierung. Auf diese Weise soll eine persistent ungleiche Einkommensverteilung erklärt werden. Dabei muss Diskriminierung nicht zwingend nach einkommensabhängigen Merkmalen erfolgen; auch eine Diskriminierung nach Alter, Geschlecht, Klasse oder Rasse kann persistente Einkommensunterschiede zeitigen.[443] In einigen Fällen verstärkt die Diskriminierung vorhandene Anfangsungleichheiten etwa aus Erbschaften.[444]

Die diskriminierenden Mechanismen, die man auch als Staatsversagen bezeichnen kann, bzw. das Marktversagen bestehen im wesentlichen aus:

- unterschiedlicher Schulbildung für Personen mit unterschiedlichem Einkommen,[445]
- Diskriminierung auf dem Arbeitsmarkt,[446]
- diskriminierender Gestaltung der öffentlichen Finanzen,[447]
- regionale Polarisation etwa durch lokal finanzierte Bildungsausgaben und
- Kapitalmarktunvollkommenheiten in verschiedenen Ausprägungen (zum Beispiel mangelnder Zugang zu Kapitalmärkten,[448] positive Skaleneffekte der Kapitalanlage,[449] fehlende bzw. mangelhafte Versiche-

---

442 Auch in diesem Abschnitt wird auf Erklärungen mit intrinsischen Unterschieden der Personen verzichtet.

443 Vgl. Schiller (1995).

444 Vgl. Galor und Zeira (1988) und (1993), Atkinson-Modell (1997), Loury (1981) beschrieben in Aghion und Bolton (1992) und (1993).

445 Vgl. Baer und Maloney (1997), S. 323.

446 Vgl. Phelps-Brown (1988), S. 404, Blank und Card (1993), Frick et alii (2005), S. 59 sowie Schiller (1995).

447 Vgl. Sahota (1978), S. 27 ff.

448 Vgl. die Modelle in Galor and Zeira (1993) und (1988) sowie Aghion und Bolton (1992), S. 606.

449 Vgl. Meades Modell mit positivem Feedback von 1964; beschrieben in Atkinson (1997), S. 312.

rungsmärkte,[450] fehlende Besicherungsmöglichkeiten für einkommensschwache Kreditnehmer[451] und moral hazard[452]).

Die neuere Verteilungstheorie hat weitere Modelle hervorgebracht, die im Kern Erweiterungen und Verfeinerungen der erwähnten Ansätze sind. Der Bestätigungsgrad der Modelle stützt sich angesichts der beschriebenen Schwierigkeiten einer empirischen Überprüfung im wesentlichen auf die Plausibilität der Modellannahmen und die Verträglichkeit der Simulationsergebnisse mit den stilisierten Fakten.

Die Modelle gehen von Marktunvollkommenheiten aus, deren Beseitigung, sofern möglich, die Ungleichheit der Einkommensverteilung reduzieren sollte. Die Modelle beschreiben nicht die (zum Teil temporären) Wirkungen ordnungspolitischer Eingriffe auf dem Weg zu einer Marktwirtschaft. Ihre Ergebnisse helfen folglich dem Transformationspolitiker primär in der Erkenntnis potentiell verteilungspolitisch besonders relevanter Marktunvollkommenheiten, sei es im Erziehungsbereich, auf dem Arbeitsmarkt oder in der Reform des Finanzsystems. Ansätze für eine Verteilungspolitik, die über allokative Maßnahmen hinausgeht, finden sich darin jedoch nur wenige.

4.2.1.3. Soziale Mobilität

Da offenbar ein gewisses Ausmaß an Einkommensungleichheit unvermeidbar ist, und gleichzeitig das Niveau derselben a priori schwer zu bestimmen ist, liegt ein wichtiger Aspekt der verteilungspolitischen Debatte in der Erörterung der sozialen Mobilität.

Mittelfristig äußert sich die soziale Mobilität in der unterschiedlichen relativen Einkommensposition, die eine Person im Laufe ihres Lebens einnimmt. Üblicherweise steigt die Entlohnung innerhalb einer Beschäftigungsart mit wachsender Berufserfahrung zunächst an, bevor sie nach einem Höhepunkt langsamer wieder zu sinken beginnt.[453] Hinzu kommen Berufswechsel, welche die Einkommensdynamik üblicherweise zu beschleunigen vermögen. Neben Querschnittsvergleichen sollten folglich Kohortenvergleiche zur Beurteilung der Permanenz der Einkommensungleichheit herangezogen werden.[454] Ist die Mobilität hoch (ein Zeichen für geringen verteilungspolitischen Handlungsbedarf, sofern die temporäre Einkommensungleichheit akzeptabel erscheint),

---

450 Vgl. das Modell von Champernowne (1953) oder das Modell von Loury (1981), der Ineffizienzen sowohl auf dem Kapital- als auch dem Versicherungsmarkt unterstellt; beide beschrieben in Aghion und Bolton (1992), S. 607 f.

451 Vgl. Atkinson (1997), S. 312 f.

452 Vgl. das Modell in Aghion und Bolton (1993).

453 Vgl. Phelps-Brown (1988), S. 400.

454 Vgl. Phelps-Brown (1988), S. 403.

müsste die Einkommensungleichheit innerhalb einer Kohorte im Zeitablauf unter der im Querschnitt der Gesellschaft liegen.[455] Jedoch können andere Faktoren dies teilweise kompensieren. Denn unter Geltung der permanenten Einkommenshypothese müsste die Ungleichheit innerhalb einer Kohorte im Zeitablauf zunehmen, ein Effekt, der in einigen Ländern auch gemessen wurde.[456]

Langfristig zeigt sich diese soziale Mobilität in der intergenerativen Betrachtung. Eine hohe soziale Mobilität kennzeichnet eine offene Gesellschaft, in der der Einkommensstatus der Elterngeneration nur leicht (und idealerweise zufällig) positiv korreliert ist mit dem Einkommenstatus der Folgegeneration.[457] Hierin liegt nach Einschätzung einiger Gelehrter der wichtigste Grund für die Ablehnung oder Akzeptanz einer Gesellschaftsform; die Menschen wollen die Gewähr, dass ihre Kinder die Chance auf ein besseres Leben haben.[458] Die empirische Analyse der intergenerativen Entwicklung der Einkommensungleichheit bedingt ungleich mehr Daten als die einfache Querschnittsanalyse.[459] Sie zeigt bei aller Vorsicht angesichts der dünnen Datenlage für die westlichen Länder in der zweiten Hälfte des vergangenen Jahrhunderts eine substantielle Mobilität zwischen den verschiedenen Beschäftigungen; am höchsten im mittleren Bereich, relativ schwach ausgeprägt am oberen und unteren Ende der Beschäftigungsskala. Offenbar korreliert die Mobilität positiv mit dem wirtschaftlichen Wachstum und mit dem gleichberechtigten Zugang zu Bildungseinrichtungen.[460] Das Vermögen der Eltern spielt offenbar eine abnehmende Rolle in der Bestimmung der relativen Einkommensposition der Kinder.[461] Das Ausmaß der sozialen Mobilität in modernen marktwirtschaftlichen Ordnungen wird offenbar in der überlieferten und dazu auswertbaren Geschichte nur in Phasen erreicht, wenn Herrschaftsstrukturen aufgebrochen wurden und neue Institutionen sich formten.[462]

Für die Zwecke der Distributionspolitik im Transformationsprozess ist es wichtig, die als gesichert geltenden Aspekte der sozialen Mobilität zu berücksichtigen, doch lassen sich daraus schwerlich konkrete Handlungsanweisungen für die begrenzte Zeit des Transformationsprozesses ableiten. Bestenfalls die schon aus allgemeinen Partialmodellen der Einkommensverteilung erkennbare

---

455 Vgl. Shorrocks (1975) und Hart (1975).

456 Vgl. Deaton und Paxson (1994).

457 Vgl. Phelps-Brown (1988), S. 430.

458 Vgl. Phelps-Brown (1988), S. 436, der dazu de Tocqueville (1958) zitiert.

459 Vgl. Kuznets (1963), S. 9.

460 Vgl. Kuznets (1963), S. 10, Phelps-Brown (1988), S. 428 f. und Aghion und Bolton (1992), S. 604, die dazu ausgiebig die repräsentative Studie von Goldthorpe (1980) erörtern.

461 Vgl. Phelps-Brown (1988), S. 428.

462 Vgl. Phelps-Brown (1988), S. 428 sowie Stone (1966).

Forderung, keine Diskriminierung im Bildungsbereich zuzulassen und allokative Ineffizienzen kausaltherapeutisch anzugehen. Dieses fällt im Rahmen des Transformationsprozesses in das Aufgabengebiet der Allokationspolitik. Überdies dürfte das Streben nach sozialer Mobilität und Beseitigung der diskriminierenden Schranken ein Hauptmotiv für die Einleitung von Transformationsprozessen gewesen sein.[463]

4.2.1.4. Kuznets-Kurve

In dynamischer Hinsicht galt die sogenannte Kuznets-Kurve lange Zeit als stilisierter Fakt der Verteilungsempirie,[464] weshalb ihre Aussagekraft auch hier kurz erörtert werden soll. Denn nach wie vor messen nicht wenige Verteilungspolitiker diesem „Modell" eine hohe Erklärungsfähigkeit für die Dynamik der Einkommensverteilung bei.[465] Aus Sicht der hiesigen Arbeit ist zu prüfen, inwieweit das Modell tatsächlich die Entwicklung der Einkommensungleichheit zu erklären vermag und ob diese Erklärungen auf Transformationsländer übertragbar sind.

Simon Kuznets wird mit seiner Arbeit von 1955 die Entwicklung und manchmal auch „Entdeckung" der Kuznets-Kurve zugeschrieben. Diese besagt, dass die Einkommensungleichheit mit steigendem Entwicklungsniveau eines Landes zunächst ansteigt und nach einem Maximum wieder absinkt; also die Form eines umkehrten „u" beschreibt.[466] Von „Entdeckung" der Kurve kann keine Rede sein, denn Kuznets skizzierte lediglich eine Idee und gab ein weitgehend erfundenes Zahlenbeispiel, um die von ihm skizzierte Entwicklung der Einkommensungleichheit in einer eher dualen Ökonomie eines Entwicklungslandes zu illustrieren.[467] Er selbst schrieb dazu:

> „[...] I am acutely conscious of the meagerness of reliable information presented. The paper is perhaps 5 percent empirical information and 95 percent speculation, some of it possibly tainted by wishful thinking."[468]

In seiner mehr spekulativen als empirischen Erörterung gab Kuznets zwei Faktoren an, die im Laufe des Entwicklungsprozesses die Einkommensungleichheit zunächst erhöhen: Konzentration der Ersparnisse in den oberen Einkommens-

---

463 Vgl. Kornai (2006), S. 213 ff.

464 Vgl. Aghion und Bolton (1992), S. 604.

465 Vgl. Brezinski (2002), S. 184 f., Hölscher (2001), S. 20 f., Anand und Kanbur (1993), S. 25.

466 Vgl. Kuznets (1955), S. 210 des Nachdrucks, der jedoch keine scharfe Wendung, sondern ein „long secular swing" beschreibt. Vgl. Lipton und Ravallion (1995), S. 2603 f.

467 Vgl. Anand und Kanbur (1993), S. 47.

468 Kuznets (1955), S. 217 des Nachdrucks.

klassen[469] sowie den sektoralen Wandel von dem einkommensschwachen Agrarsektor mit relativ gleichmäßiger Einkommensverteilung[470] in den einkommensstärkeren urbanen industriellen Sektor.[471] Den zweiten Teil der Kurve mit negativer Steigung führt Kuznets auf fünf Faktoren zurück,[472] die er nur teilweise näher beschreibt: politische Interventionen, demographische Faktoren[473], Strukturwandel mit neuen Industrien und Produktivitätsannäherung in den bisherigen Sektoren sowie wachsende Bedeutung der Arbeitseinkommen.

Den Kuznets'schen Spekulationen haben diverse Autoren im Laufe der Jahre weitere vermutete Erklärungen für die „inverted-u-hypothesis" beigefügt:

- Humankapitalentwicklung mit „Humankapitalschwelle", von der an Produktionsexternalitäten wirken;[474]
- unvollkommene Kapitalmärkte;[475]
- Kapitalakkumulation, die im Laufe der Zeit die Kreditkonditionen für Kreditnehmer verbessert;[476]
- politische Distribution;[477]
- Strukturwandel, mit wachsender Bedeutung der wissensintensiven Produktion, die im Unterschied zur kapitalintensiven Produktion weniger einkommenskonzentrierend wirke, da es faktische Grenzen der Humankapitalakkumulation und -vererbung gebe,[478]
- Ausgaben für Forschung und Entwicklung, deren Investitionswirkung bei niedrigem Einkommensniveau die externen Effekte dominiere, et vice versa,[479]
- steigende Arbeitsnachfrage mit zunehmender Kapitalakkumulation[480] und
- demographische Faktoren aufgrund unterschiedlicher Geburtenraten.[481]

---

469 Vgl. Kuznets (1955), S. 204 des Nachdrucks.

470 Die Bedingung des intersektoralen Unterschieds in der Einkommensungleichheit ist freilich obsolet, wenn die Einkommensunterschiede hinreichend groß sind. Vgl. Ahluwalia (1976), S. 47 f. Fußnote 12 des Nachdrucks.

471 Vgl. Kuznets (1955), S. 205 des Nachdrucks.

472 Vgl. Kuznets (1955), S. 205 ff. des Nachdrucks.

473 Diese mindern im Kuznets'schen Modell jedoch nur die Einkommensungleichheit im Perzentilsvergleich, nicht aber nach dem Gini-Koeffizienten oder ähnlichen Maßen.

474 Vgl. Galor und Tsiddon (1996) sowie Grömling (1996), S. 30.

475 Vgl. Galor und Zeira (1993) sowie Grömling (1996), S. 30.

476 Vgl. Aghion und Bolton (1992), S. 610 und Aghion und Bolton (1993), S. 18 ff.

477 Vgl. Grömling (1996), S. 31.

478 Vgl. Ahluwalia (1976), S. 38 des Nachdrucks.

479 Vgl. Park und Brat (1995), S. 106.

480 Vgl. Ahluwalia (1976), S. 35 und 40 des Nachdrucks.

Die genannten Aspekte erscheinen für sich genommen als partielle Determinanten der Einkommensverteilung mehr oder weniger plausibel. Ihnen allen fehlt jedoch zumeist die durchgehende Erklärung beider Äste der Kuznets-Kurve ohne theoretische Sprünge. Am ehesten gelingt dies noch den beiden erstgenannten Aspekten, die zur neueren Verteilungstheorie, welche auf Modelle der endogenen Wachstumstheorie aufbaut, zu rechnen sind. Doch auch hier handelt es sich um partiale Ansätze, denen eingedenk ihrer Partialität die Autoren weitere gleichgerichtete Denkmodelle mit anderen Einflussfaktoren hinzugesellt haben. Sie können in der allgemeinen Erklärung der Einkommensungleichheit Verwendung finden.

Darüber hinaus ist auch ein Verlauf der Einkommensungleichheit gemäß einem umgekehrten „u" aufgrund subjektiver Messung unabhängig von seinem tatsächlichen Vorliegen reproduzierbar. Ein Mechanismus wäre unter Vorliegen von Konsumschwellen mit Signalgütern denkbar. Der Konsum dieser Signalgüter wird erst ab einer bestimmten Einkommenshöhe möglich. Gleichzeitig verbinden die Wirtschaftssubjekte mit diesen Gütern eine trotz allgemeinem Einkommenswachstum gleichbleibende Signalwirkung, dass ihr Konsum nur der „oberen Einkommensklasse" möglich ist. Dann könnte eine subjektive Messung der Einkommensungleichheit, etwa über die Frage des gefühlten Abstandes zu den „Reichen", eine mit wachsendem Einkommen zunächst steigende und dann sinkende subjektive Einkommensungleichheit ergeben.

Die empirische Überprüfung der Kuznets-Kurve liefert dagegen ein ernüchterndes Bild. Kuznets selbst hat sich dieser Aufgabe nur bedingt gestellt und fand bestenfalls für Perzentilsvergleiche Hinweise auf die Gültigkeit seiner Annahmen.[482] Andere Autoren konzentrierten sich allein auf partielle Bestätigungen mittels Analyse der funktionellen Einkommensverteilung.[483]

Untersuchungen mit personellen Einkommensverteilungen kommen im Längs- und Querschnittsvergleich zu dem Ergebnis, dass es für die Kuznets-Kurve keine empirische Bestätigung gibt.[484] Insgesamt scheint der systematische Zusammenhang zwischen Einkommensniveau und Einkommensverteilung höchst schwach ausgeprägt zu sein.[485] Bestenfalls in kürzeren Episoden, unterstützt von der zeitweise besonders signifikanten Entwicklung einzelner

481 Vgl. Ahluwalia (1976), S. 40 des Nachdrucks.

482 Vgl. Kuznets (1963), S. 12 ff.

483 Vgl. Jha (1996) sowie Ahluwalia (1976).

484 Vgl. Atkinson und Micklewright (1992), S. 35, Anand und Kanbur (1993), S. 43, Deininger und Squire (1996), S. 573 und Ravallion (1995). Dabei ist die Falsifizierung durch Längsschnittanalysen deutlicher als die durch Querschnittsanalysen. Vgl. Eger (2002), S. 237.

485 Vgl. Ravallion (1995) sowie Besley und Burgess (2003), S. 10.

Determinanten, erscheint ein, dann allerdings nicht kausaler, Gleichlauf aufzutreten.[486]

Was an verwertbaren Aspekten aus der Diskussion der Kuznets-Kurve für die Distributionspolitik im Transformationsprozess verbleibt, sind die zahlreichen Partialmodelle zur generellen Erklärung von Einkommensungleichheit, die jedoch oben bereits in abstracto ausgewertet wurden. Es gibt keinen gesicherten generalisierbaren Zusammenhang zwischen Einkommensniveau und Einkommensungleichheit. Folglich sollte sich die praktische Verteilungspolitik auch im Transformationsprozess eher auf die bekannten Determinanten von permanenter Einkommensungleichheit konzentrieren.

4.2.1.5. Zusammenfassung der Unsicherheit der allgemeinen Verteilungstheorie

Insgesamt ergibt sich ein epistemologischer Status der Verteilungstheorien, der wenig Anlass zu zielgerichteter Feinsteuerung der Einkommensverteilung biete. Denn, und dies gilt nicht nur rückblickend für die Zeit des Beginns der Transformationsprozesse, sondern auch noch heute, eine umfassende Theorie zur Erklärung von permanenter Einkommensungleichheit liegt nicht vor, geschweige denn ein getestetes Modell über ihre Entwicklung im Zeitablauf bzw. nach wirtschaftspolitischen Eingriffen.

Relativ sicher scheinen die oben beschriebenen stilisierten Fakten der Einkommensverteilung auch in Transformationsländern zu bestehen. Daraus folgt zumindest ein Bild über eine „natürliche" Einkommensungleichheit im Querschnitt, die sich allein aufgrund zufälliger und nicht-diskriminierender Faktoren ergibt. Jedoch erlauben diese stilisierten Fakten keine Aussagen über das Ausmaß der zu erwartenden „natürlichen" Einkommensungleichheit. Als relativ gesichert dürfen darüber hinaus Aussagen über die qualitative Wirkung einzelner oben genannten Determinanten der Einkommensverteilung gelten. Immer wieder erweisen sich Modelle mit allokativen Verzerrungen als plausibel und aussagekräftig. Offenbar tragen ineffiziente Märkte ein Gutteil zur Einkommensungleichheit bei, woraus sich mehr eine Unterstützung für die Allokationspolitik denn eine Forderung für die korrigierende Verteilungspolitik ableiten lässt. Unter den allokativ verzerrenden Faktoren ragen die diskriminierende Gestaltung des Bildungssystems und der Arbeitsmärkte sowie die allokativen Verzerrungen auf den Finanz- und Versicherungsmärkten heraus.

Insgesamt förderlich im Sinne einer besseren Akzeptanz temporärer Einkommensungleichheiten und einer schnelleren Überwindung derselben sind alle Maßnahmen zur Förderung der sozialen Mobilität, auch hier wieder Bildung an

---

486 Vgl. Atkinson (1997), S. 300 und S. 303 f.

vorderster Stelle und eine ergänzende nicht-diskriminierende Gestaltung von Arbeitsmärkten, angefangen vom Zugang zu öffentlichen Ausschreibungen.

4.2.2. Armutstheorien

Armut ist mehr als nur ein Teil der Einkommensungleichheit. Die Abschätzung der Unsicherheit der Armutstheorien greift zwar auf die oben erörterte Unsicherheit der Verteilungstheorien zurück, zeigt aber eigene unabhängige Aspekte, besonders hinsichtlich absoluter Armut. Der anfängliche Rückgriff auf Verteilungstheorien ist erforderlich, weil das Ausmaß der Armut wie auch ihre Reaktion etwa auf wirtschaftliches Wachstum abhängig sind von der konkreten Verteilung der Einkommen speziell unter oder nahe der Armutslinie. Änderungen der Einkommensverteilung können folglich den Abbau der Armut begünstigen oder erschweren. In der Regel besteht eine erhebliche positive Korrelation zwischen Änderungen des Ausmaßes der Einkommensungleichheit und solchen der Armut.[487] Der Rückgriff auf Verteilungstheorien ist zudem plausibel, da gerade die Verteilungstheorien mit allokativen Verzerrungen oder diskriminierenden Mechanismen prinzipiell auch in der Armutstheorie Anwendung finden müssen.

4.2.2.1. Skizzierter Vergleich zu den Verteilungstheorien

Auf den ersten Blick scheint die Unsicherheit der Armutstheorien bzw. die Schwierigkeit einer plausiblen umfassenden Theorie zur Erklärung der Entstehung und Persistenz von unfreiwilliger Armut geringer auszufallen als die einer Verteilungstheorie. Dies liegt an zwei wesentlichen Unterschieden:

- Armutstheorien müssen nach dem Fokus-Theorem nur die Einkommen unter der Armutslinie erklären, umfassen also in der Regel nur Teile der Bevölkerung.
- Zu den potentiell Armen gehört ein Personenkreis, der natürlicherweise nicht am Erwerbsprozess teilnehmen kann (Behinderte, Kinder, Ältere, länger oder chronisch Kranke). Diese Personen fallen, sofern sie nicht über hinreichende Vermögen verfügen oder Transfers erhalten, immer unter die Armutslinie, ohne dass es einer weiteren Erklärung der ökonomischen Wirkungsketten bedürfte. Zudem entfällt in diesen Fällen teilweise die Analyse der sozialen Mobilität.

Die genannten Unterschiede, welche die Schwierigkeiten der Armutstheorien relativ mindern, werden jedoch teilweise kompensiert durch epistemologisch nachteilige Aspekte der Armutsforschung:

---

487 Vgl. Besley und Burgess (2003), S. 11 sowie Lipton und Ravallion (1995), S. 2585.

- Die empirische Erfassung der Armen gestaltet sich schwieriger als eine Abschätzung der Einkommensungleichheit.[488] Allgemein muss an beiden Rändern der Einkommensverteilung mit größeren Erfassungsproblemen und mangelnder Auskunftsehrlichkeit gerechnet werden. Während in der Erfassung der Einkommensverteilung beide Aspekte einander entgegenstehen, sich also im idealen Fall kompensieren, kämpft die Armutserfassung nur mit dem schwer zu erfassenden unteren Rand.
- Im Bereich der absoluten Armut muss angenommen werden, dass die klassische ökonomische Marginalanalyse versagt. Denn der Unterschied, ob Menschen absolut arm sind oder über disponibles Einkommen verfügen, ist eben kein marginaler, sei er im Einzelfall auch noch so klein. Daher werden bei Personen unter oder an der Armutslinie auch verstärkt vermeintliche Verhaltensanomalien beobachtet, etwa Sprünge in den Einkommens- oder Preiselastizitäten der Nachfrage oder des Angebots, die mit ökonomischen Standardmodellen nicht erfasst werden können.

4.2.2.2. Trickle-Down-Effekt: Einführung

Armutstheorien, soweit sie sich mit Armut von prinzipiell erwerbsfähigen Personen beschäftigen, lassen sich im Rahmen der Diskussion des Trickle-Down-Effektes erörtern. „Trickle-Down", damit ist ein positiver Effekt für die Armen aufgrund einer Verbesserung der makroökonomischen Daten, etwa positives Wirtschaftswachstum, gemeint.[489] Das „Gegenkonstrukt" zum Trickle-Down-Effekt ist die Hypothese einer dauerhaften absoluten Verarmung („absolute impoverishment hypothesis"), nach der die Personen am unteren Ende der Einkommensskala keine Chance auf Aufwärtsmobilität haben.[490]

Beim Trickle-Down-Effekt geht es eigentlich um Effekte, die systemimmanent sind, nicht aber aufgrund einer Umverteilung entstehen.[491] Letztere werden immer wieder als Elemente des Trickle-Down bezeichnet,[492] müssen aber eigentlich losgelöst davon betrachtet werden, zumal der ökonomische Strukturzusammenhang zwischen höherem Volkseinkommen und potentiell mehr Mitteln für Transfers ohne weiteres einsichtig erscheint. Desweiteren soll Trickle-

488 Vgl. das Kapitel 3.

489 Vgl. Danziger und Gottschalk (1986).

490 Vgl. Ahluwalia (1976), S. 42 des Nachdrucks.

491 Vgl. Arndt (1983), S. 4 und 8. Darin liegt auch der wesentliche Unterschied zum „levelling process" nach Myrdal oder Kuznets.

492 Vgl. Sautter (1996), S. 140.

Down als rein armutspolitischer Effekt verstanden werden, unabhängig von den Wirkungen auf die Einkommensverteilung.[493]

Wie einführend konstatiert, kann Trickle-Down natürlicherweise nur die Personen erreichen, die am Wirtschaftsprozess teilhaben. Nicht-erwerbsfähige Personen können, sieht man vom Transfermechanismus ab, von steigendem Durchschnittseinkommen nur bedingt profitieren über Kapital- und Gütermärkte, nicht aber auf dem für die Erzielung der wichtigsten Markteinkommen der Armen zentralen Arbeitsmarkt.

Im Kern läuft die Trickle-Down-Hypothese auf das Argument von Stiglitz für langfristig nicht permanent ungleichverteilte Einkommen hinaus. Anders gesagt, permanente Armut von potentiell Erwerbsfähigen muss mit Marktunvollkommenheiten oder Diskriminierung erklärt werden. So stellte bereits von Eucken fest:

> „Sobald die Lenkungsmechanik der modernen Wirtschaft nicht funktioniert, verschärft sich die soziale Frage."[494]

Stärker noch Okun, der mit Blick auf Diskriminierungen festhält:

> „Indeed, across the spectrum of primitive, ancient, medieval, and modern societies, the market has been restricted more often to preserve unequal power and distinction for the few than to guarantee equal rights for the many."[495]

Diese Sicht läuft einer weit verbreiten Ansicht über den Marktprozess zuwider. Offenbar in Verkennung oder mangelnder Akzeptanz einer „natürlichen" Ungleichverteilung der Einkommen und vermutlich aufgrund wenig belegter Theorien über Armutsentstehung werden noch heute häufig Marktprozesse und damit die marktwirtschaftliche Ordnung an sich für vermeintlich inakzeptable Armutsausmaße verantwortlich gemacht. Nach von Hayek hat dies mit der Legende der Verelendung der Massen im beginnenden Liberalismus bzw. in der ersten Phase der Industrialisierung Anfang des 19. Jahrhunderts zu tun:

> „Die weitverbreitete emotionale Abneigung gegen den 'Kapitalismus' ist eng mit diesem Glauben verknüpft, dass das unbestreitbare Anwachsen des Reichtums - herbeigeführt durch die Wettbewerbsordnung - um den Preis eines gesenkten Lebensstandards der schwächsten Gesellschaftsschichten erkauft worden sei. Dass sich dies so verhält, wurde in der Tat einst weit und breit von den Wirt-

493 Vgl. Arndt (1983), S. 4.

494 Eucken (1952), S. 187. Der darin implizite grundsätzliche Optimismus über die egalisierende Wirkung einer offenen Gesellschaft wird in noch ausgeprägterer Weise von de Tocqueville geteilt (vgl. Pleschinski (1997)).

495 Okun (1975), S. 21.

schaftshistorikern gelehrt. Eine sorgfältigere Prüfung der Tatbestände hat jedoch zu einer gründlichen Revision dieser Lehrmeinung geführt. Nachdem aber nun diese Kontroverse entschieden ist, behauptet sich gleichwohl noch eine Generation später die alte Vorstellung im allgemeinen Glauben weiter fort."[496]

Die tatsächliche historische Entwicklung, die von Hayek beschreibt,[497] zeigt schon damals Mechanismen, die heute dem Trickle-Down-Effekt zugerechnet werden. Tatsächlich profitierten gerade die mittellosen Arbeiter durch steigende Realeinkommen aufgrund real sinkender Preise, durch mehr Chancen zur Erwerbsarbeit und durch höhere Produktivität aufgrund der Kapitalakkumulation der „Kapitalisten". Einen deutlichen Beleg für die Verbesserung des Loses der „Proletarier" sieht von Hayek in der Tatsache, dass diese vorher nur über das Subsistenzeinkommen oder weniger verfügten, während sie ab der Industrialisierung auch über Mittel für die Ernährung einer Familie verfügten, sich also fortpflanzen konnten. Freilich wuchs auch deshalb das Pro-Kopf-Einkommen der Arbeiterklasse nicht so schnell wie im Durchschnitt, aber mit positiver Tendenz. Er konzediert jedoch auch, dass in Einzelfällen (etwa für die Anbieter in „sterbenden" Industrien) wirkliche Problemlagen entstanden seien.[498] Handgreifliche historische Beispiele, wie die Lage der Weber und Bergleute in Schlesien und allgemein die der Landarbeiter, legen allerdings den Schluss nahe, dass es zu Verelendung kam, weil in den betroffenen Wirtschaftszweigen gerade nicht die Innovationen und Kapitalakkumulationen stattfanden, die andernorts zum Kennzeichen eines aufstrebenden „Kapitalismus" wurden.

4.2.2.3. Mechanismen des Trickle-Down

Obwohl sich die Armutstheoretiker mit einer formalisierten durchgängigen Theorie des Trickle-Down schwer tun, besteht doch allgemeine Akzeptanz für eine ganze Reihe von Mechanismen, die dem Trickle-Down zugerechnet werden. Dies sind Effekte, die dafür sorgen, dass ein absoluter Wohlstandsgewinn einer Person oder des Durchschnitts in einer Gesellschaft auch an andere Personen weitergegeben wird und zwar grundsätzlich ohne Ansehen deren Einkommensposition. Darunter können alle Effekte subsumiert werden, durch die Wirtschaftssubjekte von den Fortschritten einer anderen Person profitieren. Im engen Sinne ist dies immer gegeben, wenn die Verteilung von Einkommen nicht vollständig nach der Grenzproduktivität erfolgt, wenn zum Beispiel die Erfin-

---

496 Hayek (1955), S. 8 f.

497 Vgl. Hayek (1955), S. 12 f. sowie die dort angegebene Literatur: Clapham (1926); An Economic History of Modern Britain; Cambridge; und Hammond und Hammond (1934); The Bleak Age; revised edition: London: Pelican Books, 1947.

498 Vgl. Hayek (1955), S. 21.

dung einer Person positive externe Effekte – etwa die Steigerung der Arbeitsproduktivität anderer – generiert.[499] Im weiteren Sinne zählen aber auch alle über das Preissystem internalisierten Effekte dazu, etwa die Realeinkommenserhöhung aufgrund der Produktivitätssteigerung durch eine Innovation.

Die Zahl der formulierten Mechanismen des Trickle-Down Effektes umfasst nahezu alle denkbaren Transaktionsbeziehungen, die Wirtschaftssubjekte in einer modernen Volkswirtschaft eingehen. Einige Beispiele auf vier wichtigen Märkten mögen verdeutlichen, wie umfangreich die Effekte sind, mit denen scheinbar Unbeteiligte vom wirtschaftlichen Aufstieg Anderer profitieren können:

- auf dem Gütermarkt: Realeinkommensgewinne aufgrund vom real sinkendem Preis eines Gutes, in dessen Produktion
    - Produktivitätsgewinne von Anderen erzielt wurden,
    - Skaleneffekte durch größere Nachfrage Anderer generiert werden,
    - Synergieeffekte durch Innovationen Anderer oder durch Kuppelproduktion Anderer ausgeschöpft werden;
- auf dem Arbeitsmarkt:[500]
    - Beschäftigung mit Produktionsmitteln Anderer,[501]
    - Produktivitätssteigerungen aufgrund von Innovationen Anderer,
    - Reallohnsteigerungen aufgrund des beruflichen Aufstiegs Anderer bzw. des sektoralen Wandels, wodurch die relative Knappheit im eigenen Beruf verstärkt wird;[502]
- auf dem Markt für Wissen:[503]
    - Externe Effekte der Humankapitalakkumulation Anderer,
    - Lernen durch Abschauen von Anderen,
    - Verwenden von nicht mehr geschützten Patenten,
    - Praktisches Lernen durch Beschäftigung,
    - Verwenden von allgemein verfügbarem Wissen;
- auf den Finanzmärkten:[504]

---

499 Vgl. Okun (1975), S. 46 f.

500 Vgl. Danziger und Gottschalk (1986), S. 406 sowie Sautter (1996), S. 140.

501 Vgl. Aghion und Bolton (1993), S. 2 FN 2.

502 Vgl. Lipton und Ravallion (1995), S. 2605.

503 Vgl. Okun (1975), S. 4.

504 Vgl. Aghion und Bolton (1993), S. 2 sowie Besley und Burgess (2003), S. 15.

- Profitieren vom sinkenden Zinssatz bei größerem Kapitalangebot anderer,
- Profitieren vom Angebot der finanziellen Intermediation, das für Andere bereitgehalten wird,
- Profitieren von der Indikatorfunktion der Finanzmärkte, auch ohne eigene Beteiligung.

Es handelt sich bei all diesen Effekten um ökonomische externe Effekte, die im Gegensatz zu technologischen externen Effekten keiner Allokationskorrektur bedürfen.

4.2.2.4. Hemmnisse für den Trickle-Down-Effekt

Entscheidend für die Wirksamkeit dieser Mechanismen ist eine funktionierende Allokation von Gütern, Kapital, Wissen und Arbeit.[505] Umgekehrt führt die Beseitigung von Verzerrungen oder gar Diskriminierungen, etwa in sektoraler oder regionaler Hinsicht, in der Regel zu besonders ausgeprägtem Wachstum mit starkem Abbau von Armut.[506] Selbst ohne Berücksichtigung der oben per definitionem ausgeschlossenen Trickle-Down-Effekte durch im Wachstumsprozess potentiell zunehmende korrigierende Distribution gibt es Aspekte, in denen die wachsende „ökonomische Macht“ der Armen eine Rolle spielt. Grundlage ist die sich ändernde relative Knappheit ihrer Fähigkeiten.[507]

Die zahlreichen Mechanismen des Trickle-Down-Effektes wirken natürlich nur, wenn die Armen überhaupt am ökonomischen Leben partizipieren. Der allgemein stärkste Effekt, gemessen an der relativen Bedeutung dieses Faktors für das Gesamteinkommen der Armen, dürfte über den Arbeitsmarkt wirken.[508] Nicht-Erwerbsfähige können logischerweise nicht davon profitieren; unfreiwillig Arbeitslose nur bedingt.

An beiden potentiellen Hemmnissen, allokative Verzerrungen und Partizipation, kann man besondere Chancen für einen im Transformationsprozess besonders stark ausgeprägten Trickle-Down-Effekt festmachen. Das Gros der transformationspolitischen Maßnahmen konzentriert sich auf die Beseitigung von allokativen Verzerrungen und die Sicherung von Eigentumsrechten. Gerade letzteres gilt als Schlüsselgröße für die Beseitigung der unfreiwilligen Armut.[509]

Manche Kritiker verweisen auch auf die Armutswirkungen der ungleichen Einkommensverteilung, um die Aussagefähigkeit des Trickle-Down-Effektes in Frage zu stellen. Der Trickle-Down-Effekt konzentriere sich nur auf

---

505 Vgl. Lipton und Ravallion (1995), S. 2608.
506 Vgl. Lipton und Ravallion (1995), S. 2608.
507 Vgl. Kuznets (1955), S. 209 des Nachdrucks.
508 Vgl. Danziger und Gottschalk (1986), S. 410.
509 Vgl. Besley und Burgess (2003), S. 12.

Wachstum. Wachstum, das heißt die Zunahme des mittleren Einkommens, sei aber nur das erste Moment der Einkommensverteilung. Auch andere Momente – die Varianz, die Schiefe, die Kurtosis etc. – hätten Einfluss auf das Ausmaß der Armut.[510]

Natürlich hängt je nach Armutsmessung die tatsächliche Intensität des Trickle-Down-Effektes mitunter erheblich von der Verteilung der Einkommen unterhalb und nahe der Armutslinie ab.[511] Doch ist dies ein rein definitorischer Zusammenhang, der die Realität des Effektes nicht in Frage stellen kann. Es scheint durchaus denkbar, dass steigende Ungleichheit positive Armutswirkungen des Wachstums stark mindert.[512] Allein, es gibt keine plausible Darstellung, warum gerade Wachstum die Einkommensverteilung dergestalt ungleicher gestalten sollte, dass die zu erwartenden positiven Effekte des Trickle-Down-Effektes durch steigende Ungleichheit überkompensiert werden könnten. Die Gründe für steigende Ungleichheit der Einkommen dürften in der Regel nicht kausal mit dem Wachstum verknüpft sein, mit anderen Worten handelt es sich um die Wirkungen zweier unabhängiger Effekte.

4.2.2.5. Empirie

Die empirischen Studien zum Trickle-Down-Effekt belegen in weiter Übereinstimmung für eine breite Reihe von Ländern und Systemen einen strengen positiven Zusammenhang von Wirtschaftswachstum und Armutsminderung.[513] Die empirische Analyse der Wachstumswirkungen auf die höheren Momente der Armut (Tiefe und Ausmaß der Armut) zeigt sogar noch höhere Elastizitäten als die einfache Analyse der Zahl der Armen unter der Armutslinie.[514] Natürlich ist das Ausmaß des Zusammenhanges höchst unterschiedlich. Es hängt von der Art des Wachstums, den ordnungspolitischen Gegebenheiten und nicht zuletzt von dem Ausmaß der Armut ab. Je niedriger das Ausmaß der Armut ausfällt, desto geringer fällt die armutsreduzierende Wirkung des Wirtschaftswachstums relativ aus.[515] Die Elastizität der Armut auf Wirtschaftswachstum weist offenbar große Unterschiede im internationalen Vergleich auf, liegt aber in Entwicklungsländern in der Regel deutlich über eins.[516]

---

510 Vgl. Danziger und Gottschalk (1986), S. 406.

511 Vgl. Anderson (1964), S. 514 f.

512 Vgl. Danziger und Gottschalk (1986), S. 406 sowie Smolensky et alii (1994), S. 217 ff.

513 Vgl. Deininger und Squire (1996), Squire (1993), S. 378, Fields (1994), S. 100, S. 565, Perl und Solnick (1971), Thornton, Agnello und Link (1978), S. 390 ff., Hirsch (1980), Ganuza und Taylor (1998), S. 5, Birdsall und Londoño (1997), Ravallion (1995) sowie Ravallion (1997), S. 635.

514 Vgl. Lipton und Ravallion (1995), S. 2603 und 2606 f.

515 Vgl. Danziger und Gottschalk (1986), S. 410.

516 Vgl. Lipton und Ravallion (1995), S. 2603 sowie Birdsall und Londoño (1997), S. 35.

Auch die denkbare gleichzeitige Ausweitung der Einkommensungleichheit im Wachstumsprozess ist untersucht worden. Ähnlich der Fehlanzeige bei empirischen Studien zum Zusammenhang von Einkommensungleichheit und Einkommensniveau fehlt auch ein Nachweis eines signifikanten Zusammenhanges zwischen Wachstum und Einkommensungleichheit.[517] Dies bestätigt die oben erwähnte Plausibilitätsüberlegung. Generell gilt, dass Trickle-Down auch dann stattfindet, wenn das Wachstum mit höherer Einkommensungleichheit einhergeht.[518] Dabei sinkt natürlich ceteris paribus der Trickle-Down-Effekt mit gleichzeitiger Ausweitung der Einkommensungleichheit.[519]

Dabei scheint die Armut gemessen am Konsum elastischer auf Wachstum zu reagieren als die einkommensbasiert gemessene Armut.[520] Daneben scheinen soziale Indikatoren wie Gesundheitsversorgung, Kindersterblichkeit, Lebenserwartung oder Einschulungsquote in aller Regel positiv mit Wirtschaftswachstum zu korrelieren, was unzweifelhaft positive Auswirkungen auf die Intensität der Armut hat.[521] Möglicherweise wird die armutsreduzierende Wirkung des Wachstums gemessen an einem breiteren Wohlfahrtsindex unterschätzt, wenn auf einkommensbasierte Mechanismen rekurriert wird.

Einige Studien belegen die besondere Bedeutung der Arbeitsmarktbedingungen[522] wie eines diskriminierungsfreien Schulsystems[523] für einen wirksamen Trickle-Down-Effekt. Und sie zeigen den fehlenden Trickle-Down-Effekt auf Personengruppen, die nicht am ökonomischen Leben partizipieren.[524]

4.2.2.6. Zusammenfassung der Unsicherheit der allgemeinen Armutstheorie

Bei aller Vorsicht erscheinen trotz fehlendem Totalmodell die Erkenntnisse der Armutstheorie weniger unsicher und eher verwertbar als die der Verteilungstheorie. Dies gilt speziell im Fall der absoluten Armut.

Ein Teil der Armen sind nicht-erwerbsfähige Personen ohne hinreichend großen kompensierenden Vermögensbesitz oder ohne ausreichende Transferansprüche. Ihre sinnhafte Einbindung in das gesellschaftliche und ökonomische Leben und ihre Ausstattung mit Mitteln durch die Gemeinschaft sind Fragen, die nicht im Kern dieser Arbeit stehen. Man kann diese Fragen mithilfe von

---

517 Vgl. Deininger und Squire (1996), S. 565 und 587, Fields (1994), S. 100, Besley und Burgess (2003), S. 10 sowie Ravallion (1997), S. 635.

518 Vgl. Lipton und Ravallion (1995), S. 2606 sowie Smolensky et alii (1994), S. 217.

519 Vgl. Smolensky et alii (1994), S. 222, Squire (1993), S. 378 sowie Besley und Burgess (2003), S. 11.

520 Vgl. Ravallion (1995) und Besley und Burgess (2003), S. 8.

521 Vgl. Ravallion (1997), S. 634 sowie Sautter (1996), S. 141.

522 Vgl. Blank und Card (1993), S. 325.

523 Vgl. Besley und Burgess (2003), S. 14 sowie Birdsall und Londoño (1997), S. 35.

524 Vgl. Anderson (1964), S. 523 f.

Modellen der Transfereffizienz (Modelle vom Typ „b") erörtern. Es greift aus Sicht der universalen Menschenrechte und aus dem Ziel, ihnen ein Mindestmaß an materieller Freiheit zu bieten, die Pflicht des Staates zur Unterstützung. Über die Abwägungen zur Transfereffizienz hinaus gibt es praktisch keine plausible positive ökonomische Theorie zur Bestimmung des Anspruchsniveaus.

Daneben entsteht Armut – ähnlich wie persistente Einkommensungleichheit – durch Diskriminierungen oder allokative Verzerrungen. Denn aus theoretischer und empirischer Sicht ist die Wirksamkeit des Trickle-Down-Effektes über eine Fülle von Wirkungskanälen gut belegt und zu erwarten. Das heißt nicht, dass im Transformationsprozess keine zusätzliche (temporäre) Armut entstehen kann. Es zeigt aber die Wege zu ihrer zumindest langfristig kausaltherapeutischen Beseitigung auf.

Doch es ist stets an die wichtigste Vorbindung des Trickle-Down-Effektes zu erinnern: Die Teilnahme am wirtschaftlichen Leben einer Gesellschaft. Ohne den Abwägungen der Modellen der Transfereffizienz vorgreifen zu wollen, erscheint damit die schon moraltheortisch entwickelte Forderung nach zielgenauer rascher Beseitigung der absoluten Armut auch als Erfolgsfaktor für armutsbekämpfende Maßnahmen unabdingbar. Wenn es nicht möglich ist, absolute Armut unmittelbar zu beseitigen, so sind doch zugleich Maßnahmen geboten, um die mittel- bis langfristige Eingliederung der betroffenen Personen in den Wirtschaftsprozess wieder zu ermöglichen. Die wichtigsten Kanäle für derartige Maßnahmen sind analog den Mitteln, um die soziale Mobilität zu erhöhen: Bildungspolitik, Finanzmarktpolitik und funktionierende Arbeitsmärkte.[525]

4.3. Unsicherheiten der Modelle zur Transfereffizienz

Modelle vom Typ (b), also zur Transfereffizienz, beziehen sich auf den Zielkonflikt zwischen der Effizienz einer Wirtschaftsform und allen Bemühungen, die resultierende Einkommensverteilung gleichmäßiger zu machen. So argumentiert Okun:

> „Any insistence on carving the pie into equal slices would shrink the size of the pie. That fact poses the trade-off between economic equality and economic efficiency."[526]

Um das zu verdeutlichen, führt er die Leaky-Bucket-Metapher ein:

> „[…] the money must be carried from the rich to the poor in a leaky bucket."[527]

---

525 Vgl. oben in Abschnitt 4.2.2.5.

526 Okun (1975), S. 48.

527 Okun (1975), S. 91.

Hier nun, so fährt er fort, scheiden sich die Geister und Meinungen. Zum Einen gibt es einen Streit über die Größe der Löcher im Eimer und das Ausmaß des Zielkonfliktes. Zum anderen gibt es bleibende Präferenzunterschiede über die Frage, welchen Verlust (an Effizienz) man für ein bestimmtes Ausmaß an Umverteilung hinzunehmen bereit ist.[528] Letzteres soll allein der normativen Abwägung vorbehalten bleiben.

Aber die Auseinandersetzung über die Größe der Löcher im Eimer ist Gegenstand der positiven ökonomischen Theorie. Dabei sind drei verschiedene Ursachen der Löcher, präziser: des Staatsversagens in der Distributionspolitik, zu unterscheiden:[529]

(i) Die Mittel zur Umverteilung erreichen nicht alle Zielpersonen, und teilweise werden auch Nicht-Bedürftige versorgt.

(ii) Der Umverteilungsprozess an sich (Administration) kostet Ressourcen.

(iii) Die Umverteilung zeitigt bei Begünstigten wie Belasteten negative Anreizeffekte, etwa auf Arbeitsangebot, Spar- und Investitionsverhalten.

4.3.1. Zielungenauigkeit – Transfereffizienz i.e.S.

Das theoretische Konzept für die Erfassung von Zielungenauigkeit der umverteilenden Maßnahmen ist ein rein buchhalterisches.[530] Die dabei bestehenden Unsicherheiten sind allein auf mangelhafte Administration und Datenlage zurückzuführen. Wenn die Identifizierung der persönlichen Einkommensverteilung und der Armutslage gelingt,[531] das Datenproblem also hinreichend gelöst ist, ist auch die Zielgenauigkeit der Umverteilung mit gleicher Präzision messbar. Die Zielgenauigkeit der Maßnahmen,[532] also Vermeidung von Transfers an Nicht-Bedürftige („leakage“) sowie möglichst Versorgung aller Bedürftigen („coverage“) hängt von der Leistungsfähigkeit der Administration nicht zuletzt der untergeordneten Gebietskörperschaften sowie der Partizipation der Zielgruppe am gesellschaftlichen Diskurs ab.[533] Um die Zielgenauigkeit zu verbessern, liegen auch etliche getestete Vorschläge für substitutive Indikatoren vor.[534] Für diese, etwa die Zugehörigkeit zu einer sozio-ökonomischen Gruppe,

528 Vgl. Okun (1975), S. 91 f. und Gärtner (1994), S. 711.
529 Vgl. Okun (1975), S. 96 ff.
530 Siehe etwa „Beckerman's efficiency model“. Vgl. Mitchell (1991), S. 81.
531 Dieses Problem ist keineswegs trivial. Vgl. Squire (1993), S. 379.
532 Vgl. Lipton und Ravallion (1995), S. 2616.
533 Vgl. Lipton und Ravallion (1995), S. 2619.
534 Vgl. Lipton und Ravallion (1995), S. 2618.

gibt es darüber hinaus plausible Beschreibungen dafür, wann ergänzend eine Differenzierung innerhalb der Gruppe anzustellen ist.[535]

Man unterscheidet zwischen Transfereffektivität und Transfereffizienz (hier im engeren Sinne): Transfereffektivität ist die durch Transfers erzielte Armutsreduktion oder erzielte Reduktion der Einkommensungleichheit.[536] Transfereffizienz im engen Sinne ist das Verhältnis von Inputs (idealerweise Transfers plus administrative Kosten) zu Output (Reduktion des Ausmaßes der Armut oder der ungleichen Einkommensverteilung).[537]

Spezialfragen beschäftigen sich in diesen Überlegungen mit dem Anteil an Transfers, der von den Sozialleistungen in Form von Steuern und Abgaben wieder zurückgeholt wird („clawback").[538] Insgesamt misst man die tendenziell umverteilende Wirkung von Sozialleistungen wie auch von Steuern und Abgaben an der Progressivität.[539] Um daraus das Ausmaß der Umverteilung zu bestimmen, bedarf es jedoch noch der Berücksichtigung der durchschnittlichen Transferrate, also des Verhältnisses von Transfers zu Volkseinkommen.[540] Wenn es durch die Transfers jedoch zu Rangtauschen kommt, kann unter Umständen die erzielte Einkommensverteilung trotz hohem Ausmaß der Umverteilung nicht wesentlich gesunken sein.[541]

Die Unsicherheiten der Messung dieser Transfereffizienz im engeren Sinne sind prinzipiell gering, sofern eine leistungsfähige Verwaltung vorhanden ist und die Datenlage aktualisiert vorliegt. Ersteres muss für die Mehrzahl der Transformationsländer verneint werden; zwar verfügten sie bereits im Beginn der Transformation über eine ausgebaute Administration, doch war diese wenig erfahren in der Umsetzung von Umverteilungsmaßnahmen.[542] Letzteres trifft zusätzlich erschwerend auf die zahlreichen oben beschriebenen Probleme der Datenunsicherheit. Die Daten über das persönliche Einkommen liegen erst mit deutlicher Zeitverzögerung zum Prozess der Einkommenserzielung vor; sie sind durch den großen informellen Sektor wie durch die Realtransfers stark verzerrt.[543] Sie verändern sich zudem im Transformationsprozess deutlich schneller und erratischer, als dies sonst zu erwarten ist. Zahlreiche Rangtausche sollten auch ohne Fehltransfers auftreten. In diesem Umfeld eine allgemeine zielgrup-

535 Vgl. Ravallion (1996), S. 199 f.
536 Vgl. Mitchell (1991), S. 13 f.
537 Vgl. Mitchell (1991), S. 14.
538 Vgl. Mitchell (1991), S. 92.
539 Vgl. Mitchell (1991), S. 113 f. sowie Kakwani (1986) für die folgenden Überlegungen.
540 Vgl. Mitchell (1991), S. 115.
541 Vgl. Mitchell (1991), S. 115 f.
542 Vgl. Alexeev und Leitzel (2001), S. 1648.
543 Vgl. Alexeev und Leitzel (2001), S. 1648.

penspezifische Maßnahme mit hoher Transfereffizienz zu ergreifen, erscheint extrem schwierig.

Eine praktische Lösung des Problems ist die häufig wiedereingeführte Subventionierung von Existenzgütern für Teile der Bevölkerung über rationierte Vergabe mit langen Warteschlangen.[544] Die Zielgenauigkeit der Verteilung soll durch die Länge der Wartedauer gesteuert werden, denn nur wirklich Bedürftige nähmen eine lange Wartedauer in Kauf. Einkommensstärkere Personen wichen auf die Parallelmärkte mit höheren Preisen aus. Durch das Zulassen von Parallelmärkten würde die Verzerrung der Allokation begrenzt. Es bleiben freilich die Verzerrung der Zeitallokation von einkommensschwachen Personen sowie die Gefahr der Ausnutzung durch Arbitrage. Dieses Beispiel einer Hilfslösung für Distributionspolitik illustriert die Dimension der Schwierigkeiten der Transfereffizienz im Transformationsprozess. Es macht zugleich deutlich, dass eine gezielte Bekämpfung der absoluten Armut mit symptomtherapeutischen Mitteln bei pragmatischer Vorgehensweise höhere Transfereffizienz verspricht als die allgemeine Verteilungspolitik.

4.3.2. Kosten des administrativen Umverteilungsprozesses

Die Kosten des administrativen Umverteilungsprozesses dürften allgemein relativ leicht ermittelbar sein, soweit es sich um direkte Kosten handelt und soweit eine klare administrative Aufgabenteilung und damit Zuordenbarkeit von Kosten gegeben ist. Letzteres dürfte in Transformationsländern zumindest anfangs kaum gegeben sein, zumal die korrigierende Distributionspolitik als solche selten als explizite Staatsaufgabe vor der Transformation definiert war.[545]

Schwerer wiegen die Probleme der Erfassung und Prognose der administrativen Kosten, die sich aus den Eigeninteressen der Politik oder der Transferverwaltung ergeben.[546] Es gibt fünf allgemeine Bestimmungsgründe für ihre Höhe:

- mangelnde Konkurrenz der Verwaltung,
- mangelnde Transparenz in der Aufgabenerfüllung (einschließlich hoher Komplexität der Aufgabe),
- leichte Organisierbarkeit von Gruppen mit Partikularinteressen,
- längere Stabilität der institutionellen Rahmenbedingungen[547] und
- mangelnde Abschreckung der Rechtsfolgen bei korruptem Verhalten.

---

544 Vgl. auch zu den folgenden Sätzen Alexeev und Leitzel (2001), S. 1649.

545 Vgl. Milanovic (1995), S. 4.und tho Seeth (1997), S. 61.

546 Vgl. Luckenbach (2000), S. 376 ff. und S. 380 ff. sowie zu dem Folgenden allgemein: Blankart (1991), S. 137 f. und Olson (1969) und (1986).

547 Vgl. Kliemt (1995), S. 84 f.

In einer ersten qualitativen Abschätzung scheinen zwei dieser fünf Aspekte (Rechtsfolgen, Transparenz) für höhere administrative Kosten in Transformationsländern zu sprechen, die anderen drei Aspekte eher weniger. Besonders die Tatsache, dass mit dem Transformationsprozess der intensive Umbau und Neuaufbau von Institutionen verbunden ist, spricht gegen eine zu intensive systematische „Abschöpfung" des Transferhaushaltes durch eigentlich nichtbedürftige Interessengruppen. Zwar darf Korruption als weit verbreitet gelten, doch sind die Summen in den Transferhaushalten angesichts einer umfassenden „Umverteilung" der Eigentumsrechte in einer Gesellschaft von eher untergeordneter Bedeutung. Eine weitere Überlegung muss jedoch auch die Möglichkeiten der Bekämpfung von unproduktivem Rent-Seeking-Verhalten mit einbeziehen. Die Faktoren, die dieses eindämmen helfen – starke Zivilgesellschaft, moralische Normen, Konkurrenz um die Transfers[548] –, dürften in Transformationsländern weniger stark ausgeprägt sein. Zwar bedarf es der längeren Erfahrung mit Institutionen, um aktives Rent-Seeking-Verhalten zu erlernen und zu verbreiten. Doch bedarf es der mindestens ebenso langen Erfahrung der Zivilgesellschaft, um Mechanismen zur Vermeidung oder Eindämmung von Rent-Seeking-Verhalten zu erlernen und zu verbreiten. So korreliert zum Beispiel die Zeitdauer, die eine Gesellschaft unter einem kommunistischen Regime gelebt hat, als Indikator für die Schwäche einer Zivilgesellschaft mit der Intensität der Korruption in diesem Land nach Beginn der Transformation.[549] Hinzu kommt eine generell am Anfang des Transformationsprozesses unklare Property-Rights-Struktur.[550] Rent-Seeking kann folglich zumindest im Anfangsstadium der Transformation von größerer Bedeutung sein als in etablierten Wirtschaftssystemen, wenn auch die Anreize aus der allgemeinen Transformation größer sind als die aus der Distribution.

Zusammenfassend erscheinen die Unsicherheiten der Abschätzung administrativer Kosten distributiver Maßnahmen im Transformationsprozess mit den erprobten Verfahren aus westlichen Industriestaaten hinreichend beherrschbar, da plausible Annahmen darüber vorliegen. Praktisch jedoch muss sich die korrigierende Distributionspolitik auf deutlich höhere administrative Kosten einstellen. Ob auch diese als beherrschbar gelten dürfen, hängt im Wesentlichen von der Leistungsfähigkeit und Unabhängigkeit der Administration ab.

Die administrativen Kosten einer rein symptomtherapeutischen und möglicherweise nicht auf Dauer angelegten Bekämpfung absoluter Armut sollten c.p. deutlich unter denen der allgemeinen Distributionspolitik liegen. Dies liegt vor allem an der klaren Abgrenzbarkeit der Zielgruppe und den nach Zahl und

548 Vgl. Lipton (1995), S. 19 f.
549 Vgl. Treisman (2002), S. 22 sowie Pritzl (1997).
550 Vgl. Shleifer (1995), S. 100 und Stahl (1995), S. 74 f.

Komplexität eher eingrenzbaren Instrumenten der Politik zur Senkung absoluter Armut.

4.3.3. Anreizeffekte distributiver Maßnahmen

Die Erörterung der Anreizeffekte distributiver Maßnahmen ist der wohl am stärksten umstrittene Aspekt der Transfereffizienz im weiteren Sinne, weil auch die Probleme seiner Modellierung weit davon entfernt sind, als gelöst zu gelten.[551] Es liegen nur wenige getestete Modelle über Anreizeffekte der Umverteilungsmaßnahmen auf Begünstigte wie Belastete überhaupt vor.[552] Diese Modelle machen die Rückkoppelung von den Zielpersonen politischer Aktionen auf die politischen Ziele explizit zum Erkenntnisgegenstand, ein „Nebenaspekt", der bis in die jüngere Zeit hinein oft vernachlässigt wurde.[553] Erst mit dieser Form der Analyse wird die auf John Stuart Mill zurückgehende gedankliche Trennung von Produktion und Verteilung des Volkseinkommens gleichsam gedanklich wieder rückgängig gemacht.[554]

Die Modellierung muss über die rein technische, meist unstrittige, mikroökonomische Instrumentendiskussion hinausgehen, welche den einzelnen Instrumenten mehr oder weniger große Anreizeffekte beimisst.[555] Die Modellierung ist schwierig, weil es mehrere sich überlappende Effekte gibt, die zudem weit über die Grenzen der eigentlichen Verteilungstheorien hinausgehen; teilweise werden allgemeine Fragen der Wachstumstheorie tangiert. Die Liste der negativen Rückwirkungen von distributiven Maßnahmen beginnt mit negativen Anreizen zur Einkommenserzielung auf Seiten der Transferempfänger.[556] Dabei geht es neben den unmittelbar kurzfristigen Verhaltensänderungen (Arbeitsanreize) auch um die langfristigen Anreize zum Sparen oder Investieren einschließlich der Ausbildung, die als langfristige Humankapitalanlage aufgefasst werden kann.[557] Die Übertragbarkeit von Erkenntnissen über Anreizeffekte distributiver Maßnahmen in Industrieländern auf Transformationsländer ist aufgrund der strukturellen Unterschiede fraglich. Erste Hinweise deuten tendenziell auf größere Anreizprobleme hin.[558]

---

551 Vgl. Atkinson und Micklewright (1992), S. 18.

552 Vgl. Squire (1993), S. 379.

553 Damit widmen diese Modelle sich explizit einer wichtigen Quelle der Ungewissheit traditioneller Prognosen. Vgl. Luckenbach (2000), S. 365.

554 Vgl. Phelps-Brown (1988), S. 469.

555 Vgl. Squire (1993), S. 379, Atkinson (1987), S. 933, Lipton (1995), S. 18 sowie Milanovic (1996a), S. 125.

556 Vgl. Squire (1993), S. 379.

557 Vgl. Okun (1975), S. 96 ff.

558 Vgl. Filer und Hanousek (2002), S. 226 sowie Feldmann (2002).

Weiter gilt als negativer Effekt der Umverteilung, dass dadurch teilweise private Transfers durch öffentliche verdrängt werden.[559] Tatsächlich spielen private Transfers in den Transformationsländern eine ähnlich signifikante Rolle wie in westlichen Staaten[560] und zeigen in der Regel auch eine dämpfende Wirkung auf die Einkommensungleichheit.[561] Wiederum gilt, dass auch andere Faktoren eine Rolle spielen und nicht per se von westlichen Staaten mit relativ stabilem Ordnungsrahmen auf Transformationsländer geschlossen werden kann.

Auf der Gegenseite widmen sich die Proponenten der Distributionspolitik auch dem Nachweis, dass neben der von Okun konstatierten Zielkonkurrenz mitunter auch Zielkomplementarität besteht. Die Argumentation dreht sich im Kern um

- Aspekte der Humankapitalbildung,
- reduzierte Eintrittsbarrieren in Erwerbsarbeit,
- verringerte Spar- und Investitionsquoten aufgrund von Finanzmarktunvollkommenheiten,[562]
- denkbare negative Auswirkungen der Einkommensungleichheit auf die politische und makroökonomische Stabilität,[563]
- fiskalische Kosten für Distribution und höhere Budgetdefizite aufgrund einschlägiger Präferenzen des Medianwählers,[564]
- effizienzsteigernde Wirkungen sozialer Stabilität[565] und nicht zuletzt um
- die Akzeptanz einer marktwirtschaftlichen Ordnung.[566]

Am ehesten dürften anreizkompatible Instrumente in der Bekämpfung der absoluten Armut zu finden sein, wenn es denn gelingt, die Hoffnung auf eine eigenständige Partizipation am ökonomischen Leben und auf eigenes Einkommen oberhalb der Armutslinie glaubhaft zu vermitteln.

---

559 Vgl. Squire (1993), S. 380.

560 Vgl. Cox, Jimenez und Okrasa (1997), S. 197 FN 10, Klugman und Braithwaite (1998), S. 54 sowie Worldbank (1996), S. 74.

561 Eine Ausnahme zeigt eine Studie über private Transfers in China, welche in dem betrachteten Zeitraum eine regressive Wirkung aufwiesen. Vgl. Gustafsson und Shi (1997), S. 224.

562 Vgl. Birdsall und Londoño (1997), S. 34.

563 Vgl. Birdsall und Londoño (1997), S. 34.

564 Vgl. Heer und Schapert (1996), S. 625 und ihre Beschreibung des Modells von Alesina und Rodrik (1990) sowie Birdsall und Londoño (1997), S. 34.

565 Vgl. Streeten (1993), S. 1284 und S. 1294, Utz (1995), S. 422 sowie Klump (2004), S. 362.

566 Vgl. Meade (1964), S. 75 f.

Aus der Abwägung positiver wie negativer Effekte könne sich ein Optimum für sozialpolitische Eingriffe ergeben, wären die Effekte nur quantifizierbar.[567] Tatsächlich liegen für die meisten dieser Effekte nur qualitative Tendenzaussagen vor, die manchmal auch noch in ihrer Wirkungsrichtung umstritten sind. Mehr noch, aus den Modellen, die eine negative Wirkung der ungleichen Einkommensverteilung auf Wachstumsprozesse konstatieren, ergibt sich nicht automatisch die Folgerung einer korrigierenden Einkommensverteilung. Dies gilt speziell für neuere Modelle mit indirekten Auswirkungen auf ordnungspolitische Fragen, etwa aufgrund mangelnder Akzeptanz der marktwirtschaftlichen Ordnung oder marktwirtschaftlichen Reformen. Diese Modelle zeigen nicht den positiven Beitrag einer korrigierenden Distributionspolitik, sondern lediglich den denkbaren negativen Beitrag der ungleichen Einkommensverteilung.[568] Die Ursachen für die negative Wachstumswirkung liegen in diesen und anderen Fällen hinter dem Symptom der ungleichen Einkommensverteilung.[569] Ihre Bekämpfung bedarf demnach auch nicht zwingend der Distributionspolitik.

Diese Skepsis wird auch durch die Empirie bestätigt. Aus einer undifferenzierten Querschnittsanalyse lässt sich je nach Zeitraum eine leichte negative Korrelation zwischen ungleicher Einkommensverteilung und Wachstumsrate nachweisen.[570] Doch offenbar zeigt sich dieser Effekt nicht mehr, wenn die Gruppe der lateinamerikanischen Länder mit ihrer extrem hohen Einkommensungleichheit separiert wird.[571] Neuere Ergebnisse zeigen zudem, dass die Messprobleme der Ungleichheit auch empirische Studien über Effekte der Ungleichheit auf Wachstum zweifelhaft werden lassen.[572]

Etwas klarer scheinen die Analysen hinsichtlich der Bekämpfung absoluter Armut. Der zielgerichteten Armutspolitik wird zumindest im Bereich der absoluten Armut eine wachstumsfördernde und verteilungspolitisch erwünschte Wirkung beigemessen. Dies gilt besonders für das Gewähren eines Minimums an ökonomischen Partizipationsrechten für alle Haushalte[573] ebenso wie für die Grundversorgung durch eine soziale Infrastruktur mit Gesundheitsdienstleistungen und Schulen.[574]

Zusammenfassend muss – bis auf die Bekämpfung der absoluten Armut etwa durch eine elementare soziale Infrastruktur – eine bislang unbefriedigende

---

567 Vgl. Klump (2004), S. 362 sowie Harbrecht und Reichel (1998).
568 Vgl. Lipton (1995), S. 17.
569 Vgl. Keane und Prasad (2001), S. 52 f.
570 Vgl. Heer und Schapert (1996), S. 626.
571 Vgl. Fishlow (1996), S. 35 ff. sowie Birdsall und Londoño (1997), S. 35.
572 Vgl. Jäntti und Sandström (2005), S. 2.
573 Vgl. Besley und Burgess (2003), S. 4.
574 Vgl. Squire (1993), S. 380 f.

Erkenntnislage hinsichtlich der Anreizeffekte distributiver Maßnahmen konstatiert werden. Diese Unsicherheit in der ökonomischen Wirkungsanalyse dürfte im Falle der Transformationsländer noch größer ausfallen, da dort nicht auf stabile gesellschaftliche Strukturen und erprobte Verhaltensweisen zurückgegriffen werden kann.

4.3.4. Zusammenfassung

Zusammenfassend für die gesamte Analyse der Unsicherheit der Modelle zur Transfereffizienz im weiteren Sinne zeigt sich ein hohes Maß an Unsicherheit, das zudem durch die Besonderheiten des Transformationsprozesses erheblich verschärft wird:

- Transfereffizienz im engeren Sinne:
  - Unsicherheit hängt an der Qualität der Datenlage und der Verwaltung,
  - dürfte deutlich über der Unsicherheit in etablierten Marktwirtschaften liegen,
  - Unsicherheit lässt sich durch Hilfsverfahren im Fall der Bekämpfung der absoluten Armut signifikant verringern.
- Kosten der Administration:
  - Abschätzung der Unsicherheit im Rahmen der erprobten Modelle,
  - ihr Ausmaß ist jedoch prinzipiell höher,
  - ihre Beherrschbarkeit ist von der Leistungsfähigkeit und Unabhängigkeit der Verwaltung abhängig,
  - und für gezielte Maßnahmen der Bekämpfung absoluter Armut relativ leicht begrenzbar.
- Anreizeffekte
  - Gute Abschätzung der Instrumentenwirkungen,
  - aber hinsichtlich der langfristigen Anreizeffekte praktisch nur qualitative Abschätzungen möglich,
  - etliche Modelle, die negativen Zusammenhang zwischen ungleicher Einkommensverteilung und Wachstum konstatieren, aber nicht überzeugend empirisch zu belegen vermögen und ebenso wenig Wirkungen der Distributionspolitik zeigen,
  - transformationsspezifische Zunahme der Unsicherheit zu erwarten,
  - zugleich geringere Probleme für die Bekämpfung der absoluten Armut.

4.4. Unsicherheiten transformationstheoretischer Modelle

Modelle des oben eingeführten Typs „c", also Modelle über distributive Wirkungen des Transformationsprozesses liegen streng genommen nicht vor. Mangels plausibler Totalmodelle der Transformation, deren distributive Wirkungen erörtert werden könnten, kann sich die Analyse der Unsicherheiten transformationstheoretischer Modelle nur auf vorgelagerte Fragen beziehen. Daher wird im Folgenden zunächst die generelle Kritik der Transformationstheorie dargelegt. Danach sollen Einschränkungen der Modellierbarkeit im Transformationsprozess beschrieben werden.[575]

4.4.1. Kritik der Transformationstheorie

Die Kritik an der Transformationstheorie lässt sich durch ein allgemeines Raster zur Ermittlung der Vorzugswürdigkeit von Theorien systematisieren:

Eine Theorie

(i) muss falsifizierbar sein,

(ii) muss sich bewährt haben (darf nicht falsifiziert worden sein),

(iii) sollte eine möglichst große Allgemeinheit, also einen großen Anwendungsbereich umfassen und

(iv) sollte eine möglichst große Präzision, das heißt einen geringen logischen Spielraum und großen Informationsgehalt in ihren Aussagen haben.[576]

Zu (i): Die Transformationstheorie wie auch die ihr zugrunde liegende Ordnungstheorie, ist nur dann eine Theorie im erkenntnistheoretischen Sinne, wenn die Möglichkeit der Falsifizierbarkeit gegeben ist. Die Falsifizierbarkeit hängt vom Grade der Präzision ihrer Vorhersagen ab. Verbleibt die Transformationstheorie im Bereich der abstrakten Beschreibung eines Begriffssystems ohne Operationalisierbarkeit und ohne konkreten Prognosecharakter, wird der Vorwurf der mangelnden Falsifizierbarkeit schwerlich zu widerlegen sein. Geht die Transformationstheorie dagegen über in den Bereich der konkreten Politikempfehlungen und evtl. sogar der Quantifizierung der Kosten transformationspolitischer Fehler, dann wird ihr die Falsifizierbarkeit nicht abzusprechen sein. Da diese Möglichkeit grundsätzlich besteht, ist der transformationstheoretische Ansatz per se nicht zu verwerfen.

---

575 Beiden Aspekten kommt freilich eine über den engen Argumentationszusammenhang hinausreichende Bedeutung auch für andere Modellkritiken zu, auf deren gesonderte Erwähnung in der Regel verzichtet wurde.

576 Vgl. Tietzel (1991), S. 24 f.

Zu (ii): Der Bewährungsgrad einer Theorie ist prinzipiell und insbesondere, wenn es sich um eine wenig präzise Theorie mit Vorhersagen für lange Fristen handelt, nur schwer zu ermitteln.[577] Im Rahmen einer ausschließlich empirischen Studie könnte diese Frage aufgegriffen werden.

Zu (iii): Eine geringe Allgemeinheit kann der Transformationstheorie nicht vorgeworfen werden.

Zu (iv): Dagegen kann der mangelnde Informationsgehalt vieler ihrer Aussagen beklagt werden. Doch beschreibt die Transformationstheorie wie die Ordnungstheorie weniger quantifizierbare Größen, sondern eher Konstruktvariablen, für welche Erkennungs- oder Identifikationshilfen mitgeliefert werden müssen.[578] Prinzipiell ist sie deshalb nicht abzulehnen. Es ist zu konzedieren, dass die „alte" Ordnungstheorie, es aufgrund ihres eher pragmatischen Charakters versäumt hatte, ein axiomatisch strenges Gedankengebäude aufzubauen. Sie geriet daher auch durch die Neue Institutionenökonomik und ihr umfassendes analytisches Instrumentarium unter Druck.[579] Nach von Hayek kann für eine derartige Theorie statt von „Voraussage" oder „Prognose" eher von „Orientierung" und statt von „Erklärung" eher von „Prinziperklärung" gesprochen werden.[580]

Wenn der Bewährungsgrad einer Theorie nicht festgestellt ist, konzentrieren sich Kritiker häufig auf die Annahmenkritik. Dabei sind drei Formen der Annahmenkritik denkbar:

- Kritik der Konsistenz des Modells und Kritik der Kohärenz mit anderen (nicht falsifizierten) Theorien. Dieser Kritik muss sich die Transformationstheorie uneingeschränkt stellen.
- Kritik der vereinfachenden Annahmen. Dies ist gleichbedeutend mit Kritik der Methode der isolierenden Abstraktion und muss, da kein Modell realitätsgerecht sein kann, prinzipiell als unzulässige Kritik zurückgewiesen werden.
- Kritik der Annahmen, die die Struktur der Erklärung ausmachen. Dies ist die eigentliche Kritik im wissenschaftlichen Diskurs.

Die Kritik an der Transformationstheorie setzt an ihrer Basis, der „alten" Ordnungstheorie, an. Sie konzentrierte sich in ihrer abstraktesten Form auf die drei

577 Vgl. Chalmers (1982), S. 71 ff.

578 Vgl. Schenk (1982), S. 9, der dazu den Begriff der „weichen Modelle" aus der statistischen Methodenlehre heranzieht.

579 Vgl. Ribhegge (1991), S. 39.

580 Zitiert nach Malik (1984), S. 208. Zum Problem der Vorhersehbarkeit vgl. auch Hayek (1981), S. 17 ff.

Elemente – Interdependenztheorem, Unvereinbarkeitsthese und Bipolarität – an.[581]

Die scharfe Form des Interdependenztheorems könne empirisch als widerlegt gelten.[582] Die allgemeinere Fassung, dass die Ziele der Wirtschafts- und Gesellschaftspolitik sich bei übereinstimmender Wirtschafts- und Gesellschaftsordnung besser erreichen ließen, bedürfe noch einer inhaltlichen Präzisierung. Da dem zugestimmt werden kann, wird das Interdependenztheorem in seiner allgemeinen Form vertreten.[583]

Da die Unvereinbarkeitsthese von systemfremden Elementen mit einer Ordnungsform rein theoretisch nur Idealtypen hätte zulassen dürfen, realiter aber sehr wohl „Mischsysteme" zu beobachten waren, wurde sie als widerlegt angesehen. Die Entgegnungen der Transformations- und Ordnungstheoretiker, statt von der Unvereinbarkeit nur von der Dominanz zu sprechen, erscheinen sehr ideologieverdächtig. Da aber mit der Aufgabe der Unvereinbarkeitsthese auch die Bipolarität nicht mehr haltbar schien, wurden diesbezüglich vielfältige Verbesserungsvorschläge eingebracht. Dies betraf sowohl die Erweiterung der systemkonstituierenden Elemente als auch ihrer dichotomen Ausprägung. Insbesondere die Differenzierung in Eigentumsordnung und Planungsordnung schien einigen Kritikern als eindeutige Verbesserung.[584] Dabei wurden - in Anlehnung an die Property-Rights-Theorie - die Eigentumsordnung über die Gestaltung der Verfügungsrechte und die Planungsordnung über die Gestaltung der Handlungsrechte definiert. Damit scheinen Ordnungs- und Transformationstheorie jedoch an interner Konsistenz zu verlieren. Die schwächere Formulierung der Unvereinbarkeitsthese impliziert nicht mehr die völlige Unvereinbarkeit, sondern ökonomisch suboptimale Ergebnisse durch Fehlallokationen aufgrund systemfremder Elemente. Die Theorie mag damit zu verteidigen sein, verliert aber weiter an Präzision.

Bleibt schließlich noch die Bipolarität, die über das Konstrukt einer „Letztentscheidungsregel"[585] mit bipolarer Ausprägung verteidigt werden kann. So stringent diese Idee in eine transformationspolitische Erörterung passt, so fern ist sie jedoch jeder empirischen Beobachtbarkeit.

Zusammenfassend lässt sich die Transformationstheorie wie die ihr zugrunde liegende Ordnungstheorie sehr wohl grundsätzlich als Teil der ökonomischen Theorien rechtfertigen. Jedoch gehört sie eher zu jenen Theorien,

- die empirisch schwieriger zu überprüfen sind,

---

581 Vgl. Lösch (1975).

582 Vgl. Ritter (1995), S. 236 f.

583 Vgl. European Bank for Reconstruction and Development (Hrsg.), (2000), S. 4 f.

584 Vgl. Kloten (1989).

585 Vgl. Kapitel 1.

- die Aussagen mit geringer Präzision treffen,
- die eher Prinziperklärungen als konkrete Kausalketten bieten,
- deren Erklärungshorizont tendenziell sehr lange reicht,
- deren Konsistenz in einigen Fällen noch erklärungsbedürftig erscheint, weil die Realität eben keine Idealformen ordnungspolitischer Systeme kennt und Mischsysteme scheinbar gegen die Gültigkeit der Theorie als solcher sprechen und
- bei der die Grenze zwischen ihrer normativen und ihrer positiven Ausprägung aufgrund der Nähe zur Wirtschaftspolitik leichter verschwimmt als bei anderen Theoriegebäuden.

All diese Faktoren sprechen für eine tendenziell größere Unsicherheit aller transformationstheoretischen Argumentationen.

4.4.2. Schwierigkeiten der Modellierbarkeit im Transformationsprozess

Über die grundsätzliche Kritik der Transformationstheorie hinaus gibt es eine Reihe von Faktoren, die eine Modellierbarkeit von ökonomischen Wirkungsketten im Transformationsprozess erschweren und gleichzeitig die einfache Übertragung von getesteten Verhaltensannahmen aus etablierten westlichen Ländern fraglich werden lassen.

Die Schwierigkeiten beginnen mit dem Grundproblem, dass die Bedingungen für eine funktionierende Marktwirtschaft erst nach und nach zu schaffen waren, mithin also Modelle, die in marktwirtschaftlichen Staaten getestet waren, nicht übertragbar sind. Im einfachsten Fall gehört dazu eine hinreichende Zahl an Anbietern und Nachfragern auf einzelnen Märkten, um Wettbewerb zu initiieren.

Hinzu kommt eine kulturabhängige Akzeptanz und daher temporär unterschiedliche Wirkung ordnungspolitischer Maßnahmen.[586] Andererseits war kein zeitnaher Vergleich mit anderen Staaten möglich, da es sich um ein in dieser Dimension einmaliges Experiment handelt. Andere Staaten in ähnlicher Lage durchliefen ebenfalls das Experimentierstadium. Um deren Situation als Referenzwert zu nehmen, müssten die zum Teil deutlich unterschiedlichen Transformationssequenzen und die Ausgangslange gewürdigt werden. Gerade die Ausgangslage hatte erheblichen Einfluss auf den Transformationsfortschritt über fast die gesamten 1990er Jahre.[587] Nicht zuletzt muss auch die zeitlich überlappende Wirkung der verschiedenen Maßnahmen berücksichtigt werden.

---

586 Vgl. Föcking (1996), S. N6.

587 Vgl. European Bank for Reconstruction and Development (2000), S.30 ff.

Die Schwierigkeiten der Formulierung von plausiblen Verhaltensannahmen resultieren aus den besonderen Strukturen der Transformationsländer vor der Transformation:

- Rationales ökonomisches Verhalten konnte in ehemals zentralplanwirtschaftlichen Staaten, abseits der erklärbaren „Rent-Seeking-Strategien", nicht unmittelbar als weit verbreitet vorausgesetzt werden, da dort Wahlmöglichkeiten für einzelne zum Teil sehr persönliche Entscheidungen in vielen Fällen stark begrenzt bzw. nicht erlaubt wurden.
- Eine hohe Risikoaversion mit schwach ausgeprägter Langfristorientierung aufgrund dirigistischer Markteinflüsse und hoher Korruption war zu erwarten.[588]
- Ausgeprägte Informationsasymmetrien und zahlreiche mehrschichtige Prinzipal-Agent-Strukturen mindern auch auf der Angebotsseite die Anwendbarkeit der Gewinnmaximierungsregel als Verhaltensannahme.
- Das hohe Ausmaß absoluter Armut bedeutet, dass zahlreiche ökonomische Anreize nicht-marginale Effekte zeitigen, sich also der üblichen Marginalanalyse entziehen. Denn unterhalb der Armutslinie muss das existentielle Überleben des aktuellen Tages eine übergroße Bedeutung erlangen. Ökonomisch nüchterner kann man dies an den sprunghaften Veränderungen der Preis- und Einkommenselastizitäten von Nachfrage und Angebot im Bereich der absoluten Armutslinie oder an inversen Reaktionen etwa auf Preisänderungen bei Grundnahrungsmitteln erkennen.[589]
- Ökonomische Anreize wirkten möglicherweise temporär unterschiedlich, weil keine Vertrautheit mit den Indikatoren in einer Marktwirtschaft hinsichtlich ihrer Bedeutung bestand. Konsumpreise, Zinsen und Wechselkurse waren in der Regel langjährig fixiert, so dass weder Anbieter noch Nachfrager Erfahrung im Umgang mit flexiblen Preisen hatten.[590]
- Ebenso minderte sich mit dem Umbruch durch die Transformation die Indikatorwirkung von qualitativen Merkmalen (Zeugnissen, Erfahrungen aus der Berufstätigkeit) in einigen Fällen erheblich.

Nicht zuletzt besteht eine Unsicherheit aus der Verzerrung des Systems relativer Preise. Dies bezieht sich auf den Ausgangszustand und das Ausmaß der Abweichung der relativen Preise von fundamental gerechtfertigten Preisen

---

588 Vgl. Hemmer (1988), S. 301, der dies jedoch ohne Bezug auf Transformationsländer konstatiert.

589 Vgl. Hemmer (1988), S. 300.

590 Vgl. Kornai (2006), S. 229.

sowie auf die Bewegungen. Es kann in den Wirrnissen der Transformationspolitik zu mehrfachen Richtungswechseln der relativen Preise kommen, weil second- und third-best-Lösungen angestrebt werden müssen, um größere Verwerfungen an anderer Stelle zu vermeiden. Ganz zu schweigen von dem Problem des Überschießens und der variierenden Geschwindigkeit der relativen Preise in Richtung ihrer fundamental gerechtfertigten Niveaus. Nicht zuletzt ist es selbstverständlich, aber gleichwohl für die praktische Politik erschwerend, dass sich das fundamental gerechtfertigte System relativer Preise selbst im Laufe eines Transformationsprozesses erheblich ändert, auch mit mehreren Richtungswechseln.

Unter allen Preisen kommt den Zinsen sowie dem Wechselkurs eine hervorragende Bedeutung zu. Gerade für diese Preise lassen sich große Unsicherheiten konstatieren. Die Wechselkursbildung war vor der Transformation erheblich verzerrt und blieb es, besonders aufgrund der Beschränkungen der Konvertibilität der Währungen. Selbst eine auf Grundströmungen beschränkte Grobschätzung liefert kein plausibles Bild über die zu erwartenden Auf- oder Abwertungen. Etwas einfacher wird es, wenn man sich in der Betrachtung auf die zu erwartende Wechselkursentwicklung gegenüber westlichen Hartwährungen beschränkt. Zunächst einmal ließen der Zusammenbruch des COMECON und die geringe internationale Wettbewerbsfähigkeit der meisten vormaligen Exportprodukte der Transformationsländer eine Abwertung ihrer Währungen erwarten. Zu erwartende ausländische Direktinvestitionen und der Balassa-Samuelson-Effekt im Zuge des aufholenden Wachstums sollten dagegen im Laufe der Zeit Aufwertungsdruck auf die Währung aufbauen. Letzteres setzte freilich voraus, dass der Anstieg der Arbeitsproduktivität nicht durch Lohnanstiege überkompensiert würde. Doch die regionale Nähe und die historisch etablierten Beziehungen sollten erwarten lassen, dass die Wechselkurse zwischen den Währungen der Transformationsländer für die Berechnung des effektiven Wechselkurses nicht unwichtig werden sollten. Daher verbleibt ein außerordentlich hohes Maß an Unsicherheit über den effektiven Wechselkurs eines Landes, das der Natur der Sache nach für den realen effektiven Wechselkurs noch größer ausfällt. Schlimmer noch als die unsichere Erwartungsbildung hinsichtlich der Wechselkurse, musste die mangelnde Erfahrung der Banken und Unternehmen im Umgang mit Wechselkursrisiken angesehen werden.

Ähnlich ausgeprägt sind die Unsicherheit über die Zinsentwicklung und plausible Verhaltensannahmen dazu. Vor der Transformation gab es keine etablierte freie Zinsbildung, ja oft genug eine Fixierung des Zinses. Die Monetisierung war relativ niedrig und die Breitenwirkung der Finanzbranche gering. Der eingeschränkte Zugang zu Finanzdienstleistungen wie das mangelnde Vertrauen in Kreditinstitute sorgten für eine hohe Liquidität sowie für relativ hohe Bargeldbestände in Hartwährungen zur Wertaufbewahrung. Die Finanzmärkte spielten in Transformationsländern eine untergeordnete Rolle. Dies wirkt sich besonders nachteilig aus, weil die Allokation über die Finanzmärkte den Vorteil hat, dass Mengen und Preise veröffentlicht werden, also Marktindikatoren auch für nicht direkt Beteiligte bereitgestellt werden. Daneben kann den Kreditinstituten in Transformationsländern eine mangelnde Erfahrung in der risikogerechten Bepreisung sowie in der Anwendung und Absicherung von Zinsrisiken unterstellt werden. Es fehlte überdies an einer entwickelten Kreditkultur.

In der Langfristperspektive werden diese Probleme ausgeprägter, denn eine Langfristkultur war in den Transformationsländern ursprünglich nur schwach entwickelt. Vor der Transformation fehlte dort die übliche Orientierung für den langfristigen Realzins. Denn dies hätte rationale plausible langfristige Erwartungen über Inflation und Wachstumspotential bedingt. Überhaupt war mangels liquider Produkte über den Laufzeitenfächer keine normale Zinsstrukturkurve ausgebildet.

4.5. Unsicherheiten verfügbarer Partialmodelle in der Transformationstheorie

Im Folgenden wird die Unsicherheit von Modellen über die distributiven Wirkungen einzelner transformationspolitischer Maßnahmen erörtert. Aus der Fülle der denkbaren Maßnahmen sollen die oben dargelegten Aufgabenbereiche der Transformation (vgl. Tabelle 1: Differenzierung der Aufgaben der Transformationstheorie) – Liberalisierung, Stabilisierung, Privatisierung und institutionelle Reformen – ausgewählt werden. Dabei wird versucht, ein möglichst objektives Bild der zur Zeit der Transformation verfügbaren Partialmodelle zu zeichnen. Länderspezifische Vorstellungen können nicht berücksichtigt werden. Zum Einen lässt sich heute nur noch schwer rekonstruieren, welche modelltheoretischen Vorstellungen als Entscheidungsgrundlage für wie lange in welchem Transformationsland verwendet wurden. Zum Anderen soll angenommen werden, dass auch solche länderspezifischen Partialmodelle stets auf der Basis des theoretischen State-of-the-Art ihrer Zeit basierten.[591] Unsicherheiten der übergreifenden Partialmodelle gelten auch für die länderspezifischen Analysen und zwar unabhängig davon, ob sich die handelnden Politiker ein Bild davon machten. Die folgende Betrachtung blendet mithin eine Reihe von Wirkungen weitgehend aus, deren Erfassung erst in einem Totalmodell angemessen erfolgen kann:

- Es fehlen die Interdependenzen zwischen den Aufgabenbereichen.
- Es fehlt die Analyse der Wirkungsänderung je nach Transformationsfortschritt und –geschwindigkeit.

[591] Dafür spricht schon der Einfluss der internationalen Berater im Transformationsprozess.

- Es fehlen die Abweichungen, die sich aus den landesspezifischen Besonderheiten (siehe die Aufzählung in Kapitel 1) ergeben.
- Und es fehlen die Interdependenzen, die sich zur jeweiligen Prozesspolitik, etwa der Steuer- und Abgabensysteme[592] ergeben.

Jede dieser vier Wirkungsgruppen könnte das Ausmaß der Unsicherheiten deutlich erhöhen. Die für die transformationspolitischen Aufgaben bedeutsamen Strukturparameter können ohne Berücksichtigung landesspezifischer Unterschiede wie folgt skizziert werden:[593]

- Die Produktionsanlagen waren überwiegend in Staatsbesitz oder unter staatlicher Kontrolle. Ihr Zustand war in vielen Fällen desolat und ihr Alter jenseits der ökonomischen Lebensdauer.
- Konkurrenz war auf den meisten Märkten bewusst zugunsten von Monopolanbietern (teilweise mit einem COMECON-Monopol) beschränkt worden.
- Die Preise signalisierten in der Regel nicht die relative Knappheit von Gütern, dienten vielmehr der Planglättung.
- Güter, die als Existenzgüter eingeschätzt worden waren, wurden zu extrem subventionierten Preisen abgegeben, ähnlich die meisten netzgebundenen Dienstleistungen.
- Das Steuersystem wurde zu umfangreichen, mitunter betriebsspezifischen Lenkungsaufgaben eingesetzt.[594]
- Die Preise im Handel zwischen zentralplanwirtschaftlichen Ländern entsprachen nicht den Weltmarktpreisen; Rohstoffe und Erdöl wurden deutlich zu billig abgegeben.
- Die Entlohnung orientierte sich bewusst nicht an der Grenzproduktivität der Arbeit, gelegentlich mit bewusster Umkehrung der in westlichen Industrieländern zu beobachtenden Preisrelationen.
- Die Einkommensspreizung aus unselbständiger Tätigkeit war explizit beschränkt.
- Die Transformationsländer verfügten über eine relativ gut ausgebildete Arbeitnehmerschaft gemessen an Ländern mit ähnlichem Pro-Kopf-Einkommen.
- Die Grenzerträge aus zusätzlicher Bildung waren gering.

---

592 Vgl. Rose (1997), S. 47 sowie Taube (1997), S. 41.

593 Vgl. Aghion und Commander (1999), S. 276, Fischer, Sahay und Végh (1996), S. 48, Megginson und Netter (2001), S. 327 f., Fischer und Sahay (2001), S. 8 ff., Feldmann (2000), De Melo, Denizer und Gelb (1996), S. 401 sowie grundlegend für die Zentralplanwirtschaften Hensel (1959).

594 Vgl. Taube (1997), S. 43.

- Die Staatshaushalte standen durchweg vor hohen und steigenden Defiziten bei alles in allem relativ geringer Staatsverschuldung.
- Es bestand ein relativ hoher Geldüberhang.[595]
- Die Monetisierung der Volkswirtschaften war relativ gering, der Zugang zu Finanzdienstleistungen beschränkt; Kapitalmärkte praktisch unbedeutend.[596]

4.5.1. Liberalisierungsmodelle

Von den zahlreichen Schritten der Liberalisierung im Transformationsprozess wird im Folgenden besonders auf die Oberthemen binnenwirtschaftliche Liberalisierung, außenwirtschaftliche Liberalisierung sowie Liberalisierung des Finanzmarktes eingegangen. Dazu sollen die drei Fragen zur Modellunsicherheit beantwortet werden:

(i) Wirkungsrichtung: Wie unsicher ist die Abschätzung der distributiven Wirkungsrichtung?

(ii) Wirkungsintensität: Wie unsicher ist die Abschätzung der Intensität der distributiven Wirkung?

(iii) Wirkungszeit: Wie unsicher ist die Abschätzung des Beginns der Wirkung und ihrer Dauer?

Die distributiven Wirkungen einer allgemeinen Liberalisierung können anhand der oben skizzierten Anfangssituation im Vergleich zu Marktwirtschaften in einzelnen Aspekten tendenziell abgeschätzt werden. Es können jedoch fast in jedem Fall auch gegenläufige Effekte erwartet werden. In der Regel gibt es eine plausible Annahme über das zeitliche Verlaufsmuster der distributiven Wirkungen der Liberalisierung: Man musste von einer anfänglichen Zunahme der Einkommensungleichheit ausgehen, die im Laufe der Zeit sich zumindest partiell wieder zurückbilden würde. Unsicher bleibt in der Regel das genaue Ausmaß der distributiven Wirkung im Zeitablauf.

Einige beispielhafte Tendenzen nach ihren wichtigsten Ursachen geordnet:

- Liberalisierung der Güterpreise mit Subventionsabbau: Bewirkte Anpassung des Systems der relativen Preise an die relativen Knappheiten im Inland. Die mangelnde Konkurrenz sowie der Geldüberhang sollten drastische Preissteigerungen erwarten lassen,[597] welche durch die Schaffung eines stabilen Wechselkursregimes und mittelfristig durch

---

595 Vgl. Fischer und Sahay (2001), S. 6.

596 Vgl. Weber (2004) sowie Europäische Zentralbank (2002).

597 Vgl. Hölscher (2001), S. 13 ff., Mitra und Yemtsov (2005), S. 4 sowie Wolf (1994), S. 114.

mehr Wettbewerb gemildert werden könnte.[598] Eine ganze Reihe von Firmen würde aufgrund von Absatzeinbußen Arbeitnehmer entlassen oder ganz schließen müssen, wenn es nicht gelänge, neue marktfähige Produkte schnell zu produzieren.[599] Die Aufhebung oder Einschränkung von Subventionen sollte im Normalfall die Nachfrage nach diesen Gütern senken und im Falle von inferioren Gütern zu Lasten der unteren Einkommensschichten gehen. Die Angebotsstruktur würde sich der Preisveränderung folgend anpassen.[600] Dabei ist mit einer umso größeren Anpassung zu rechnen, je stärker die ursprüngliche Verzerrung ausfiel.[601]

- Liberalisierung des Außenhandels: Bewirkte Anpassung des Systems der relativen Preise im Außenhandel an das Niveau der Weltmarktpreise,[602] da das ökonomische Gewicht der einzelnen Transformationsländer wie das ihrer Gesamtheit zu Beginn der 1990er Jahre im Weltmaßstab eher gering ausfiel. Die Außenhandelsliberalisierung ließ eine stärkere Nachfrage nach ungelernten Arbeitern in den Transformationsländern erwarten[603] und große Schwierigkeiten für jene Unternehmen, die bis dato primär in andere zentralplanwirtschaftliche Staaten exportiert hatten.[604]
- Liberalisierung auf dem Arbeitsmarkt: Mit einer Liberalisierung der Arbeitsmärkte sollte sich das Entlohnungssystem dem Verhältnis der relativen Arbeitsproduktivitäten anpassen, also eine Lohnspreizung eintreten, wobei ein Überschießen zu erwarten war.[605] Denn Preise ändern sich in der Regel schneller als das Güterangebot und Löhne schneller als das Arbeitsangebot.

---

598 Vgl. Williamson (2000), S. 257 sowie Brezinski (2002), S. 201.

599 Vgl. Aghion und Commander (1999), S. 279, Vgl. Neubäumer (1993), S. 6, Mitra und Yemtsov (2005), S. 4 sowie grundlegend zur Arbeitsmarktwirkung Feldmann (2002).

600 Vgl. Streeten (1993), S. 1283. Sie hatte als Hilfsorientierung die beschränkt möglichen Marktbeziehungen in Transformationsländern wie die relativen Preise in westlichen Ländern. Vgl. Clapham und Grote (1991), S. 18 f.

601 Vgl. Hemmer (1986), S. 14 f. sowie Diehl (1994), S. 495.

602 Vgl. Wolf (1994), S. 114. Dabei soll an dieser Stelle nicht auf die Außenhandelsdiskriminierungen durch Handelsbeschränkungen der Industriestaaten eingegangen werden. Vgl. Shokhin (1994), S. 19 sowie Borrmann (1992), S. 57.

603 Vgl. Williamson (2000), S. 257, Atkinson (2000), Hölscher (2001), S. 6 sowie Sell (1989), S. 449 f.

604 Vgl. Brezinski (2002), S. 205, Åslund (1999), S. 65 ff.

605 Vgl. Brezinski (2002), S. 203, Aghion und Commander (1999), Milanovic (1999), S. 307 f., S. 276, Hölscher (2002), S. 217, Mitra und Yemtsov (2005), S. 3 f. sowie Micklewright (1999).

- Deregulierung: Sollte eine Umverteilung von den ehemaligen Eliten hin zu jenen bringen, die konkurrenzfähige Produkte anbieten würden.[606] Schließlich sollte die Bedeutung anderer Einkommensquellen als Arbeitseinkommen zunehmen mit einer tendenziell die Einkommensungleichheit ausweitenden Wirkung.[607]
- Deregulierung des Kapitalverkehrs: Anfänglich könnte, abhängig von der Glaubwürdigkeit der Reformpolitik, eine Kapitalflucht einsetzen. Mittelfristig sollten bei positiven Wachstumserwartungen ausländische Direktinvestitionen und Repatriierung einsetzen. Für Effekt und Gegeneffekt sind die tatsächlichen distributiven Wirkungen empirisch eher uneindeutig.[608]

Die Effekte im Einzelnen zeigt Tabelle 11: Distributive Wirkungen der Liberalisierung in der Übersicht.

Bei aller vermeintlichen Sicherheit der tendenziellen Aussagen über distributive Wirkungen ist erst im Nachhinein klar geworden, dass das Ausmaß der Wirkungen einer umfassenden und schnellen Liberalisierung der meisten Preise und Märkte auf eine ausgebaute Industriestruktur unterschätzt wurde. Mitte der 1990er Jahre wurde dann der Outputeinbruch in weiten Teilen der staatlichen Großunternehmen plausibel mit Modellen zur Disorganisation erklärt:[609] Danach potenzierten sich die Auswirkungen von Firmenzusammenbrüchen und unterbrochenen Zulieferketten, weil einzelne Anbieter schneller in Konkurs gingen oder nur noch auf den Weltmarkt lieferten. Dies erzeugte eine Art „Dominoeffekt“ in der Großindustrie.

---

606 Vgl. Williamson (2000), S. 258.

607 Vgl. Hölscher (2001), S. 8.

608 Vgl. Hemmer, Krüger, Seith (2005).

609 Vgl. grundlegend Blanchard (1996) sowie Blanchard (1997a), Chapter 2, Fischer und Sahay (2001), S. 14, Ferreira (1999), S. 378, Sachs (1996), S. 128, De Melo, Denizer und Gelb (1996), S. 408 sowie Murrell (1996), S. 37.

Tabelle 11: Distributive Wirkungen der Liberalisierung

Liberalisierung	Anfängliche Effekte	Gegeneffekte	Bemerkung
Freigabe der Güterpreise	Preissteigerungen; Absatzprobleme für vormals geschützte Industrien mit Folgearbeitslosigkeit	Neuaufbau von wettbewerbsfähigen Unternehmen	Gegeneffekt mit zeitlichem Nachlauf von einigen Jahren; Gegeneffekt schneller bei umfassender Liberalisierung mit größerer Konkurrenz (zum Beispiel begleitender Außenhandelsliberalisierung) Windfall-Profite für Kapitaleigner
Abbau von Güterpreissubventionen	Preissteigerungen besonders für inferiore Güter	Angebotsausweitung und Qualitätsverbesserung	Gegeneffekt mit zeitlichen Nachlauf von einigen Jahren (Beispiel: Landwirtschaftsanpassung bedarf einiger Saat-Ernte-Zyklen)
Deregulierung	Negativ für bisherige Eliten	Positiv für konkurrenzfähige Anbieter	Positive Distributionswirkung
Liberalisierung der Außenhandelspreise	Einbruch der bisherigen Exportproduktion, sofern nicht auf Industrieländer ausgerichtet	Verbesserte Güterversorgung stärkere Nachfrage nach Rohstoffen, sinkende Nachfrage nach technologieintensiven Exportgütern und nach ungelernter Arbeit	Gegeneffekt dämpft Preis- und Lohnwirkungen von anderen Liberalisierungsmaßnahmen; Import-Finanzierung über Kapitalimporte oder eigene Exportindustrie auf Dauer sicherzustellen

Tabelle wird fortgesetzt

Fortsetzung Tabelle 11: Distributive Wirkungen der Liberalisierung

Liberalisierung	Anfängliche Effekte	Gegeneffekte	Bemerkung
Liberalisierung des Kapitalverkehrs	Kapitalflucht	Direktinvestitionen (mit zusätzlichem Kapital, Know-How und Weltmarktzugang)	Wirkungsrichtung kurzfristig unklar, abhängig von Effizienz des Finanz- und Rechtssystems; Mittelfristig positiv bei stabilem absorptionsfähigem Finanzsystem
Wechselkursliberalisierung	Stabilisierung der Preisbildung	Exportförderung	Positive Distributionswirkung
Liberalisierung der Arbeitsmärkte	Anpassung der Löhne an Grenzproduktivitäten (Ausbildungsprämien steigen; Erfahrungsprämien sinken; Lohndisparität steigt)	Neuausrichtung der Humankapitalbildung	Vorteile für jüngere mobilere Arbeitnehmer, Nachteile für ältere Arbeitnehmer mit industriespezifischer Ausbildung, wenn diese Industrie Absatzprobleme bekommt
Liberalisierung der Finanzmärkte	Größere Bedeutung von anderen Einkommensquellen als Lohn	Chancen für private Absicherung Chancen für Kapitalbildung	Gegeneffekte nur langfristig wirksam und von der Effizienz des Finanzsystems abhängig

Darüber hinaus verbleiben einige praktisch nicht-quantifizierbare Unsicherheiten in der Abschätzung der distributiven Wirkungen der Liberalisierung:

- Die einzelnen Effekte sind in sich möglicherweise qualitativ unstrittig. Hinsichtlich ihrer quantitativen Bedeutung jedoch waren sie schwer zu erfassen. Und eine Gesamtwirkung ließ sich nur tendenziell bestimmen.
- Die Intensität der Gegeneffekte ist noch weit schwieriger zu bestimmen, da sie häufig genug auf zu erwartenden Anpassungsreaktionen beruhten, deren Entstehen zunächst schwer quantifizierbare Lern- und Motivationseffekte erforderte.
- Zwar ließ sich das tendenzielle Verlaufsmuster bestimmen, jedoch kann den einzelnen Phasen nur sehr bedingt eine absolute Zeit (etwa in „Monaten seit Beginn der Liberalisierung") beigemessen werden. In diesem Punkt greifen besonders die Interdependenzen zu anderen Transformationsaufgaben.

Hinzu kommt, dass hinsichtlich einiger Transformationsschritte auch die Beurteilung der nicht-distributiven Wirkung umstritten war, mithin ernsthafte Modellkonkurrenz für Ausführungsvarianten bestand. So war die Frage der Schrittfolge hinsichtlich Handelsliberalisierung und Kapitalverkehrsfreigabe einschließlich der Geschwindigkeit der Wechselkursfreigabe seinerzeit noch stark umstritten.[610]

Welche Alternativen hätte es aus Sicht der Distributionspolitik gegeben, von denen positivere distributive Wirkung zu erwarten waren, und wie ausgeprägt sind deren Unsicherheiten? Nicht zuletzt mit Verweis auf China wurde und wird ein stärker gradualistisches Vorgehen als bessere Alternative vorgegeben.[611]

Ungeachtet der erheblichen strukturellen Unterschiede in der Ausgangslage,[612] scheint jedoch fraglich, ob eine verzögerte Liberalisierung, eine sektorale oder räumliche Differenzierung der Liberalisierungsschritte in Form eines Experimentierens in den europäischen Transformationsländern möglich und aus politökonomischen Gründen überhaupt durchführbar gewesen wäre.

---

610 Vgl. Koop und Nunnenkamp (1994), S. 69 ff., Funke (1993), S. 353, Sell (1989).S. 459 f., Guitián (1993), S. 116 ff., Nsouli (1993), S. 118, Wolf (1994), S. 115, Worldbank (1996), S. 39 sowie Hutter (1995).

611 Vgl. Cornia (1994). Zudem kann argumentiert werden, dass die wesentlich umfangreichere faktische Privatisierung des Agrarlandes in China, das zu diesem Zeitpunkt noch einen dominierenden Agrarsektors aufwies, einer ähnlich rapiden Strategie entspricht, wie die Privatisierung in den zentraleuropäischen Staaten; vgl. Mitra und Yemtsov (2005), S. 4.

612 Vgl. Diehl (1994), S. 499.

- Eine sektoral differenzierende Liberalisierung entspricht dem Vorschlag, Industriepolitik zu betreiben. Zu dem damaligen Zeitpunkt der Transformation standen die Chancen für erfolgreiche Industriepolitik in Transformationsländern denkbar schlecht:[613] Das Vertrauen in die wirtschaftlichen Fähigkeit des Staates war grundlegend erschüttert, eine leistungsfähige nicht-korrupte Verwaltung stand nicht zur Verfügung, die makroökonomische Stabilisierung stand noch aus und es gab keine langjährige Erfahrung hinsichtlich Exportförderung oder generell den Bedingungen internationaler Wettbewerbsfähigkeit.
- Eine regional unterschiedliche Liberalisierung bedingt neben den oben aufgeführten Voraussetzungen für Industriepolitik mindestens drei weitere Eigenschaften, von denen angenommen werden kann, dass sie in den europäischen Transformationsländern nicht vorhanden sind und nicht durchsetzbar waren: Drastische Einschränkung der regionalen Mobilität von Arbeitnehmern;[614] binnenwirtschaftliche Einschränkung der Kapitalverkehrsfreiheit; hinreichende Größe von „Experimentierregionen", um trotz der regionalen Diversität Skaleneffekte zu erzielen. Selbstverständlich impliziert eine regionale Diversifizierung das massive Verletzen von Marginalbedingungen des Effizienzmaximums und führt zu erheblichen Ineffizienzen. Nicht zuletzt resultiert daraus eine regionale Einkommensungleichheit, die als negative distributive Folgewirkung politisch gerechtfertigt werden muss.[615]
- Eine verzögerte Liberalisierung mindert überdies in der Regel auch die Gegeneffekte und ihre tendenziell positive distributive Wirkung, ganz zu schweigen von den Effizienzverlusten durch längere Fehlallokation.[616]
- Schließlich muss auf die unterschiedlichen politischen Systeme hingewiesen werden. Während in den meisten europäischen Transformationsländern die ökonomische Transformation mit der politischen und gesellschaftlichen einherging, vollzog sich die Transformation in China unter fortgesetzter Einparteienherrschaft. Diese ermöglichte es der Regierung, die ökonomischen Freiheiten selektiv zu gewähren, und verhinderte eine Debatte darüber durch das fortgesetzte Einschränken der politischen Freiheiten der Bürger. Dieser politökono-

---

613 Vgl. Worldbank (1996), S. 47.

614 Etwa wie durch die chinesischen Meldevorschriften („Hukou-System"). Vgl. Gajwani, Kanbur und Zhang (2005), S. 8.

615 In China entfällt auf die interregionale Komponente etwa ein Drittel der national gemessenen Einkommensungleichheit. Vgl. Mitra und Yemtsov (2005), S. 4 sowie Gajwani, Kanbur und Zhang (2005), S. 8.

616 Vgl. beispielhaft für den Arbeitsmarkt Feldmann (2002), S. 155 und S. 167.

misch relevante Aspekt war ebenfalls in den europäischen Ländern nicht gegeben, weshalb eine derartig differenzierende Behandlung der Bürger wahrscheinlich nicht durchsetzbar war.

Neben der Unsicherheit über die aggregierte Vorteilhaftigkeit einer Alternative stellt sich die Verteilungsfrage. Denn hinter der aggregierten distributiven Wirkung (etwa gemessen an der Änderung des Gini-Koeffizienten) stehen in der Regel zahlreiche Änderungen individueller Einkommenspositionen mit unterschiedlichem Vorzeichen. Damit einher gehen Fragen der Akzeptanz solcher neuerlicher Eingriffe, die von dem grundsätzlichen Weg der Transformation scheinbar abweichen wollen. Hinzu kam der Druck in den meisten Transformationsländern, möglichst schnell zu reformieren, solange ein gesellschaftlicher Konsens darüber noch besteht.[617] Daher gab es mitunter auch Bestrebungen, lieber schnell Entscheidungen zu treffen als längere Debatten zu führen, welche die Grundentscheidung für die Transformation hätten gefährden können.

Bleibt noch der Hinweis, dass es eine Reihe von Liberalisierungsschritten gab, die sich positiv auf die Einkommensungleichheit auswirkten. Dazu zählen all jene Liberalisierungsschritte, die auf eine schnellere und friktionsfreiere Anpassung der Angebotsstrukturen und besonders des Arbeitsangebotes hinwirken. Daher kommt einem gut ausgebauten diskriminierungsfreien Schul- und Ausbildungssystem sowie einem effizienten Finanzsystemen eine besondere Rolle zu.[618] Ersteres erlaubt, dass junge Leute möglichst schnell wirtschaftliche Chancen erhalten und ergreifen können. Und letzteres unterstützt den Zugang von jungen Unternehmen zu Kapital sowie die Finanzierung von Humankapitalinvestitionen.

4.5.2. Stabilisierungsmodelle

Die Unsicherheiten der distributiven Wirkungen von Stabilisierungsmodellen im Transformationsprozess können als relativ begrenzt angesehen werden. Dies gilt vor allem, weil angesichts der Ausgangslage mit hohem Geldüberhang und versteckter Inflation eine offensichtliche Zielidentität zwischen geldpolitischer Stabilisierung und den Zielen der Distributionspolitik besteht.[619]

Dabei soll nicht verschwiegen werden, dass es in den Anfangsjahren auch kritische Stimmen zur praktizierten Stabilisierung gab. Diese sahen die Gefahr einer Kreditklemme durch zu restriktive Stabilisierung.[620] Doch der damalige „main stream“ konnte auf einen selten eindeutigen Fall von Angebotsmangel

617 Vgl. Fischer und Sahay (2001), S. 12.

618 Vgl. Aghion und Commander (1999), S. 275, Hölscher (2001), S. 8, Sell (1989).S. 458, Ferreira (1999), S. 380 ff., Hunte (1997) sowie Mitra und Yemtsov (2005), S. 7.

619 Siehe dazu die Erörterung der Inflationsdaten im Kapitel 3.

620 Vgl. beispielhaft Cassel und Apolte (1994), S. 29.

und Vertrauensverlust hinweisen, die am ehesten durch konsequente Stabilisierung zu lösen waren.[621] Zudem sind die Grundbedingungen einer stabilitätsorientierten Geldpolitik aus Industriestaaten – nämlich stabilitätsorientierte Zielsetzung, Unabhängigkeit der Notenbank (institutionell, instrumentell, personell, funktionell) und keine Staatsfinanzierung durch die Notenbank – auch auf Transformationsländer gut übertragbar.[622]

Die kritischen Stimmen an der seinerzeitigen Stabilisierung waren überdies in der Regel nicht distributionspolitisch motiviert. Denn stabiles Geld schützt besonders die „sozial Schwachen". Die negative Umverteilungswirkung der Inflation ist gut belegt.[623] Und sie ist in der Bevölkerung bekannt.[624] Entgegen der in manchen Modellen eingeführten Verhaltensannahme, dass die „Habenichtse" tendenziell eine höhere Inflation präferierten,[625] zeigen Umfragen ihre größere Aversion gegen Inflation.[626] Diese Inflationsaversion war in Transformationsländern besonders ausgeprägt und wuchs offenbar mit den Erfolgen der Stabilisierung.[627]

Die Gründe für die negative Wirkung der Inflation auf Einkommensungleichheit und Armut lassen sich mit den besseren Ausweichmöglichkeiten der Reichen zusammenfassen. Diese können die negativen Folgen von Inflation leichter vermeiden, weil:[628]

- sie besseren Zugang zu den Finanzmärkten und entsprechenden Hedging-Strategien haben,
- sie relativ weniger liquide Mittel und weniger nominal denominierte Anlagen und Einkommensquellen haben,
- sie weniger auf in der Regel nominal denominierte Transfers angewiesen sind.

Die mangelnden Ausweichstrategien sind sicher auch der Grund, warum besonders die Ungelernten oder wenig Ausgebildeten, die Industriearbeiter und die älteren Menschen Inflation fürchten.[629] Eine niedrige Inflation begünstigt Wirtschaftswachstum und Beschäftigung.[630] Dieser Effekt an sich wirkt als Trickle-

621 Vgl. Fischer und Sahay (2001), S. 6 f. und S. 14.
622 Vgl. Cukierman, Miller und Neyapti (2000) sowie Voigt und Salzberger (2002), S. 32.
623 Vgl. Easterly und Fischer (2001), S. 160 und 174 f., Ganuza und Taylor (1998), S. 5, Clements (1997), S. 42 sowie Brezinski (2002), S. 202.
624 Vgl. Easterly und Fischer (2001), S. 173.
625 Vgl. Beetsma und van der Ploeg (1996).
626 Vgl. Easterly und Fischer (2001), S. 167.
627 Vgl. Easterly und Fischer (2001), S. 162 ff.
628 Vgl. Easterly und Fischer (2001), S. 160.
629 Vgl. Easterly und Fischer (2001), S. 167 ff.
630 Vgl. Weber (2005).

Down förderlich auf die Einkommensposition der unteren Einkommensbezieher und damit mindernd auf die Einkommensungleichheit. Weiterhin fördern stabile Preise speziell die Funktionalität der Finanzmärkte und mildern damit eine der wichtigsten Ursachen für permanente Einkommensungleichheit. Darüber hinaus lässt sich zeigen, dass die für die Armen relevante Inflationsrate höher ausfällt als die durchschnittlich gemessene in einer Gesellschaft. Im Durchschnitt ist die gemessene Inflationsrate etwas höher als die ökonomisch wirksame. Dies liegt unter anderem an folgenden zwei Effekten:

- Substitutionseffekt: In der Preismessung unterstellt man, dass der Warenkorb über einen gewissen Zeitraum konstant bleibt. Tatsächlich werden Güter, deren Preise gestiegen sind, im Zeitablauf durch solche substituiert, die billiger geworden sind. Dadurch kommt es zu Verschiebungen im Nachfrageverhalten und eine tendenziell niedrigere ökonomisch wirksame Inflation als die ausgewiesene.
- Qualitätseffekt: Die konsumierten Güter bleiben in ihrer Qualität nicht gleich. Oft gehen Preissteigerungen mit Qualitätsverbesserungen – etwa hinsichtlich Funktionalität oder Haltbarkeit – einher. Nicht alle Qualitätsverbesserungen können adäquat erfasst werden. Wenn aber das neue, verbesserte Produkt etwas mehr kostet, steigt der Preisindex. Da aber de facto die beiden Güter nicht gleichwertig sind, wird dadurch die Inflationsrate tendenziell zu hoch ausgewiesen.

Beide Effekte wirkten angesichts der zu erwartenden starken Verschiebungen der Produktionsstruktur in Transformationsländern besonders ausgeprägt. Beide Effekte gelten aber nur im Durchschnitt der Bevölkerung. Personen am Rande des Existenzminimums konsumieren jedoch primär Existenzgüter, die per definitionem nicht leicht zu substituieren sind. Und sie konsumieren überwiegend solche Güter, bei denen Produktivitätsfortschritte weniger zu erwarten sind. Daher profitieren die Armen wenig bis gar nicht von dem Qualitäts- oder dem Substitutionseffekt. Insofern ist die für sie ökonomisch relevante Inflationsrate höher als die für den Durchschnitt der Bevölkerung.

Kurzum: Die weitgehende Zielidentität zwischen Stabilisierung und Distribution und die relativ eindeutige Indikation am Beginn des Transformationsprozesses reduzierten die Unsicherheiten für distributive Wirkungen aus stabilitätspolitischen Partialmodellen im Transformationsprozess erheblich.

4.5.3. Privatisierungsmodelle

Die Abschätzung der Wirkungen der Privatisierung leidet unter einer Reihe von Faktoren, die in der Regel im Transformationsprozess noch verschärft werden: Zu Beginn der 1990er Jahre gab es weltweit nur relativ begrenzte Erfahrungen mit systematischer Privatisierung, da außer den deutschen Erfahrungen mit Einzelprivatisierungen von „Volksaktien“ in den 1960er Jahren erst wieder

Mitte der 1980er Jahre, angefangen durch die Thatcher-Regierung in Großbritannien, Privatisierung im großen Stil betrieben wurde.[631] Zu den meisten Fragen über die Art der Privatisierung – wann, wie, welche Schrittfolge, auf einmal oder in Abschnitten, erst restrukturieren oder gleich privatisieren? – gab es nur wenige empirische Studien, die überdies wechselnde Empfehlungen aussprachen.[632] Die Ziele der früheren Privatisierungen waren mitunter komplex und durchaus unterschiedlich, was die Evaluation erschwert.[633]

Privatisierung gilt generell als schwieriger in Ländern[634]

- mit niedrigerem Pro-Kopf-Einkommen,
- mit schwach ausgeprägten marktwirtschaftlichen Institutionen,
- ohne ein leistungsfähiges Finanzsystem bzw. ohne einen gut ausgebautem Kapitalmarkt oder
- mit mangelnder Konkurrenz und
- wenn es um netzgebundene Dienstleistungen (oder infrastrukturgebundenen Produktionen) geht.

Alle diese Effekte kamen in den Transformationsländern zusammen. Zudem standen auch die potentiellen Intermediäre in Form der Finanzinstitute im Staatsbesitz.[635]

Die Privatisierung im Transformationsprozess stand zudem unter großen gesellschaftlichen Herausforderungen bei limitierten Wahlmöglichkeiten:[636]

- großer Zeitdruck,
- beschränkte Bereitschaft, Ausländer zu beteiligen, und
- geringe Ersparnisse bei schwach entwickelten Finanzmärkten.[637]

Sie war damit fast schon auf die Voucher-Privatisierung festgelegt.[638]

Das Ausmaß der angestrebten Privatisierung in Transformationsländern war im Verhältnis zu den Erfahrungen bis dato ungleich größer: In den Industrieländern reduzierte sich die relative Bedeutung der Wirtschaftsleistung der Staatsunternehmen von 8,5 Prozent des BIP im Jahr 1984 auf gut 5 Prozent des BIP sechzehn Jahre später. In Entwicklungsländern wurde ein ähnliches Niveau

---

631 Vgl. Haggarty und Shirley (1997) sowie Megginson und Netter (2001).

632 Vgl. Megginson und Netter (2001), S. 341.

633 Vgl. Megginson und Netter (2001), S. 339.

634 Vgl. Nellis (2006), S. 13 ff., Welfens und Graack (1996), S. 769, Backhaus und Stephen (2002), S. 52 f. sowie Besley und Burgess (2003), S. 13.

635 Vgl. Backhaus und Stephen (2002), S. 53.

636 Vgl. Megginson und Netter (2001), S. 326.

637 Vgl. Gray (1996), S. 185 f.

638 Vgl. Guriev und Megginson (2005), S. 16. Zur Erörterung deren Probleme vgl. Louzek (2005) sowie Gray (1996), S. 193 f.

erreicht, ausgehend jedoch von gut 16 Prozent des BIP. Transformationsländer dagegen starteten teilweise mit fast 100 Prozent der Wirtschaftsleistung in Staatsunternehmen.[639]

Nicht zuletzt bestanden speziell in der erfolgversprechenden Gestaltung der Privatisierung umfangreiche Interdependenzen zu anderen Transformationsaufgaben.[640] Diese waren teilweise relativ wenig erforscht, mangels verfügbarer Daten. Beispielsweise kann aus heutiger Sicht die Rolle der Institutionen für eine erfolgreiche Privatisierung bis in die späten 1990er Jahre als unterschätzt gelten.[641] Klar dagegen war (vergleiche Abschnitt 4.5.2) die notwendige Begleitung der Privatisierung durch makroökonomische Stabilisierung und eine „hard budget-constraint" für die Unternehmen.[642]

Damit bestand eine erhebliche Unsicherheit über die Wirkung der Privatisierung, die in ausgeprägter Diskussion über Geschwindigkeit, Schrittfolge und Art der Privatisierung sowie in außergewöhnlicher Modellkonkurrenz ihren Ausdruck fand.[643] Die Unsicherheiten sind im Fall der Privatisierung von kleineren und mittleren Unternehmen erheblich geringer. Nichtsdestotrotz wurde sogar die Privatisierung an sich – zumindest der Großunternehmen und zumindest in den ersten Jahren – ganz in Frage gestellt. Als Alternative wurde ein Maßnahmenpaket aus makroökonomischer Stabilisierung, harter Budgetrestriktion, strengen Kreditvergabevorschriften und glaubhafter Haftungsregelung (keine Bestandsgarantie durch die Regierung) erwogen.[644] Ergänzend gab es das Beispiel China, wo anfänglich anstatt einer Privatisierung den Managern marktorientierte Handlungsanreize gesetzt wurden.[645]

Die distributiven Wirkungen der Privatisierung müssen relativ zu den allokativen Wirkungen als nochmals unsicherer bezeichnet werden.[646] Der Verweis allein auf Eigentumsrechte als Grundbedingung für Chancengleichheit, Einkommenserzielung und Kreditzugang lässt sich nicht quantifizieren.[647] Denn zu den direkten kurzfristig zu erzielenden Effekten kommen eine Reihe von mittel- bis langfristig eintretenden Wirkungen, deren Intensität primär von Rahmenbedingungen abhängig ist. Dazu gehören etwa die Verbesserung der

---

639 Vgl. Megginson und Netter (2001), S. 327 f. sowie Guriev und Megginson (2005), S. 16

640 Vgl. Megginson und Netter (2001), S. 347 und grundlegend Brada (1996).

641 Vgl. Nellis (2006), S. 15.

642 Vgl. Leipold, Helmut (1992), S. 8, Fischer und Sahay (2001), S. 19 sowie Megginson und Netter (2001), S. 333.

643 Vgl. Boycko, Shleifer und Vishny (1996), Fischer und Sahay (2001), S. 12.

644 Vgl. Megginson und Netter (2001), S. 333.

645 Vgl. Megginson und Netter (2001), S. 337.

646 Vgl. Nellis (2006), S. 16 f.

647 Vgl. Besley und Burgess (2003), S. 16.

Kapitalmarktfunktionalität sowie die allgemeine Wachstumsbelebung durch die Privatisierung.[648]

Die Unsicherheiten resultieren aus der notwendigen Abwägung von direkten und indirekten Effekten: Der direkte Effekt der Vermögensverteilung kann durch den indirekten Effekt der unterschiedlichen Kontrollmöglichkeiten der Manager überkompensiert werden. Dadurch wirkt Privatisierung nicht schon egalitär, wenn eine gleichmäßige Verteilung aller Eigentumsrechte erfolgt. Denn der eigentliche Wert eines Zertifikats entsteht erst durch damit zu erzielendem Einkommen.[649] Eine egalitäre Verteilung der Eigentumszertifikate führt nicht zu einer egalitären Verteilung der Einkommen aus diesen Zertifikaten, denn:

- in der Regel liegen asymmetrische Informationen über die Gewinnsituation vor,[650]
- die Einflussmöglichkeiten auf die Unternehmenspolitik variieren,
- es bestehen Unterschiede in der Risikoeinstellung der Bezieher,
- die intertemporale Substitutionselastizität ist unterschiedlich, dies gilt speziell für Personen, deren Einkommen unterhalb der absoluten Armutslinie liegt.

Für jene, die das Wissen und die Macht haben, positiven Einfluss auf das Management auszuüben, sind die Zertifikate mehr wert als für andere. Hinzu kommt, dass die makroökonomischen Wirkungen einer effizienten Privatisierung von der mikroökonomischen Effizienz der Unternehmen beeinflusst werden.

Beide Lösungswege für dieses distributive Problem sind in Transformationsländern verschlossen:

- Der Lösungsweg über eine Variation der Anteile (das heißt Risikoaverse und schlechter Informierte erhalten anteilsmäßig mehr) ist politisch nicht durchsetzbar und instrumentell nicht praktikabel.[651]
- Der Lösungsweg über eine Variation der Form der Privatisierung (das heißt Auktion und Verkauf der Anteile an risikobereite und informierte Akteure und Entlastung anderer über den Verkaufserlös) setzt für die Privatisierung der Großbetriebe ausreichend mobilisierbare nationale Finanzmittel voraus.

---

648 Vgl. Guriev und Megginson (2005), S. 16 f., Megginson und Netter (2001), S. 330 und S. 356 und für Transformationsländer auf S. 360, Mitra und Yemtsov (2005), S. 4 sowie Feldmann (2000), S. 113.

649 Vgl. Brezinski (2002), S. 202.

650 Vgl. zu den Problemen der Insider-Kontrolle im Transformationsprozess Feldmann (2000), S. 113, Berglof et alii (2005), S. 9 sowie Megginson und Netter (2001), S. 345.

651 Vgl. Boycko, Shleifer und Vishny (1996), S. 314.

Der zweitgenannte Weg ist freilich in der Privatisierung der Kleinbetriebe möglich und erfolgreich praktiziert worden. Damit ergab sich auch ein erster Schub für die Schaffung von neuen wirtschaftlichen Strukturen und neue Arbeitsplätze.[652] Überdies stellt sich das Kontrollproblem im Bereich der Privatisierung von Kleinbetrieben weitaus weniger gravierend. Der direkte Effekt der Vermögensallokation dürfte in diesem Fall den indirekten deutlich übersteigen, so dass eine schnelle und breit wirksame Privatisierung der Kleinbetriebe allokativ, aber auch distributiv – bei entsprechender Gestaltung – präferiert werden konnte.

Zusammenfassend kann festgehalten werden, dass schon die Unsicherheiten der Partialmodelle zur Privatisierung in Transformationsländern erheblich waren und diese noch von den Unsicherheiten speziell der distributiven Auswirkungen übertroffen wurden.

Auch im Rückblick lässt sich schwerlich eine generalisierte Empfehlung abgeben, denn die Datenlage zu Privatisierungen fällt in Transformationsländern weitaus dürftiger aus als in Industrieländern. Zum einen gab es in Transformationsländern meist keine Vollerhebung, sondern Befragungen mit entsprechendem Selektionsbias.[653] Und zum anderen ist angesichts der zahlreichen simultanen Änderungen ein sinnvoller „with-and-without"-Vergleich kaum möglich.[654]

Es gibt im Nachhinein einige stilisierte Fakten der Privatisierung in Transformationsländern:[655]

a) Privatisierung bewirkte Effizienzgewinne auf Unternehmensebene.
b) Diese Effizienzgewinne fielen höher aus bei ausländischen Eigentümern und dann,
c) wenn neue Manager eingestellt worden waren.
d) Das Ausmaß der Eigentumskonzentration an einer Unternehmung förderte die Effizienz.
e) Der Zugewinn an Effizienz nahm im Zeitverlauf ab.
f) Die Auswirkungen der Privatisierung auf die Beschäftigung sind unklar.
g) Es wurden bei bleibendem Staatsbesitz praktisch keine glaubhaften harten Budgetrestriktionen implementiert.

---

652 Vgl. Feldmann (2002), S. 152 ff., Guriev und Megginson (2005), S. 17 sowie Fischer und Sahay (2001), S. 19.
653 Vgl. Megginson und Netter (2001), S. 358.
654 Vgl. Nellis (2006), S. 10.
655 Vgl. Guriev und Megginson (2005), S. 16, Nellis (2006), Koop (1994), S. 299 sowie Megginson und Netter (2001), S. 360 ff.

h) Die Insider-Privatisierung in der UdSSR scheiterte ökonomisch und bewirkte eine starke Zunahme der Einkommensungleichheit.

Bis auf "a" dürften alle der genannten Aspekte vor der Privatisierung umstritten gewesen sein, was auch aus ex-post Betrachtung die Unsicherheiten der distributiven Wirkungen der Privatisierung unterstreicht.

Die Unsicherheiten der Wirkung der Privatisierung der Kleinbetriebe können dagegen als weniger gravierend bezeichnet werden.

4.5.4. Modelle institutioneller Reformen

Zu den Institutionen zählt man die formellen und informellen Spielregeln einer Gesellschaft, die die Anreizstrukturen für das politische, wirtschaftliche und gesellschaftliche Zusammenspiel festlegen, sowie die Regeln zur Durchsetzung dieser Regeln.[656] Ihre Rolle in der Volkswirtschaft ist seit langem bekannt,[657] aber allzu oft ausgeblendet worden.[658] So schrieb bereits Adam Smith:

> „Commerce and manufactures can seldom flourish long in any state which does not enjoy a regular administration of justice, in which the people do not feel themselves secure in the possession of their property, in which the faith of contracts is not supported by law, and in which the authority of the state is not supposed to be regularly employed in enforcing the payment of debts from all those who are able to pay. Commerce and manufacturers, in short, can seldom flourish in any state in which there is not a certain degree of confidence in the justice of government."[659]

Und Popper sah zu Beginn des Transformationsprozesses im Rechtsstaat das dringendste Bedürfnis Osteuropas:

> „Ohne den Aufbau eines Rechtsstaates ist eine freie Marktwirtschaft und eine Annäherung an die wirtschaftlichen Errungenschaften des Westens undenkbar."[660]

Trotz dieser überragenden Bedeutung von Institutionen fällt es noch heute schwer, von „Modellen" zu sprechen, wenn die Unsicherheiten der distributiven Wirkungen institutioneller Reformen erörtert werden sollen. Denn eine Modellierung oder gar quantifizierende Simulation der Wirkungen institutioneller Reformen liegt praktisch nicht vor. Es gibt im Länderquervergleich – außer

---

656 Vgl. Richter und Furubotn (2003), S. 7 sowie Furubotn und Richter (1991).

657 Vgl. Commons (1934).

658 Vgl. Stark (2005), S. 5 f.

659 Smith (1776), Buch V, S. 445 des Nachdrucks.

660 Popper (1992), Band I, S. XIII.

qualitativen Tendenzaussagen – keine allgemein anerkannte empirische Quantifizierung der Kausalität zwischen effizienten Institutionen und Wachstum, geschweige denn Verteilung oder Armut.[661]

Institutionelle Reformen einschließlich des Aufbaus von Institutionen, die eine Marktwirtschaft erst ermöglichen, wurden von den meisten Transformationsländern zwar thematisiert, aber im Verhältnis zur Liberalisierung, Privatisierung und Stabilisierung doch vernachlässigt.[662] Dies kann unter anderem auf eine mangelnde Fokussierung der wirtschaftspolitischen Beratung der damaligen Zeit auf institutionspolitische Aspekte aufgrund der falsch verstandenen Zehn-Punkte-Agenda des „Washington Consensus" von 1989 zurückgeführt werden.[663]

Zu den zehn Punkten gehörten fiskalische Disziplin, Umstrukturierung der öffentlichen Aufgaben, Steuerreform, Liberalisierung der Zinssätze, wettbewerbsfähiger Wechselkurs, Handelsliberalisierung, Liberalisierung der einfließenden ausländischen Direktinvestitionen, Privatisierung, Deregulierung und Eigentumsrechte.[664] Diese Maßnahmen stellte Williamson als Hintergrundpapier für eine Konferenz zu den politischen Notwendigkeiten für Lateinamerika des Institute for International Economics zusammen und nannte sie „Washington Consensus". Sie stellten eine Annahme über den kleinsten gemeinsamen Nenner der anwesenden Experten für Empfehlungen an die Länder Lateinamerikas dar.[665] Trotz dieses regionalen Fokus entwickelten sich die Maßnahmen in den Folgejahren zu einer Art Standardrezept der internationalen Washingtoner Organisationen IWF und Weltbank für Schwellen-, Entwicklungs- und Transformationsländer.[666]

In diesem Fokus fehlte, so die spätere Kritik daran, besonders die adäquate Berücksichtigung des notwendigen Aufbaus von Institutionen:[667]

- institutionelle Absicherung der liberalisierten Märkte,
- institutionelle Absicherung gegen Marktversagen auf den Finanzmärkten,

---

661 Vgl. Rodrik (2006), S. 11.

662 Vgl. Stark (2005), S. 8, Gharabaghi (1994), S. 103 sowie speziell für den Aufbau eines Rechtsstaates Anderson und Gray (2005), S. 14, Gray (1997).

663 Vgl. Stark (2005), S. 8.

664 Vgl. Williamson (1990), 2. Kapitel sowie Williamson (2000), S. 252 f.

665 Vgl. Williamson (2000), S. 251.

666 Vgl. Stark (2005), S. 8 f.

667 Vgl. Burki und Perry (1998) sowie Stiglitz (1999). Williamson selbst sieht sein Papier in unzutreffender Weise auf eine Generalempfehlung für die genannten Zehn-Punkte verengt und empfiehlt eine umfassende Berücksichtigung des institutionellen Aufbaus als Teil einer Entwicklungs- oder Transformationsstrategie. Vgl. Williamson (2000), S. 260 ff.

- institutionelle Absicherung gegen Staatsversagen in der Stabilisierung der Währung, die zu einer hohen Krisenanfälligkeit führte,
- Institutionen, die eine gewisse soziale Grundsicherung garantieren konnten,[668]
- gesellschaftliche Institutionen, die man mit einer gelebten Zivilgesellschaft umschreiben kann und die geeignet sind, als Korrektiv für menschliches Fehlverhalten und fehlende staatliche formale Institutionen zu wirken.[669]

Entsprechend wurden Ergänzungen zum „Washington Consensus" angestrebt, etwa den durch die G20[670], die im Jahr 2004 den „G20-Accord für dauerhaftes Wachstum" verabschiedete. Der Accord stützt sich auf den „Washington Consensus" mit seiner Betonung der Rolle des Marktmechanismus und des Wettbewerbs als Grundvoraussetzung für Wachstum, betont aber ergänzend die Bedeutung leistungsfähiger Institutionen für das Funktionierung der Märkte und die Sicherung wirtschaftlicher Chancengleichheit.[671]

Andere Autoren vertreten jedoch die Auffassung, dass der Konsens über notwendige Transformationsschritte zu Beginn der 1990er Jahre bereits Aspekte der institutionellen Reformen beinhaltete, nämlich vor allem den Rechtsaufbau. Die heute konstatierten Probleme aufgrund mangelnder Institutionen seien insofern damals schon vorhergesehen worden, als auch seinerzeit die institutionellen Reformen als die zeitlich längste Aufgabe der Transformation angesehen wurden.[672] Damit liefern sie – unabhängig von der Frage nach der politischen Vernachlässigung – auch Gründe für die prinzipielle Unsicherheit der Abschätzung distributiver Wirkungen institutioneller Reformen. Die wichtigsten dürften sein:

- Institutionenreform und –aufbau war und ist praktisch eine Daueraufgabe im ökonomischen Transformationsprozess, also nicht als abschließende Maßnahme zu modellieren.[673]
- Institutionelle Reformen greifen im Idealfall in die gesellschaftliche Struktur ein und müssen den jeweiligen gesellschaftlichen Strukturen

---

668 Vgl. Rosser und Rosser (2001) sowie Stark (2005), S. 9.

669 Vgl. Bychkova (2000), S. 5 f.

670 Die G20 ist ein informelles Dialogforum der Finanzministerien und Zentralbanken von Argentinien, Australien, Brasilien, China, Deutschland, Frankreich, Indien, Indonesien, Italien, Japan, Kanada, Korea, Mexiko, Russland, Saudi-Arabien, Südafrika, die Türkei, Großbritannien und den Vereinigten Staaten von Amerika; weiterhin sind die EU (über die Ratspräsidentschaft) und die Europäische Zentralbank vertreten; zudem nehmen IWF und Weltbank als Ex-Officio-Mitglieder teil.

671 Vgl. für eine ähnliche Sicht Kuczynski und Williamson (2003) sowie Rodrik (2006), S. 9 f.

672 Vgl. Fischer und Sahay (2001), S. 11.

673 Vgl. Fischer und Sahay (2001), S. 30 sowie Anderson und Gray (2005), S. 15.

Rechnung tragen, beispielsweise in der Bildung einer Zivilgesellschaft.[674]

- In institutionellen Reformen finden sich die engsten Interdependenzen zu nicht-ökonomischen Bereichen wie Politik und Gesellschaftsleben bis hin zu Verfassungsfragen.[675]
- Den Transformationsländern fehlte in der Institutionenbildung die Orientierungsmöglichkeit an den zivilisatorischen Errungenschaften vorheriger Generationen. Es mangelte ihnen an einem gewachsenen Vertrauen in die neuen Institutionen Demokratie, Rechtssystem und Marktwirtschaft.[676]

Aufgrund dieser Unsicherheiten verwundert es nicht, wenn sich die Analysen der distributiven Wirkungen auf Prinzipvorhersagen beschränken. So gelten funktionierende Institutionen als vorteilhaft für die Funktionsfähigkeit der Märkte. Unstrittig scheint generell, dass ein rascher Aufbau von Institutionen, die mit einer marktwirtschaftlichen Ordnung im Einklang stehen (und ihr Funktionieren garantieren), hilfreich ist, um ein starkes Ansteigen der Einkommensungleichheit zu vermeiden.[677]

Doch das Ausmaß der nötigen Institutionen bleibt unklar. Und auf bestehende kann kaum zurückgegriffen werden, da vor der Transformation kein eigentliches Marktgleichgewicht vorlag. Je nach Ausprägung der relativen Macht formeller und informeller Institutionen können Märkte geschaffen und Marktverhalten induziert werden oder es setzt sich der mitunter illegale Pfründenkampf („rent seeking") gegen die Strategie des Leistungswettbewerbs („profit seeking") durch.[678] Hinzu kommt die unklare zeitliche Dimension, denn die nivellierende Wirkung des Marktes tritt nicht sofort ein.[679]

In Übereinstimmung mit den distributiven Wirkungen der Liberalisierung, Stabilisierung und Privatisierung wird auch im Rahmen der institutionellen Reformen auf die positiven distributiven Wirkungen stabiler und effizienter Finanzsysteme verwiesen.[680]

---

674 Vgl. Stark (2005), S. 4.

675 Vgl. Stephenson (2005), Feldmann (2000), S. 113, Offe (1991) sowie Murrell (1996), S. 31.

676 Vgl. Bingen (1994), S. 6.

677 Vgl. Brezinski (2002), S. 206.

678 Vgl. Eger (2002), S. 235. Vgl. auch die Illustration der Ausmaße des Versuches, die teilweise illegal erworbenen Pfründen in Eigentumsrechte zu transformieren, am Beispiel Russlands in Rosefield (2005). Darüber hinaus zur Kriminalität, Korruption und dem informellen Sektor vgl. Kornai (2006), S. 231, Rosser und Rosser (2001), S. 3 ff., Rosser, Rosser und Ahmed (2000) sowie Treisman (2002).

679 Vgl. Backhaus (2002), S. 211.

680 Vgl. Baldacci, Mello und Inchauste (2002) sowie Iyigun und Owen (2004), S. 352 f.

Nicht zuletzt sind die distributiven Wirkungen formaler Institutionen (zum Beispiel soziale Institutionen, Gerichte oder Verwaltungen) stark abhängig von der Leistungsfähigkeit der Personen und den prozesspolitischen Vorgaben, unter denen sie operieren müssen. Sie können also nicht ohne Kenntnis dieser nicht-ordnungspolitischen Aspekte abgeschätzt werden.[681]

4.6. Zusammenfassung der Modellunsicherheiten

Von den drei eingangs gestellten Fragen nach Wirkungsrichtung, Wirkungsintensität und Wirkungszeit kann, nach zusammenfassender Würdigung der Argumentation im Kapitel 4 der vorliegenden Arbeit, bestenfalls die erste plausibel, wenn auch nicht hinreichend beantwortet werden.

Wie oben betont, kann die Politik aber nicht auf Handeln verzichten, nur weil die Unsicherheiten der modelltheoretischen Analyse zu groß sind, zumal Nicht-Handeln auch Wirkungen impliziert. Im Folgenden werden daher zusammenfassend die wichtigsten Aspekte der Modelle zur Verteilungs- und Armutspolitik im Transformationsprozess herausgehoben, über die hinreichende Sicherheit besteht. Sie bilden die Grundlage einer rationalen Entscheidung:

- Mittel- bis langfristig werden permanente Einkommensungleichheiten durch das Beseitigen von Diskriminierungen auf Märkten reduziert.
- Wirtschaftswachstum begünstigt Armutsabbau. Dieser Trickle-Down-Effekt wird ebenso vom Abbau ungleicher Marktzutrittsschranken, Transaktionskosten und asymmetrischer Informationskosten begünstigt.
- Die Transfereffizienz wird durch eine leistungsfähige Verwaltung und engagierte Zivilgesellschaft langfristig effektiv verbessert. Im Transformationsprozess ist folglich mit einer schwächeren Transfereffizienz zu rechnen.
- „Sozial Schwächere" profitieren im Transformationsprozess überproportional von
  - einer effektiven und glaubwürdigen geld- und fiskalpolitischen Stabilisierung,
  - von einem nicht-diskriminierenden Rechtssystem,
  - von einem Ausbau des Bildungs- und Ausbildungssystems, das die Anpassungsfähigkeit erhöht.

---

681 Vgl. Brezinski (2002), S. 206 f., Apolte (2002), S. 107 ff., Anderson und Gray (2005), S. 14 sowie Taube (1997), S. 40.

5. Implikationen für die Verteilungs- und Armutspolitik

Die Arbeit soll mit politischen Implikationen schließen. Dabei darf jedoch kein geschlossenes Konzept für eine rationale Verteilungs- und Armutspolitik erwartet werden. Dieses setzte nämlich die Berücksichtigung – und Lösung – der immensen Umsetzungsprobleme der Verteilungs- und Armutspolitik voraus. Vielmehr geht es bei den Implikationen um konzeptionelle Prämissen, die sich aus der Abschätzung der Unsicherheiten der Verteilungs- und Armutspolitik ergeben. Daneben werden das Glaubwürdigkeitsproblem und seine Implikationen stellvertretend für die Implikationen für die Umsetzung der Verteilungs- und Armutspolitik erörtert. Abschließend lassen sich aus einem stilisierten Vergleich mit den Unsicherheiten anderer Politikfelder (Allokation und Stabilisierung) Folgerungen für den Fall des Zielkonflikts ableiten.

Es kann vorweggenommen werden, dass die Implikationen für die Armutspolitik, so sie sich denn auf die Bekämpfung der absoluten Armut konzentriert, von den Implikationen der Verteilungspolitik sowie anderer Aspekte der Armutspolitik signifikant unterscheidet. Dies spiegelt die geringere Unsicherheit einer so verstandenen Armutspolitik hinsichtlich Zielbildung und modelltheoretischer Wirkungsweisen sowie die vorhandenen Hilfsmethoden, um die Transfereffizienz zu mindern, wieder.

5.1. Konzeption der Verteilungs- und Armutspolitik

Zunächst werden die Unsicherheiten, denen sich der Distributionspolitiker in der Konzeption der Verteilungs- und Armutspolitik gegenübersieht, zusammenfassend dargestellt und anschließend ihre Implikationen erörtert.

5.1.1. Zusammenfassende Darstellung der Unsicherheiten der Verteilungs- und Armutspolitik

Die im folgenden aufgeführten konzeptionellen Aspekte stellen eine thesenhafte Zusammenfassung der Argumentation in den Kapiteln zwei bis vier dar.

a) Ziel der Verteilungs- und Armutspolitik

(i) Die Ziele der Verteilungs- und Armutspolitik lassen sich in einer offenen Gesellschaft nicht konsistent und widerspruchsfrei zu individualethischen Vorgaben herleiten.

(ii) Dies gilt nicht für das elementare Ziel der Sicherung eines Existenzminimums für jeden Bürger oder die Bekämpfung der absoluten Armut.

(iii) Die distributiven Ziele bleiben in sich relativ unbestimmt und nicht ohne Widerspruch operationalisierbar.

(iv) Zwischen den Zielen der Verteilungspolitik einerseits und denen anderer Politikfelder (zum Beispiel Allokationspolitik oder Stabilitätspolitik) bestehen prinzipiell mehr Zielkonflikte, als dies im Vergleich der beiden anderen Politikfelder untereinander zu erwarten ist.

(v) Zwischen den Zielen der Armutspolitik, wenn sie sich auf die Bekämpfung absoluter Armut konzentriert, und denen anderer Politikfelder bestehen prinzipiell weniger gravierende Zielkonflikte als im Fall der Verteilungspolitik; teilweise kann von Zielkomplementarität ausgegangen werden.

b) Datenunsicherheit der Verteilungs- und Armutspolitik

(i) Die auf Lorenzkurven beruhenden Verteilungsmaße erfüllen in der Regel die plausiblen Anforderungen an Indikatoren für die Einkommensungleichheit, sofern das Skalen-Invarianz-Axiom akzeptiert wird, was ein Werturteil beinhaltet.

(ii) Es gibt kein Armutsmaß, das ein plausibles Minimum theoretischer Anforderungen erfüllt. Alle Armutsmaße sind pragmatische, aber streng genommen inkonsistente Hilfsindikatoren.

(iii) Die Messprobleme für Verteilungs- und Armutsanalysen – das heißt Festlegung der einkommensbeziehenden Einheit, Berücksichtigung der Haushaltsgrößen via Äquivalenzziffern, Gewichtung der einzelnen Einkommensbezieher, Festlegung der Einkommensperiode, Entscheidung für Einkommens- oder Konsummessung, Wahl des Umfanges des Einkommensbegriffes, regionale Differenzierung und inflationäre Anpassung – erforderten durchweg transformationsspezifische Lösungen, die mit zunehmender Festigung der marktwirtschaftlichen Ordnung und Normalisierung des Wirtschaftsablaufes wieder aufgelöst werden können. Die mangelnde Transparenz vieler Analysen über die jeweilige Lösung der Messprobleme sowie der Wechsel von einer Lösung zur anderen erschweren die Interpretation vorhandener Daten erheblich.

(iv) Für die Zwecke der vergleichenden Armutsanalyse im Transformationsprozess sollte eine relative Armutslinie als Perzentil der Einkommensverteilung gewählt werden.

(v) Die vorhandenen Daten über Einkommensverteilung und Armut vor und während des Transformationsprozesses sind dürftig, in ihrer Vergleichbarkeit stark eingeschränkt, von mangelnder konzeptioneller Konsistenz und Transparenz, in vielen Fällen widersprüchlich bzw. unglaubwürdig, deutlich verzerrt (vor dem Transformationsprozess in Richtung geringer Ungleichheit und Armut, danach in die Gegenrichtung), stark nachlaufend, häufig revisionsverdächtig und insgesamt erheblich problematischer als etwa Wachstumsdaten oder Inflationsdaten. Die Probleme der Armutsdaten sind in der Regel deutlich größer als die der Verteilungsdaten.

c) Modellunsicherheit der Transformations- und Verteilungspolitik

(i) Es gibt keine verteilungstheoretische Standarderklärung. Vieles spricht dafür, dass permanente Einkommensungleichheiten wie auch Armut sich plausibel durch Diskriminierung im Marktzugang, unvollkommene beziehungsweise inflexible Märkte und politische Eingriffe erklären lassen.

(ii) Im Transformationsprozess ist mit einer geringeren Transfereffizienz zu rechnen. Die Transfereffizienz für eine auf die Bekämpfung der absoluten Armut ausgerichtete Armutspolitik dürfte deutlich weniger eingeschränkt sein als die der Verteilungspolitik.

(iii) Wirtschaftswachstum begünstigt Armutsabbau, sofern die Teilnahme am wirtschaftlichen Leben ermöglicht wird.

(iv) Es gibt nach wie vor kein plausibles transformationstheoretisches Totalmodell.

(v) Eine ganze Reihe von Eigenschaften des Transformationsprozesses erschwert grundsätzlich die Modellierbarkeit ökonomischer Prozesse und mindert die Übertragbarkeit von ökonomischen Gesetzmäßigkeiten und Forschungsansätzen auf Transformationsländer.

(vi) Aus Liberalisierungsmodellen ließ sich ein tendenzielles Verlaufsmuster von anfänglich zunehmender und in der Folge wieder abnehmender Einkommensungleichheit ableiten. Die Abschätzung der Intensität der Wirkung sowie die genaue zeitliche Bestimmung der einzelnen Phasen erscheinen spekulativ.

(vii) Glaubwürdige und effektive Stabilisierung unterstützt die Einkommensbildung der „sozial Schwächeren".

(viii) Die Unsicherheiten der Modellierung der Privatisierung von Großbetrieben waren in ihren Wirkungen praktisch nicht abschätzbar. Die Unsicherheiten im Fall der Privatisierung von Kleinbetrieben fallen weniger gravierend aus.

(ix) „Sozial Schwächere" profitieren im Transformationsprozess überproportional von einem nicht-diskriminierenden effizienten Rechtssystem, von einem Ausbau des Bildungs- und Ausbildungssystem, das die Anpassungsfähigkeit erhöht, von einem effizienten Finanzsystem sowie von der Bildung einer Zivilgesellschaft. Die Wirkungen dieser institutionellen Aspekte lassen sich nur spekulativ quantifizieren. Keine dieser Institutionen kann kurzfristig geschaffen werden; der Zeitbedarf für die Verwirklichung ist gemessen am gesamten Transformationsprozess relativ lang.

5.1.2. Implikationen für die Konzeption der Verteilungs- und Armutspolitik

Die Implikationen für die Verteilungs- und Armutspolitik werden im folgenden ebenso thesenhaft dargestellt. Es ist davon auszugehen, dass sich einzelne Implikationen in der Regel auf mehr als eine Unsicherheit beziehen.

These 1: Die Politik muss unter hoher Unsicherheit der Vermeidung extrem negativer Wirkungen Priorität einräumen.
Die Bekämpfung absoluter Armut und die Sicherung der Grundbedürfnisbefriedigung stehen daher an erster Stelle einer distributionspolitischen Konzeption. Dieser Aspekt erfordert ein zeitnahes Handeln ohne Rücksicht auf Datenlage und Modellkonkurrenz; unterliegt aber auch deutlich weniger ausgeprägten Unsicherheiten.

These 2: Die Distributionspolitik muss in Zielbildung, Feststellung der Zielabweichung, Modellwahl und Maßnahmenkonzeption eine stark ausgeprägte Transparenz walten lassen, um eine rationale Diskussion zu ermöglichen.

These 3: Angesichts der prinzipiellen Zielunbestimmtheit sollte das Ziel der Distributionspolitik möglichst operabel, aber nicht zu spezifisch, dazu verständlich und eindimensional gewählt werden.

These 4: Die Distributionspolitik darf sich nicht allein auf einen Indikator und nicht nur auf den aktuellen Datenrand stützen. Sie muss auf eine Vielzahl von Daten und dabei auf deren Trendhinweise achten und darf einzelne Indikatoren nicht überbewerten.

These 5: Die Distributionspolitik sollte auf den Versuch einer Feinsteuerung verzichten und stattdessen eine langfristig angelegte vorsichtige Strategie verfolgen.

These 6: Distributionspolitische Maßnahmen sollten möglichst robust sein, das heißt als theoretische Handlungsempfehlung in mehreren verschiedenen Modellen gute Resultate erzielen.

5.2. Umsetzung der Verteilungs- und Armutspolitik

Eine umfassende Erörterung der Umsetzungsprobleme der Verteilungs- und Armutspolitik erforderte eine tiefgreifende institutionenökonomische Analyse.

Sie müsste darüber hinaus auch solche Themenfelder einschließen, die in der vorliegenden Arbeit explizit ausgeschlossen wurden, etwa die Gestaltung von sozialen Sicherungssystemen. Hier soll als ein Kernproblem der Umsetzung einer jedweden Politik das Glaubwürdigkeitsproblem isolierend herausgegriffen werden. Die erörterten fachlichen Unsicherheiten der Distributionspolitik bergen erhebliche, nachfolgend aufgeführte Gefahren für die Glaubwürdigkeit der Politik. Für diese Gefahren werden im Anschluss separat Implikationen abgeleitet, die als Handlungsmaximen für eine glaubwürdige Distributionspolitik auch angesichts großer Unsicherheiten dienen können.

5.2.1. Glaubwürdigkeitsproblem

Die Glaubwürdigkeit der Politik ist für ihren Erfolg mitentscheidend. Glaubwürdigkeit und Vertrauen sind immer dann für politische Institutionen von besonderem Wert, wenn die Wirkungsdauer politischer Maßnahmen sich über längere Zeit erstreckt, besonders, wenn dies über mehrere Wahlperioden hinweg erfolgt.

Die Problematik der Glaubwürdigkeit wächst für alle Politikbereiche

- mit der Länge der Wirkungsverzögerung, genauer: mit der Dauer von der Maßnahme bis zur Erfolgsmessung,
- mit der Komplexität der fachlichen Zusammenhänge, die die Vermittelbarkeit erschweren,
- mit der Gefahr eines politischen Zyklus.

Die besonders ausgeprägte Wirkungsdauer distributionspolitischer Maßnahmen sowie ihre Komplexität wurden im vorhergehenden Kapitel 4 dieser Arbeit erörtert. Der politische Zyklus ist aus der Stabilisierungspolitik als politischer Konjunkturzyklus bekannt.[682] Er entsteht, weil konjunktursteuernde Maßnahmen in Abhängigkeit von Wahlterminen ergriffen werden, ohne aufgrund der tatsächlichen konjunkturellen Lage gerechtfertigt zu sein. Die wahltaktisch motivierten Maßnahmen erzeugen dann einen eigenen konjunkturellen Zyklus.

Verteilungs- und Armutsfragen erscheinen mindestens ebenso bedeutsam für Wahlergebnisse. Mehr noch, die Einkommensverteilung und Armutslage ist vollständig personalisierbar und im Ergebnis zudem relativ einfach zu verstehen. Die Rolle der Stabilität für das persönliche Wohlergehen des Einzelnen dürfte dagegen für einen relativ großen Kreis der Wähler immer erklärungsbedürftig bleiben. Daher spricht einiges dafür, in der Distributionspolitik einen politischen Zyklus zu vermuten. Dieser könnte durch kurzfristig sichtbare, aber nicht zwingend wirksame Maßnahmen vor den Wahlen, die unabhängig von ihren langfristigen Wirkungen ergriffen werden, erzeugt werden. Wird nach den

---

682 Vgl. Maisel (1982), S. 677 f. sowie Romer (1996), S. 419.

Wahlen die mangelnde Wirkung der Maßnahmen offenkundig, werden einige möglicherweise wieder zurückgenommen. Mit dem Durchlaufen von einigen solcher distributionspolitischen Zyklen könnte ein signifikantes Glaubwürdigkeitsproblem erzeugt werden.

Sobald ein Glaubwürdigkeitsproblem besteht, kann es seinerseits dazu beitragen, einen solchen Zyklus zu schaffen oder zu verstärken. Denn die mangelnde Glaubwürdigkeit macht es den Politikern um so schwerer, mit nach der Sachlogik gebotenen Maßnahmen distributionspolitisch zu reagieren. Zu erwarten wäre vielmehr eine anfängliche Überreaktion. Diese impliziert jedoch schon im Anbeginn zeitinkonsistentes Vorgehen.

Fehlendes Vertrauen der Menschen in die Fähigkeit der Politiker, die richtigen Maßnahmen in ausreichendem Umfang und ernsthaft zu ergreifen, wirkt sich in der Distributionspolitik besonders negativ aus. Da sich Distributionspolitik auf politisch legitimierte Eingriffe aufgrund einer Marktablehnung stützt, ist zu befürchten, dass die Marktablehnung der Marktakteure, welche „legitime Ansprüche“ an Umverteilungsmaßnahmen im weiteren Sinne zu fühlen glauben, sich nicht nur über politisch legitimierte Kanäle entlädt. Im Extremfall sind krisenhafte Zuspitzungen denkbar, die geeignet sind, die gesellschaftliche Stabilität zu gefährden. Im einfachen, aber beileibe nicht unproblematischen Fall können intensivierte „Pfründenkämpfe“ („rent-seeking“), mangelnde Bereitschaft zur längerfristigen Ausrichtung der eigenen Ausbildung und der Investitionen sowie mangelnde Unterstützung für informelle stabilisierende Regeln des Wirtschaftslebens den Wirtschaftsprozess empfindlich stören.

Auswirkungen solchen Verhaltens treffen nicht nur die Distributionspolitik. Sie beeinträchtigen darüber hinaus die Allokations- und Stabilisierungspolitik erheblich. Natürlich stören auch mangelndes Vertrauen in die Allokations- und Stabilisierungspolitik die jeweils anderen Politikbereiche. Doch wiegt das Ausmaß dieser negativen externen Effekte im Falle der Distributionspolitik tendenziell schwerwiegender. Auch dies liegt an der Grundproblematik, dass Distributionspolitik zunächst auf Korrektur von Marktergebnissen im Hinblick auf Marktablehnung zielt. Folglich sind als private „Substitutionsmaßnahmen“ für mangelhaft empfundene Distributionspolitik auch primär nichtmarktkonforme Maßnahmen zu erwarten. Allokations- und Stabilisierungspolitik, die im Kern auf die Funktionstüchtigkeit der Märkte zielen, werden nicht nur zufällig, sondern systematisch gestört. Dies gilt hingegen nicht im umgekehrten Fall.

Die Glaubwürdigkeitsprobleme der Distributionspolitik wiegen im Transformationsprozess ungleich schwerer als in der normalen Prozesspolitik ohne ordnungspolitisch modifizierende Eingriffe.

Dafür lassen sich zumindest drei Gründe anführen:

- der zu vermutende und „gefühlte" ideologische Bias vor der Transformation zugunsten verteilungs- und armutspolitischer Ziele,
- die mangelnde Transparenz der öffentlichen und politischen Meinungsbildung: Unsicherheit der Daten und Unterbestimmtheit der Modelle können durch Transparenz nicht wettgemacht werden, jedoch wirken politische Erklärungen über die Unsicherheit und ihre Folgen tendenziell unglaubwürdiger, wenn die politische Meinungsbildung intransparent und der öffentliche Diskurs nicht frei und kritisch erfolgen,
- die Unbestimmtheit und notwendigerweise immer inkonsistente Zieldefinition distributionspolitischer Maßnahmen im ökonomischen Transformationsprozess.

5.2.2. Politische Implikationen des Glaubwürdigkeitsproblems

Dem Glaubwürdigkeitsproblem würde zunächst am besten Rechnung getragen, wenn die oben genannten Implikationen für die Konzeption der Verteilungs- und Armutspolitik eingehalten würden. Darüber hinaus ergeben sich einige Implikationen explizit zur Minderung des Glaubwürdigkeitsproblems.

Die Forderungen an die Transformationspolitiker lauten im Einzelnen:

- Keine detaillierten Versprechungen.
- Keine kurzfristigen Ziele bis auf die Bekämpfung der absoluten Armut.
- Explizites Ansprechen der primären politischen Ausrichtung auf marktwirtschaftliche Reformen und des Zurückstellens distributionspolitischer Ziele.[683]
- Konzentration der Distributionspolitik auf direkte schnell wirkende und nicht verzerrende Eingriffe um absolute Armut zu mindern.
- Betonung des pragmatischen Charakters der Umsetzung.
- Unterstützung aller jener transformationspolitischer Maßnahmen, die langfristig distributionspolitisch erwünschte Wirkungen erwarten lassen.

---

[683] Beispielhaft steht dafür das Motto Deng Xiaopings: Man müsse zunächst einigen erlauben, mehr einzunehmen und besser zu leben. Er formulierte dies auf einer Arbeitskonferenz des Zentralkomitees der Kommunistischen Partei am 13. Dezember 1978, die als Beginn der chinesischen Transformation gilt.

5.3. Abwägung der Verteilungs- und Armutspolitik mit anderen Politikfeldern

Die Distributionspolitik muss sich in der politischen Praxis auch in der Abwägung mit anderen Politikfeldern behaupten. Ein skizzierter Vergleich der Unsicherheiten der jeweiligen Politikfelder, hier: Allokationspolitik, Stabilisierungspolitik und Distributionspolitik, kann als Kriterium für die Lösung von Zielkonflikten herangezogen werden.

5.3.1. Vergleich der Unsicherheiten der verschiedenen Politikfelder

Die Verteilungs- und Armutspolitik leidet im Vergleich mit der Allokations- wie der Stabilisierungspolitik in mehrfacher Hinsicht unter dem fehlenden Referenzwert des Marktprozesses. In einer marktwirtschaftlichen Ordnung kommt der Allokationspolitik die Aufgabe zu, den Marktprozess aufrechtzuerhalten und bei begründetem Marktversagen gegebenenfalls Lösungen zur Internalisierung oder öffentliche Güter zu schaffen. Sowohl die geplante Internalisierung (etwa durch Pigou-Steuern) als auch öffentliche Güter lassen sich in plausibler Analogie zu privaten Gütern hinsichtlich ihrer Effizienz beurteilen.

Die Stabilisierungspolitik profitiert ebenso von einem eindeutigen Referenzwert: Der Erhaltung der Marktsteuerung durch Stabilisierung des Preisniveaus. Hinzu kommt die weite Verbreitung der Annahme einer starken selbststeuernden Kraft des Marktes innerhalb eines beträchtlichen Teils der stabilitätspolitischen Modelle. Daraus reduziert sich bereits die Eingriffsintensität der Stabilisierungspolitiker.[684]

Einen ähnlich eindeutigen Referenzwert kann die Verteilungs- und Armutspolitik nicht vorweisen, richtet sie sich doch explizit gegen das Marktergebnis. Dieses soll aus distributionspolitischer Sicht korrigiert werden, aber es gibt kein zwingend ableitbares Ziel dieser Politik, das nicht aufgrund differierender Präferenzen angreifbar wäre bis auf die Maßgabe, absolute Armut zu bekämpfen, um allen den Zugang zum wirtschaftlichen Leben zu ermöglichen. Weder im Ergebnis noch im Prozedere kann sich die Distributionspolitik ansonsten auf das Beispiel Markt berufen. Dieser fundamentale Unterschied lässt distributive Einschätzungen auch zum bleibenden Streitobjekt der Wirtschaftspolitiker avancieren.

Die Ziele der Verteilungspolitik sind weniger konsistent und widerspruchsfrei ableitbar als die der anderen Politikfelder. Sie zeigen größere Zielkonkurrenz zu den Zielen der anderen beiden Politikfelder als diese zueinander. Dies gilt explizit nicht für die Ziele einer auf Bekämpfung der absoluten Armut fokussierten Politik.

---

684 Vgl. Maisel (1982), S. 667.

Die Datenlage der Verteilungs- und Armutsmessung ist aus theoretischer Sicht grundsätzlich mit größerer Unsicherheit und größerer Zeitverzögerung behaftet als die der Allokations- oder Stabilisierungspolitik. Darin drückt sich das Problem der aggregierten Mikrodaten aus. Während die beiden anderen Politikfelder auf rein aggregierte Indikatoren abzielen, bedarf die Distributionspolitik zunächst einer Mikrodatenbasis. Diese kann nicht durch vorhandene aggregierte Daten substituiert werden. Die praktische Verfügbarkeit von Verteilungs- und Armutsdaten bestätigt in ihrer Dürftigkeit die theoretisch ableitbaren Unsicherheiten der Datenlage.

Die Modellierung der Verteilungs- und Armutstheorie erfordert mindestens einen weiteren Schritt über allokative und stabilitätspolitische Ergebnisse hinaus, nämlich die nicht triviale Individualisierung von Wachstumswirkungen. Hinzu kommt, dass die allokativen Probleme in der Regel als sektoral oder regional begrenzte Probleme auftreten. Dies erleichtert ihre Erfassung und Modellierung. Generell bleibt der Bestimmtheitsgrad von distributionspolitischen Modellen deutlich hinter dem der anderen beiden Politikfelder zurück. In den meisten Fällen können über Tendenzaussagen hinaus nur selten belastbare und allgemein übertragbare Aussagen belegt werden.

5.3.2. Implikationen für die Abwägung im Zielkonflikt

Verteilungs- und Armutspolitik unterliegen größeren immanenten Unsicherheiten als Allokations- und Stabilitätspolitik. Sie zeitigen mit Ausnahme der Bekämpfung absoluter Armut zudem systematisch negative externe Effekte auf andere Politikfelder, eben auf die Allokation und die Stabilisierung. Dies gilt verstärkt, wenn zum Beispiel aufgrund der Unsicherheiten die Ziele der Verteilungs- und Armutspolitik nicht erreicht werden. In diesem Fall werden die Marktergebnisse durch die distributiven Eingriffe verzerrt, ohne eine größere Akzeptanz für das Ergebnis aus Marktprozess plus Distribution zu erzielen. Folglich bleiben die politischen Anreize und Bestrebungen, das Marktergebnis zu korrigieren, bestehen und dürften weitere Eingriffe zur Folge haben. Ob dann aber die zuvor getätigten Eingriffe zunächst zurückgenommen werden, um den Marktprozess wieder zur Geltung kommen zu lassen, darf bezweifelt werden, da die handelnden Politiker damit eine Fehleinschätzung zugeben müssten. Angesichts hinreichend großer Unsicherheit über die Wirkung und angesichts selten zeitnah vorhandener Daten zur Wirkungsanalyse ex post ist eher eine Verbrämung der neuen Eingriffe als „Ergänzung der bisher tendenziell richtigen Politik“ zu erwarten.

Kurzum: Die negativen Wirkungen der Verteilungs- und Armutspolitik, sofern sich letztere nicht auf die Bekämpfung der absoluten Armut beschränkt, auf die Allokation und Stabilisierung werden durch ihre immanenten Unsicherheiten voraussichtlich potenziert. Die erfolgreiche Bekämpfung absoluter Armut kann dagegen als prinzipiell zielkomplementär zur Allokations- und Stabilitätspolitik gesehen werden, da sie auch auf das Funktionieren der Marktmechanismen, hier via Beteiligung bisher ausgeschlossener Bevölkerungsgruppen, zielt.

Im Gegensatz dazu unterstützen Allokations- und Stabilisierungspolitik im Sinne einer Marktstabilisierung auch die Armuts- und Verteilungspolitik, solange eine Mindestbeteiligung der Menschen am Wirtschaftsleben sichergestellt ist. Allokationspolitik sichert den wettbewerblichen Prozess und unterstützt damit die Umverteilung von temporär entstandenen übernormalen Gewinnen via „Trickle-Down". Zudem versucht eine wohlverstandene Allokationspolitik, die großen externen Effekte (Marktversagen) zu internalisieren, soweit dies ohne größeres Staatsversagen möglich ist. Auch davon profitieren aus mindestens zwei Gründen besonders die Geringverdiener: Erstens erhöht effektive Allokationspolitik in nicht wenigen Fällen die Partizipation am Wirtschaftsprozess, weil negative Auswirkungen auf wettbewerbliche Produktionen verringert werden. Und zweitens leiden Geringverdiener stärker unter Marktversagen, denn einkommensstärkere Personen sind eher in der Lage, kompensierende Maßnahmen privat zu finanzieren. Dies gilt etwa im Schutz vor negativen Umwelteinflüssen oder bei der Beschäftigung von privaten Sicherheitskräften, um mangelnde öffentliche Ordnung zu kompensieren.

Dies gilt analog für die Stabilisierungspolitik. Sie schützt die Einkommenserzielung und ökonomische Partizipation der Einkommensschwachen in besonderer Weise.

Zusammengefasst zeigt sich, dass der Verteilungs- und Armutspolitik selbst größere Unsicherheiten gegenüberstehen und die Erfüllung ihrer Ziele gefährden. Gleichzeitig stören Verteilungs- und Armutspolitik die Zielerreichung der Allokationspolitik wie der Stabilisierungspolitik. Die anderen Politikfelder tragen aber ihrerseits aktiv auch zu normalerweise verteilungspolitisch erwünschten Ergebnissen bei, sofern eine Mindestbeteiligung am Wirtschaftsprozess gewährleistet werden kann. Daraus folgt unabhängig von der grundsätzlichen Zieldebatte allein aus den praktischen Umsetzungsproblemen ein Argument, die Umsetzung der Verteilungspolitik sekundär vorzunehmen und im Zweifel zugunsten anderer Politikfelder zu unterlassen. Die Armutspolitik dagegen, soweit sie sich der Beteiligungsmöglichkeit der einkommensschwachen Personen am Erwerbsprozess widmet, genießt aus diesen Überlegungen gleichen Rang wie die Allokations- und Stabilisierungspolitik. Dazu gehört nicht zuletzt angesichts der offenbaren Interdependenzen zwischen Freiheit und Marktwirtschaft die aus Gründen des allgemeinen Menschenrechts und der Freiheit des Einzelnen notwendige Beseitigung absoluter Armut.

Literaturverzeichnis

Aghion, Philippe und Patrick Bolton (1992). Distribution and growth in models of imperfect capital markets. In: European Economic Review, S. 603 - 611.

Aghion, Philippe und Patrick Bolton (1993). A Theory of Trickle-Down Growth and Development with Debt-overhang. In: LSE Financial Markets Group Discussion Paper Series, Discussion Paper No. 170.

Aghion, Philippe und Simon Commander (1999). On the dynamics of inequality in the transition. In: Economics of Transition, Vol. 7, S. 275 - 298.

Ahluwalia, M. S. (1976). Inequality, Poverty and Development. In: Journal of Development Economics, S. 307 - 342. Hier zitiert aus dem Nachdruck in: Livingstone, Ian (Hrsg.), (1981). Development Economics and Policy: Readings. London et alibi: George Allen & Unwin, S. 30 - 48.

Alexander, Richard D. (1979). Darwinism and Human Affairs. Seattle et alibi: University of Washington Press.

Alexeev, Michael und James Leitzel (2001). Income distribution and price controls: Targeting a social safety net during economic transition. In: European Economic Review, S. 1647 – 1663.

Anand, Sudhir und S. M. R. Kanbur (1993). The Kuznets process and the inequality-development relationship. In: Journal of Development Economics, S. 25 - 52.

Anderson, James und Cheryl Gray (2005). Transforming Judicial Systems in Europe and Central Asia. In: Beyond Transition – Special ABCDE-Conference, Vol. 16, No. 4, S. 14 - 23.

Anderson, W. H. Locke (1964). Trickling Down: The Relationship between Economic Growth and the Extent of Poverty among American Families. In: The Quarterly Journal of Economics, S. 511 - 524.

Apolte, Thomas (2002). Alterssicherung und intergenerationelle Umverteilung in kleinen offenen Transformationswirtschaften. In: Nutzinger, Hans G. (Hrsg.), (2002). Verteilungsprobleme im Transformationsprozess. Berlin: Duncker & Humblot, S. 107 – 136.

Arndt, H. W. (1983). The „Trickle-Down" Myth. In: Economic Development and Cultural Change, S. 1 - 10.

Åslund, Anders (1999). Russia's Collapse. In: Foreign Affairs, 78, S. 64 – 77.

Åslund, Anders (2001). The Myth of Output Collapse after Communism. Working Paper No. 18, March 2001. Washington, D.C.: Carnegie Endowment for International Peace.

Atkinson, Anthony B. (1987). Poverty. In: The New Palgrave: A Dictionary of Economics, herausgegeben von: John Eatwell, Murray Milgate und Peter Newman, Band 3, S. 928 - 933.

Atkinson, Anthony B. (1996). Seeking to explain the distribution of income. In: Hills, John (Hrsg.). New Inequalities. Cambridge: Cambridge University Press, S. 19 - 49.

Atkinson, Anthony B. (1997). Bringing Income Distribution in from the Cold. In: The Economic Journal, S. 297 - 321.

Atkinson, Anthony B. (2000). The Changing Distribution of Income: Evidence and Explanations. In: German Economic Review, Vol. 1, Nr. 1, S. 3 – 8.

Atkinson, Anthony B.; Maynard, A. K. und C. G. Trinder (1983). Parents and Children: Incomes in Two Generations. London: Heinemann Educational Books.

Atkinson, Anthony B. und J. Micklewright (1992). Economic transformation in Eastern Europe and the distribution of income. Cambridge: Cambridge University Press.

Axelrod, Robert (1991). Die Evolution der Kooperation, 2. Auflage, übersetzt und mit einem Nachwort von Werner Raub und Thomas Voss. München: Oldenbourg.

Baer, Werner und William Maloney (1997). Neoliberalism and Income Distribution in Latin America. In: World Development, S. 311 - 327.

Backhaus, Jürgen G. (2002). Zum Zusammenhang zwischen Transformation und Einkommensverteilung. In: Nutzinger, Hans G. (Hrsg.), (2002). Verteilungsprobleme im Transformationsprozess. Berlin: Duncker & Humblot, S. 211 – 214.

Backhaus, Jürgen G. und Frank H. Stephen (2002). Verantwortliches Management und Massenprivatisierung. Eine theoretische und empirische Untersuchung des Wandels der rechtlichen und politischen Beziehungen. In: Nutzinger, Hans G. (Hrsg.), (2002). Verteilungsprobleme im Transformationsprozess. Berlin: Duncker & Humblot, S. 45 – 106.

Baldacci, Emanuelle; Mello, Luiz de und Gabriela Inchauste (2002). Financial crisis, poverty, and income distribution. In: Finance & Development, 39, 2, S. 24 – 27.

Bamberg, Günter und Adolf Gerhard Coenenberg (1974). Betriebswirtschaftliche Entscheidungslehre, 6. Auflage. München: Vahlen.

Barro, Robert J. und Xavier Sala-i-Martin (1995). Economic Growth. New York: McGraw-Hill.

Becker, Irene und Richard Hauser (1995). Die Entwicklung der Einkommensverteilung in der Bundesrepublik Deutschland in den siebziger und achtziger Jahren. In: Konjunkturpolitik, S. 308 - 344.

Beetsma, Roel M.W.J. und Frederick van der Ploeg (1996). Does inequality cause inflation?: The political economy of inflation, taxation and government debt. In: Public Choice, S. 143 - 162.

Bell, M. W.; Khor, H. E. und K. Kochhar (1993). China at the Threshold of a Market Economy. International Monetary Fund Occasional Paper 107, Washington, D.C.: IMF.

Berglof, Erik et alii (2005). Corporate Governance and Bankruptcy in Emerging Market Economies. In: Beyond Transition – Special ABCDE-Conference, Vol. 16, No. 4, S. 9 – 10.

Bergson, Abram (1984). Income Inequality under Soviet Socialism. In: Journal of Economic Literature, S. 1052 - 1099.

Besley, Timothy und Robin Burgess (2003). Halving Global Poverty. In: Journal of Economic Perspectives, Vol. 17, No. 3, S. 3 – 22.

Betzig, Laura. (1997). Introduction: People Are Animals. In: Betzig, Laura. (Hrsg.). Human Nature. A Critical Reader. Oxford et alibi: Oxford University Press, S. 1 - 17.

Beyme, Klaus von (1994). Transformationstheorie - ein neuer interdisziplinärer Forschungszweig? In: Geschichte und Gesellschaft, S. 99 - 118.

Bhalla, Ajit und Frédéric Lapeyre (1997). Social Exclusion: Towards an Analytical and Operational Framework. In: Development and Change, S. 413 - 433.

Bigman, David und Hippolyte Fofack (2000). Geographical Targeting for Poverty Alleviation: An Introduction to the Special Issue. In: The World Bank Economic Review, Vol. 14, S. 129 - 146.

Bigman, David; Dercon, Stefan; Guillaume, Dominique und Michel Lambotte (2000). Community Targeting for Poverty Reduction in Burkina Faso. In: The World Bank Economic Review, Vol. 14, S. 167 - 194.

Bingen, Dieter (1994). Strukturelemente des politischen Transformationsprozesses in den Staaten Ostmittel- und Südosteuropas. In: Konrad-Adenauer-Stiftung Auslandsinformationen, Heft 9 / 1994, S. 3 - 16.

Bird, Edward J.; Frick, Joachim R. und Gert G. Wagner (1998). The Income of Socialist Upper Classes during the Transition to Capitalism: Evidence from Longitudinal East German Data. In: Journal of Comparative Economics, Vol. 26, S. 211 - 225.

Birdsall, Nancy und Juan Luis Londoño (1997). Asset Inequality Matters: An Assessment of the World Bank's Approach to Poverty Reduction. In: American Economic Review, Papers and Proceedings, S. 32 - 37.

Blackburn, McKinley L. (1994). International Comparisons of Poverty. In: American Economic Review, Papers and Proceedings, S. 371 - 374.

Blackwood, D. L. und R. G. Lynch (1994). The Measurement of Inequality and Poverty: A Policy Maker's Guide to the Literature. In: World Development, Vol. 22, No. 3, S. 567 - 578.

Blanchard, Olivier Jean (1996). Theoretical Aspects of Transition. In: American Economic Review Papers and Proceedings, S. 117 - 122.

Blanchard, Olivier (1997a). The Economics of Post-Communist Transition. Oxford: Clarendon Press.

Blanchard, Olivier (1997b). Is There a Core of Usable Macroeconomics? In: American Economic Review, Papers and Proceedings, S. 244 - 246.

Blank, Rebecca M. und David Card (1993). Poverty, Income Distribution, and Growth: Are They Still Connected? In: Brookings Papers on Economic Activity, 2: 1993, S. 285 - 325.

Blankart, Charles Beat (1991). Öffentliche Finanzen in der Demokratie. München: Vahlen.

Blau, Peter M. (1968). Social Exchange. In: Sills, David L. (Hrsg.). International Encyclopedia of the Social Sciences. Macmillan. S. 452 - 458.

Blaug, Mark (1985). Economic theory in retrospect. Cambridge et alibi: Cambridge University Press.

Blinder, Alan S. (1997). Is There a Core of Practical Macroeconomics That We Should All Believe? In: American Economic Review, Papers and Proceedings, S. 240 - 243.

Bloem, Adriaan M., Cotterell, Paul und Terry Gigantes (1998). National Accounts in Transition Countries: Balancing the Biases? In: Review of Income and Wealth, S. 1 - 24.

Bonus, H. (1989). Umwelt und Liebe in der ökonomischen Wertsphäre. In: B. Gahlen et alii (Hrsg.). Wirtschaftswachstum, Strukturwandel und dynamischer Wettbewerb. Ernst Helmstädter zum 65. Geburtstag. Berlin et alibi: Springer, S. 221 - 232.

Borrmann, Axel (1992). Die Entwicklungsländer im Polarisierungsprozeß des Welthandels. In: Fischer, Bernd (Hrsg), (1992). Die dritte Welt im Wandel der Weltwirtschaft. Hamburg: Verlag Weltarchiv GmbH, S. 33 - 59.

Boulding, K.E. (1991). What is evolutionary economics? In: Journal of Evolutionary Economics, S. 9 - 17.

Boycko, Maxim; Shleifer, Andrei und Robert W. Vishny (1996). A Theory of Privatisation. In: The Economic Journal, S. 309 - 319.

Brada, Josef C. (1996). Privatization is Transition - Or Is It? In: Journal of Economic Perspectives, S. 67 - 86.

Brezinski, Horst (2002). Zum Zusammenhang zwischen Transformation und Einkommensverteilung. In: Nutzinger, Hans G. (Hrsg.), (2002). Verteilungsprobleme im Transformationsprozess. Berlin: Duncker & Humblot, S. 185 – 210.

Brocker, Manfred (1992). Arbeit und Eigentum: der Paradigmenwechsel in der neuzeitlichen Eigentumstheorie. Darmstadt: Wissenschaftliche Buchgesellschaft.

Buckley, Robert M. und Eugene N. Gurenko (1997). Housing and Income Distribution in Russia: Zhivago's Legacy. In: The World Bank Research Observer, Vol. 12, No. 1, S. 19 - 32.

Buhmann, Brigitte; Rainwater, Lee; Schmaus, Günther und Timothy M. Smeeding (1988). Equivalence Scales, Well-Being, Inequality, And Poverty: Sensitivity Estimates Across Ten Countries Using The Luxembourg Income Study (LIS) Database. In: Review of Income and Wealth, S. 115 - 142.

Burki, Javed und Guillermo E. Perry (1998). Beyond the Washington Consensus: Institutions Matter. Washington, D.C.: World Bank.

Bychkova, Olga (2000). How valid is Stiglitz's critique of the 'Washington consensus' on the political economy of transition? Working Paper der European University at St. Petersburg, Department of Political Sciences and Sociology. Mimeo.

Cassel, Dieter und Thomas Apolte (1994). Timing und Sequencing im Transformationsprozeß: Gibt es eine optimale Transformationsstrategie? In: Hölscher, Jens et alii (Hrsg.), S. 11 - 36.

Chalmers, Alan F. (1982). Wege der Wissenschaft: Einführung in die Wissenschaftstheorie. Herausgegeben und übersetzt von Niels Bergemann und Jochen Prümper nach: What is This Thing Called Science ?, 2. Auflage. Berlin et alibi: Springer.

Citro, Constance F. und Michael, Robert T. (Hrsg.), (1995). Measuring Poverty: A New Approach. Washington DC: National Academy Press.

Clapham, Ronald und Birgit Grote (1991). Zu den Anforderungen an eine Theorie der Transformation von Wirtschaftssystemen. Schriften zur Wirtschaftsforschung, Nr. 3. Universität Gesamthochschule Siegen.

Clement, H.; Frensch, R.; Jennewein, M.; Jungfer, J.; Knogler, M.; Osterkamp, R.; Quaisser, W.; Sekarev, A.; Ufer, R. und V. Vincentz (1997). Den Transformationsfortschritt messen: Die staatliche Wirtschaftstätigkeit in ausgewählten Transformationsstaaten. Working Papers Nr. 201/202. München: Osteuropa-Institut.

Clements, Benedict (1997). Der Real-Plan, Armut und Einkommensverteilung in Brasilien. In: Finanzierung und Entwicklung, Nummer 3, S. 40 - 42.

Cogan, John F. (1995). Dissent. In: Citro, Constance F. und Michael, Robert T. (Hrsg.), (1995), Appendix A.

Commander, Simon; Tolstopiatenko, Andrei und Ruslan Yemtsov (1999). Channels of redistribution. In: Economics of Transition, Vol. 7, S. 411 - 447.

Commons, John R. (1934). Institutional Economics. Vol. 1. Madison, University of Wisconsin Press.

Conert, Hansgeorg (2000). Die russische Finanzkrise. In: Boris, Dieter et alii (Hrsg.), (2000). Finanzkrisen im Übergang zum 21. Jahrhundert – Probleme der Peripherie oder globale Gefahr? Marburg: Metropolis, S. 161 – 190.

Cornelius, Peter K. und Beatrice S. Weder (1996). Economic Transformation and Income Distribution: Some Evidence from the Baltic Countries. In: IMF Staff Papers, Vol. 43, No. 3, S. 587 - 604.

Cornia, Giovanni Andrea (1994). Income Distribution, Poverty and Welfare in Transitional Economies: A Comparison Between Eastern Europe and China. In: Journal of International Development, Vol. 6, No. 5, S. 569 - 607.

Cowell, F. A. (1977). Measuring Inequality. Oxford: Philip Allan Publisher.

Cox, Donald; Jimenez, Emmanuel und Wlodek Okrasa (1997). Family Safety Nets and Economic Transition: A Study of Worker Households in Poland. In: Review of Income and Wealth, S. 191 - 209.

Cukierman, A.; Miller , G. und Neyapti, B. (2000). Central Bank Reform, Liberalization and Inflation in Transition Economies – An International Perspective, Tel Aviv University, Foerder Institute for Economic Research Working Paper No. 19.

Dalton, Hugh (1920). The Measurement of the Inequality of Incomes. In: The Economic Journal, Vol. 30, S. 348 - 361.

Dalton, Hugh (1935). Some Aspects of The Inequality of Incomes in Modern Communities. 4. Auflage, London: Routledge.

Danziger, Sheldon und Peter Gottschalk (1986). Do Rising Tides Lift All Boats? The Impact of Secular and Cyclical Changes on Poverty. In: American Economic Review Papers and Proceedings, S. 405 - 410.

De Masi und Vincent Koen (1996). Relative Price Convergence in Russia. In: IMF Staff Papers, Vol. 43, No. 1, S. 97 - 122.

De Melo, Martha; Denizer, Cevdet und Alan Gelb, (1996). Patterns of Transition from Plan to Market. In: The World Bank Economic Review, S. 397 - 424.

De Vos, Klaas und M. Asghar Zaidi (1997). Equivalence Scale Sensitivity of Poverty Statistics for the Member States of the European Community. In: Review of Income and Wealth, S. 319 - 333.

Deaton, Angus und Christina Paxson (1994). Intertemporal Choice and Inequality. In: Journal of Political Economy, S. 437 - 467.

Deininger, Klaus und Lyn Squire (1996). A New Data Set Measuring Income Inequality. In: The World Bank Economic Review, S. 565 - 591.

Deutsche Bundesbank (2004). Geldpolitik unter Unsicherheit. In: Monatsbericht Juni 2004, S. 15 – 28.

Diehl, Markus (1994). Warum verläuft die Systemtransformation in Asien reibungsloser als in Osteuropa? In: Die Weltwirtschaft, S. 492 - 507.

Diehl, Martin (1998). Institutionenökonomische Aspekte der sozialen Sicherung. Allgemeine Analyse und Erörterung der Übertragbarkeit auf Transformationsländer. In: Hemmer, Hans-Rimbert (Hrsg.): Die Bedeutung der Neuen Institutionenökonomik für die Entwicklungsländer. Kreditanstalt für Wiederaufbau, Frankfurt am Main.

Doyle, Chris (1996). The Distribution Consequences During the Early Stages of Russia's Transition. In: Review of Income and Wealth, Series 42, No. 4, S. 493 - 505.

Easterly, William und Stanley Fischer (2001). Inflation and the Poor. In: Journal of money, credit and banking, 33 (2001), 2, Part 1, S. 160 – 178.

Eger, Thomas (2002). Einkommensdynamik und Stabilität im Tranformationsprozess. In: Nutzinger, Hans G. (Hrsg.), (2002). Verteilungsprobleme im Transformationsprozess. Berlin: Duncker & Humblot, S. 233 – 238.

Eichenbaum, Martin (1997). Some Thoughts on Practical Stabilization Policy. In: American Economic Review, Papers and Proceedings, S. 236 - 239.

Elster, Jon (1991). Local Justice. In: European Economic Review, Vol. 35, S. 273 - 291.

Enderle, Georges (1992). Ökonomische und ethische Aspekte der Armutsproblematik. In: Lenk, Hans und Matthias Maring (Hrsg.). Wirtschaft und Ethik. Stuttgart: Reclam, S. 134 - 152.

Eucken, Walter (1952). Grundsätze der Wirtschaftspolitik. Herausgegeben von Edith Eucken und K. Paul Hensel. Tübingen: J.C.B. Mohr (Paul Siebeck).

Eucken, Walter (1965). Die Grundlagen der Nationalökonomie. Achte Auflage. Berlin et alibi: Springer.

Europäische Zentralbank (2002). Financial Sectors in EU Accession Countries. Verfügbar unter http://www.ecb.int.

Europäische Bank für Wiederaufbau und Entwicklung (Hrsg.), (1997). Transition Report 1997. Bonn: Lemmens Verlags- & Mediengesellschaft mbH.

European Bank for Reconstruction and Development (Hrsg.), (1994). Transition Report 1994. London: EBRD.

European Bank for Reconstruction and Development (Hrsg.), (1995). Transition Report 1995. London: EBRD.

European Bank for Reconstruction and Development (Hrsg.), (1996). Transition Report 1996. London: EBRD.

European Bank for Reconstruction and Development (Hrsg.), (1998). Transition Report 1998. London: EBRD.

European Bank for Reconstruction and Development (Hrsg.), (1999). Transition Report 1999. London: EBRD.

European Bank for Reconstruction and Development (Hrsg.), (2000). Transition Report 2000. London: EBRD.

European Bank for Reconstruction and Development (Hrsg.), (2001). Transition Report 2001. London: EBRD.

European Bank for Reconstruction and Development (Hrsg.), (2002). Transition Report 2002. London: EBRD.

European Bank for Reconstruction and Development (Hrsg.), (2003). Transition Report 2003. London: EBRD.

European Bank for Reconstruction and Development (Hrsg.), (2004). Transition Report 2004. London: EBRD.

European Bank for Reconstruction and Development (Hrsg.), (2005). Transition Report 2005. London: EBRD.

Faik, Jürgen (1995). Äquivalenzskalen: Theoretische Erörterung, empirische Ermittlung und verteilungsbezogene Anwendung für die Bundesrepublik Deutschland. Berlin: Duncker & Humblot.

Fasbender, Karl und Holthus, Manfred (1990). Zur Übertragbarkeit der Sozialen Marktwirtschaft auf Entwicklungsländer. In: Aus Politik und Zeitgeschichte: Beiträge zur Wochenzeitung Das Parlament, Juli 1990, S. 3 -10.

Feldmann, Horst (2000). Die Transformation von Wirtschaftssystemen. In: Das Wirtschaftsstudium, S. 112 – 117.

Feldmann, Horst (2002). Arbeitsmarktpolitik im Transformationsprozeß: Hat der Staat den Verlierern geholfen? In: Nutzinger, Hans G. (Hrsg.), (2002). Verteilungsprobleme im Transformationsprozess. Berlin: Duncker & Humblot, S. 137 – 184.

Fellhauer, Eric (1994). Liberalismus und Verteilungsgerechtigkeit: eine Untersuchung der liberalen Gerechtigkeitstheorie F.A. von Hayeks auf der Grundlage einer rechtebasierten Ethik. Frankfurt am Main u.a.: Lang.

Ferreira, Francisco H. G. (1999). Economic transition and the distributions of income and wealth. In: Economics of Transition, Vol. 7, S. 377 - 410.

Fields, Gary S. (1994). Data for measuring poverty and inequality changes in the developing countries. In: Journal of Development Economics, S. 87 - 102.

Filer, Randall K. und Jan Hanousek (2002). Research Data from Transition. In: Journal of Economic Perspectives, Vol. 16, No. 1, S. 225 – 240.

Fischer, Stanley und Ratna Sahay (2001). The Transition Economies After Ten Years. IMF Working Paper 00/30.

Fischer, Stanley; Sahay, Ratna und Carlos A. Végh (1996). Stabilization and Growth in Transition Economies: The Early Experience. In: Journal of Economic Perspectives, S. 45 - 66.

Fishlow, Albert (1996). Inequality, Poverty, and Growth: Where Do We Stand? In: Annual World Bank Conference on Development Economics 1995. Washington, D.C.: The World Bank, S. 25 - 39.

Flakierski, Henryk (1984). Income Inequalities in the Former Soviet Union and its Republics. Armonk, New York et alibi: M.E. Sharpe.

Föcking, Friederike (1996). Primat der Kontingenz: Der Umbruch 1989 und die Geschichtswissenschaft. In: Frankfurter Allgemeine Zeitung, 22. Mai 1996, S. N6.

Forte, Francesco und James M. Buchanan (1961). The Evaluation of Public Services. In: Journal of Political Economy, Vol. 69, S. 107 - 121.

Foster, James E. (1998). Absolute versus Relative Poverty. In: American Economic Review, Papers and Proceedings, S. 335 - 341.

Frankena, William K. (1994). Analytische Ethik. 5 . Auflage. Herausgegeben und übersetzt von Norbert Hoerster nach der englischen Originalausgabe „Ethics" von 1963. München: Deutscher Taschenbuch Verlag.

Franz, Wolfgang (1996). Arbeitsmarktökonomik, 3. Auflage. Berlin et alibi: Springer.

Frey, Bruno S. (1984). The Public Choice View of International Political Economy. In: International Organization, Vol. 38, No. 1, S. 199 – 207 und S. 214 – 223, hier zitiert aus dem Wiederabdruck in Vaubel, Roland und Thomas D. Willett (Hrsg.), (1991). The Political Economy of International Organizations. Boulder et alibi: Westview Press, S. 7 – 26.

Frick, Joachim R. et alii (2005). Zur langfristigen Entwicklung von Einkommen und Armut in Deutschland. Starke Reduktion der arbeitsmarktbedingten Ungleichheit durch sozialstaatliche Maßnahmen. In: Wochenbericht / Deutsches Institut für Wirtschaftsforschung, 72 (2005), 4, S. 59 – 68.

Fuchs, Michael (1995). Gerechtigkeit in der Transplantationsmedizin. In: Frankfurter Allgemeine Zeitung, 16. August 1995, S. N3.

Funke, Norbert (1993). Timing and Sequencing of Reforms: Competing Views and the Role of Credibility. In: Kyklos, Vol. 46, S. 337 - 362.

Furubotn, E. und R. Richter (1991). The New Institutional Economics: An Assessment. In: Furubotn, E. und R. Richter (Hrsg.). The New Institutional Economics. A Collection of Articles. Tübingen.

Gärtner, Wulf (1994). Distributive justice: Theoretical foundations and empirical findings. In: European Economic Review, S. 711 - 720.

Gajwani, Kiran; Kanbur, Ravi und Xiaobo Zhang (2005). Patterns of Regional Inequality in India and China. In: In: Beyond Transition – Special ABCDE-Conference, Vol. 16, No. 4, S. 8.

Galor, Oded und Daniel Tsiddon (1996). Income Distribution and Growth: the Kuznets Hypothesis Revisited. In: Economica, S. 103 - 117.

Galor, Oded und J. Zeira (1988). Income distribution and macroeconomics, Mimeo. Jerusalem: Hebrew University.

Galor, Oded und Joseph Zeira (1993). Income Distribution and Macroeconomics. In: Review of Economics Studies, S. 35 - 52.

Ganuza, Enrique und Lance Taylor (1998). Macroeconomic Policy, Poverty, and Equality in Latin America and the Caribbean. In: Working Paper

Series I: Globalization, Labor Markets, and Social Policy. Working Paper No. 6. New York: Center for Economic Policy Analysis.

Gharabaghi, Kiaras (1994). Development strategies for Central Asia in the 1990s: in search of alternatives. In: Third World Quarterly, S. 103 - 119.

Glastetter, Werner (1995). Zur Problemlage in Transformationsökonomien - Eine Bestandsaufnahme. In: WISU, S. 454 - 459.

Goldthorpe, John H. (1980). Social Mobility & Class Structure in Modern Britain. Oxford: Clarendon Press.

Gottschalk, Peter und Timothy M. Smeeding (1997). Cross-National Comparison of Earnings and Income Inequality. In: Journal of Economic Literature, S. 633 - 687.

Gray, Cheryl W. (1996). In Search of Owners: Privatization and Corporate Governance in Transition Economies. In: The World Bank Research Observer, S. 179 - 97.

Gray, Cheryl W. (1997). Reform der Rechtsordnungen in Entwicklungs- und Transformationsländern. In: Finanzierung & Entwicklung, Nummer 3, S. 14 - 16.

Grömling, Michael (1996). Neuere Interpretationen der Kuznets-Kurve. In: WiSt, S. 29 - 32.

Grubb, D. (1985). Ability and Power over Production in the Distribution of Earnings. In: Review of Economics and Statistics, S. 188 - 194.

Güth, Werner und Hannelore Weck-Hannemann (1997). Do people care about democracy? An experiment exploring the value of voting rights. In: Public Choice, S. 27 - 47.

Guitián, Manuel (1993). The Issue of Capital Account Convertibility: A Gap Between Norms and Reality. Arbeitspapier, vorgestellt auf einem IMF- / Arab Monitary Fund-Seminar in Marrakesch im Dezember 1993. Hier zitiert aus der Zusammenfassung in: IMF Survey, 18. April 1994, S. 118 - 119.

Guriev, Sergei und William Megginson (2005). Privatization: Lessons from a Quarter of a Century. In: Beyond Transition – Special ABCDE-Conference, Vol. 16, No. 4, S. 16 – 17.

Gustafsson, Björn und Li Shi (1997). Types of Income and Inequality in China at the End of the 1980s. In: Review of Income and Wealth, S. 211 - 226.

Gwartney, James und Robert Lawson (1999). Economic Freedom of the World: 1998/1999 Interim Report. Vancouver: Fraser Institute.

Gwartney, James; Lawson, Robert und Dexter Samida (2000). Economic Freedom of the World: 2000 Annual Report. Vancouver: The Fraser Institute. Daten als Download von: http://www.freetheworld.com.

Haarland, Hans Peter und Hans-Joachim Niessen (1997). Im Dilemma zwischen Akzeptanz und Effizienz. In: Handelsblatt, 11. Nov. 1997, S. 3.

Habermas, Jürgen (1988). Volkssouveränität als Verfahren. In: Habermas, Jürgen (1992). Faktizität und Geltung. Frankfurt am Main: Suhrkamp. S. 600 - 637.

Haggarty, Luke und Mary M. Shirley (1997). A New Data Base on State-Owned Enterprises. In: The World Bank Economic Review, S. 491 - 513.

Hansen, Gerd (2005). Macroeconometrics between theory and data analysis. In: Applied economics quarterly, S. 111 – 120.

Harbrecht, W. und R. Reichel (1998). Soziale Marktwirtschaft und wirtschaftliches Wachstum. In: Reichel, R. (Hrsg.): Wirtschaftsordnung und Wirtschaftswunder, Bern und Stuttgart, S. 75 – 88.

Hart, P.E. (1975). A Cohort Analysis of Changes in the Distribution of Incomes, United Kingdom, 1963 - 73. University of Reading Discussion Paper in Economics, Series A, no. 74.

Hauser, Richard (2001). Armutsforschung und Armutsberichterstattung. Vortrag beim ZUMA-Workshop über Armuts- und Reichtumsberichterstattung. Mannheim, 8. – 9. November 2001.

Haveman, Robert und Andrew Berhadker (1998). Self-Reliance as a Poverty Criterion: Trends in Earnings-Capacity Poverty. In: American Economic Review, Papers and Proceedings, S. 342 - 347.

Hawkes, Kristen (1992). Sharing and Collective Action. In: Smith, Eric Alden and Winterhalder, Bruce (Hrsg.), (1992), S. 269 - 300.

Hax, Herbert (1997). Fixiert auf die Verteilung. In: FAZ, 17. Mai 1997, S. 15.

Hayek, Friedrich August von (1955). Wirtschaftsgeschichte und Politik. In: ORDO, Band 7, S. 3 - 22.

Hayek, Friedrich August von (1981). Recht, Gesetzgebung und Freiheit: eine neue Darstellung der liberalen Prinzipien der Gerechtigkeit und der politischen Ökonomie. Band 2: Die Illusion der sozialen Gerechtigkeit. Landsberg: Verlag Moderne Industrie.

Heer, Burkhard und Schapert, Andreas (1996). Einkommensverteilung und Wachstum. In: WiSt, S. 623 - 627.

Helmstädter, Ernst (1995). Tauschgerechtigkeit: Zwei Erklärungsansätze im Vergleich. In: Dieckheuer, Gustav (Hrsg.). Beiträge zur angewandten Mikroökonomik. Berlin et alibi: Springer, S. 177 - 191.

Hemmer, Hans-Rimbert (1986). The Social Market Economy: An Appropriate Economic Order even for Developing Countries? Entwicklungsökonomische Diskussionsbeiträge/Discussion Papers in Development Economics Nr. 2, Gießen.

Hemmer, Hans-Rimbert (1988). Wirtschaftsprobleme der Entwicklungsländer, 2. Auflage. München: Franz Vahlen Verlag.

Hemmer, Hans-Rimbert (1995). Zur Problematik der Massenarmut in Entwicklungsländern: Der Zusammenhang zwischen der Mikro- und der

Makroebene. Entwicklungsökonomische Diskussionsbeiträge/Discussion Papers in Development Economics Nr. 17, Gießen.

Hemmer, Hans-Rimbert und Martin Diehl (1996). Regionalentwicklung und Armut: Theoretische Grundlagen einer regional-orientierten Politik der Armutsbekämpfung unter besonderer Berücksichtigung Chinas. Entwicklungsökonomische Diskussionsbeiträge/Discussion Papers in Development Economics Nr. 21, Gießen.

Hemmer, Hans-Rimbert; Krüger, Ralf und Jennifer Seith (2005). Foreign Direct Investment and Income Inequality revisited. Entwicklungsökonomische Diskussionsbeiträge/Discussion Papers in Development Economics Nr. 32, Gießen.

Hengsbach, F. (1991). Wirtschaftsethik. Aufbruch - Konflikte - Perspektiven. Freiburg i.B., S. 81 ff.

Hensel, K. Paul (1954). Einführung in die Theorie der Zentralverwaltungswirtschaft. Stuttgart: Gustav Fischer Verlag.

Hensel, K. Paul (1959). Einführung in die Theorie der Zentralverwaltungswirtschaft, 2. Auflage. Stuttgart: Gustav Fischer Verlag.

Hentschel, Jesko; Lanjouw, Jean Olson; Lanjouw, Peter und Javier Poggi (2000). Combining Census and Survey Data to Trace the Spatial Dimensions of Poverty: A Case Study of Ecuador. In: The World Bank Economic Review, Vol. 14, S. 147 - 166.

Hicks, J. R. (1940). The Valuation of Social Income. In: Economica, Vol. 7, S. 105 - 124.

Hierschel, Dierk (2005). Einkommensreichtum und seine Ursachen. In: WSI-Mitteilungen, 58 (2005), 2, S. 104 – 112.

Hirsch, B. (1980). Poverty and Economic Growth: Has Trickle Down Petered Out? In: Economic Inquiry, S. 151 - 158.

Hölscher, Jens (2001). Income Distribution and Convergence in the Transition Process. Diskussionspapier: Nr. 141. Halle: Institut für Wirtschaftsforschung Halle.

Hölscher, Jens (2002). Einkommensdynamik und Stabilität im Transformationsprozess. In: Nutzinger, Hans G. (Hrsg.), (2002). Verteilungsprobleme im Transformationsprozess. Berlin: Duncker & Humblot, S. 215 – 231.

Hölscher, Jens et alii (Hrsg.), (1994). Bedingungen ökonomischer Entwicklung in Zentralosteuropa, Band 2: Wirtschaftliche Entwicklung und institutioneller Wandel. Marburg: Metropolis.

Holden, J. M. (1995). Sampling strategies to assure representative values in food composition data. In: Food, Nutrition and Agriculture, Nr. 12, S. 12 - 20.

Horne, Jocelyn (1995). The Economics of Transition and the Transition of Economics. In: The Economic Record, S. 379 - 392.

Hunte, C. Kenrick (1997). Poverty Alleviation Indicators: Empirical Evidence from Ninety-Five Countries. In: Savings and Development, S. 35 - 47.
Hutter, Michael (1995). Fünf Jahre Systemtransformation: Evolutionstheoretische Beobachtungen und Folgerungen. In: Wagner, Adolf und Hans-Walter Lorenz (Hrsg.). Evolutorische Mikro- und Makroökonomik. Berlin: Duncker und Humblot, S. 215 - 226.
Iyigun, Murat F. und Ann L. Owen (2004). Income inequality, financial development, and macroeconomic fluctuations. In: The economic journal, 114, 495, S. 352 – 376.
Jäntti, Markus und Susanna Sandström (2005). Trends in income inequality: a critical examination of the evidence in WIID2. Contribution at: WIDER Jubilee Conference on 'WIDER Thinking Ahead: the Future of Development Economics', Helsinki, 17-18 June 2005. Mimeo. Download: http://www.wider.unu.edu/WIID.
Johnson, Simon; Kaufmann, Daniel und Andrei Shleifer (1997). The Unofficial Economy in Transition. In: Brookings Papers on Economic Activity, Vol. 42, S. 159 - 239.
Johnsson, David und Stephanie Shipp (1997). Trends in Inequality using Consumption-Expenditures: The U.S. from 1960 to 1993. In: Review of Income and Wealth, S. 133 - 152.
Jorgenson, Dale W. (1998). Did We Lose the War on Poverty? In: Journal of Economic Perspectives, Vol. 12, S. 79 - 96.
Kakwani, Nanak (1986). Analyzing redistribution policies: A study using Australian data. Cambridge et alibi: Cambridge University Press.
Kaldor, Nicholas (1957). A Model of Economic Growth. In: The Economic Journal, S. 591 - 624.
Keane, Michael P. und Eswar S. Prasad (2001). Poland: Inequality, transfers, and growth in transition. In: Finance & Development, 38, 1, S. 50 – 53.
Kilpatrick, R. (1973). The Income Elasticity of the Poverty Line. In: Review of Economics and Statistics, S. 327 - 332.
Kliemt, Hartmut (1995). Solidarität in Freiheit. Freiburg et alibi: Verlag Karl Alber.
Kloten, Norbert (1989). Zur Transformation von Wirtschaftsordnungen. In: ORDO, Band 40, S. 99 - 127.
Klugman, Jeni und Jeanine Braithwaite (1998). Poverty in Russia during the Transition: An Overview. In: The World Bank Research Observer, Vol. 13, No. 1, S. 37 - 58.
Klump, Rainer (2004). Zur Wettbewerbsfähigkeit der Sozialen Marktwirtschaft im Zeitalter der Globalisierung. In: List-Forum für Wirtschafts- und Finanzpolitik, 30 (2004), 4, S. 357 – 367.
Kneesch, Marion (1997). Armut und Wachstum in dualen Ökonomien. Idstein: Schulz-Kirchner Verlag.

Koller, Peter (1992). Theorie des Rechts. Wien et alibi: Böhlau.

Kolm, Serge-Christophe (1976a). Unequal Inequalities: I. In: Journal of Economic Theory, Vol. 12, S. 416 - 442.

Kolm, Serge-Christophe (1976b). Unequal Inequalities: II. In: Journal of Economic Theory, Vol. 13, S. 82 - 111.

Koop, Michael J. (1994). Privatisierung und Effizienz. In: Hölscher, Jens et alii (Hrsg.). Marburg: Metropolis, S. 287 - 321.

Koop, Michael J. und Peter Nunnenkamp (1994). Die Transformationskrise in Mittel- und Osteuropa: Ursachen und Auswege. In: Die Weltwirtschaft, S. 67 - 92.

Korayem, Karima (1993). Structural Adjustment and Reform Politics in Egypt: Economic and Social Implications. United Nations Economic and Social Council, 1993. Mimeo.

Korayem, Karima (1994). The Impact of Structural Adjustment and Stabilization Policies on the Poor in Egypt, and how do they adapt. Paper presented for the Third World Forum and the UNICEF, Kairo, 1994. Mimeo.

Kornai, János (1990). The Road to a Free Economy - Shifting from a Socialist System: The Example of Hungary. Ney York: W.W. Norton and Company.

Kornai, János (2006). The great transformation of Central Eastern Europe: Success and disappointment. In: Economics of Transition, Vol. 14 (2), S. 207 – 244.

Krämer, Hagen (1995). Die Entwicklung von Verteilungsspielräumen, Einkommenszuwächsen und funktionaler Verteilung in der Bundesrepublik Deutschland von 1950 - 1994. In: Konjunkturpolitik, S. 345 - 371.

Krelle, Wilhelm (1991). Probleme des Übergangs von einer Planwirtschaft zu einer Marktwirtschaft. In: Jens, U. (Hrsg.). Der Umbau: Von der Kommandowirtschaft zur Öko-sozialen Marktwirtschaft. Baden-Baden: Nomos, S. 15 - 34.

Krüger, Dirk (2006). Trends in Income and Consumption Inequality in the United States: What Happened, and Why? In: CfS News, 1/06, S. 2 - 4.

Krüsselberg, Hans-Günter (1989). Zur Interdependenz von Wirtschaftsordnung und Gesellschaftsordnung: Euckens Plädoyer für ein umfassendes Denken in Ordnungen. In: ORDO, Band 40, S. 223 - 241.

Kuczynski, Pedro-Paul und John Williamson (Hrsg.), (2003). After the Washington Consensus: Restarting Growth and Reform in Latin America. Washington, D.C.: Institute for International Economics.

Külp, Bernhard (1994). Verteilung: Theorie und Politik, 3. Auflage. Stuttgart et alibi: Gustav Fischer Verlag.

Kuznets, Simon (1948). Discussion of the New Department of Commerce Income Series: National Income, a New Version. In: Review of Economics and Statistics, Vol. 30, No. 3, S. 151 - 179.

Kuznets, Simon (1955). Economic Growth and Income Inequality. In: American Economic Review, S. 1 - 28. Hier zitiert aus dem Nachdruck in: Okun, Bernard und Richard W. Richardson (Hrsg.), (1961). Studies in Economic Development. New York et alibi: Holt, Rinehart and Winston, S. 199 - 219.

Kuznets, Simon (1963). Quantitative Aspects of the Economic Growth of Nations. VIII: Distribution of Income by Size. In: Economic Development and Cultural Change, No. 2, Part II, January.

Lane, Jan-Erik (Hrsg.), (1987). Bureaucracy and Public Choice. London et alibi: SAGE Publications.

Leff, Nathaniel H. (1988). Policy Research for Improved Organizational Performance. In: Journal of Economic Behavior and Organization, Vol. 9, S. 393 – 403.

Leipold, Helmut (1992). Das Eigentumsproblem in der Transformationspolitik. In: Leipold, Helmut (Hrsg.), Arbeitsberichte zum Systemvergleich Nr. 16. Marburg: Philipps-Universität.

Lenain, Patrick (1998). Ten years of transition. A progress report. In: Finance & Developement, Vol. 35, Nr. 3, S. 22 - 25.

Linde, Robert (1995). Bergson-Wohlfahrtsfunktion und Verteilungsgerechtigkeit - Eine kritische Darstellung. In: WISU, S. 852 - 867.

Lipton, Michael (1995). Market, Redistributive and Proto-Reform: Can Liberalization Help the Poor? In: Asian Development Review, S. 1 - 35.

Lipton, Michael und Martin Ravallion (1995). Poverty and Policy. In: Behrman, Jere und T.N. Srinivasan (Hrsg.). Handbook of Development Economics. Amsterdam et alibi: Elsevier, S. 2551 - 2657.

Lösch, Dieter (1975). Zur Ideologiekritik des traditionellen bipolaren Ordnungsdenkens. In: Hamburger Jahrbuch für Wirtschafts- und Gesellschaftspolitik, S. 87 - 109.

Louzek, Marek (2005). Objections to Voucher Privatization: Not So Valid? In: Beyond Transition – Special ABCDE-Conference, Vol. 16, No. 4, S. 18.

Lucas, Robert E, Jr. (1972). Expectations and the Neutrality of Money. In: Journal of Economic Theory, S. 103 – 124.

Luckenbach, Helga (2000). Theoretische Grundlagen der Wirtschaftspolitik. 2. Auflage. München: Vahlen.

Lüchters, Guido und Lukas Menkhoff (1996). Human Development as Statistical Artifact. In: World Development, S. 1385 - 1392.

Lüthi, Ambros P. (1981). Messung wirtschaftlicher Ungleichheit. Berlin et alibi: Springer-Verlag.

Maisel, Sherman J. (1982). Macroeconomics. Theories and Policies. New York: W.W. Norton & Company.

Malik, Fredmund (1984). Strategie des Managements komplexer Systeme: ein Beitrag zur Management-Kybernetik evolutionärer Systeme, 2. Auflage. Bern et alibi: Haupt.

Maußner, Alfred und Rainer Klump (1996). Wachstumstheorie. Berlin et alibi: Springer.

McGillivray, Mark (2005). Measuring non-economic well-being achievement. In: Review of Income and Wealth, 51, 2, S. 337 – 364.

Mead, Margaret (Hrsg.), (1961). Cooperation and Competition among Primitive Peoples, 2. Auflage. Boston: Beacon Press.

Meade, J. E. (1964). Efficiency, Equality and the Ownership of Property. London: George Allen & Unwin.

Megginson, William L. und Jeffry M. Netter (2001). From State to Market: A Survey of Empirical Studies on Privatization. In: Journal of Economic Literature, S. 321 – 389.

Mesa-Lago, Carmelo (1997). Social Welfare Reform in the Context of Economic-Political Liberalization: Latin American Cases. In: World Development, S. 497 - 517.

Mesa-Lago, Carmelo (1998). Assessing Economic and Social Performance in the Cuban Transition of the 1990s. In: World Development, S. 857 - 876.

Meyer, Gerd (2000). Transformationsprobleme der russischen Wirtschaft. In: Boris, Dieter et alii (Hrsg.), (2000). Finanzkrisen im Übergang zum 21. Jahrhundert. Probleme der Peripherie oder globale Gefahr? Marburg: Metropolis, S. 191 – 204.

Micklewright, John (1999). Education, inequality and transition. In: Economics of Transition, Vol. 7, S. 343 - 376.

Milanovic, Branko (1994). Cash Social Transfers, Direct Taxes, and Income Distribution in Late Socialism. In: Journal of Comparative Economics, S. 175 - 197.

Milanovic, Branko (1995). Poverty, Inequality, and Social Policy in Transition Economies. Policy Research Working Paper, No. 1530. Washington, D.C.: The World Bank.

Milanovic, Branko (1996a). Income, Inequality, And Poverty During The Transition. Washington, D.C.: The World Bank.

Milanovic, Branko (1996b). Income, Inequality, And Poverty During The Transition: A Survey Of The Evidence. In: MOCT-MOCT: Economic Policy in Transitional Economics 6 (1), S. 131 - 147.

Milanovic, Branko (1999). Explaining the increase in inequality during transition. In: Economics of Transition, Vol. 7 (2), S. 299 - 341.

Mill, John Stuart (1859). Über die Freiheit. Übersetzung der Originalausgabe 'On Liberty' aus 1859 von Bruno Lemke herausgegeben von Manfred Schlenke (1974). Stuttgart: Reclam.

Mises, Ludwig von (1932). Die Gemeinwirtschaft. Untersuchungen über den Sozialismus, 2. Auflage. Jena: Gustav Fischer. Hier zitiert nach dem Nachdruck: München: Philosophia Verlag.

Mises, Ludwig von (1940). Nationalökonomie. Genf: Editions Union Genf. Hier zitiert nach dem Nachdruck: München: Philosophia Verlag (1980).

Mitchell, Deborah (1991). Income Transfers in Ten Welfare States. Aldershot et alibi: Avebury.

Mitchell, Deborah; Natsem, Ann Harding und Fred Gruen (1994). Targeting Welfare. In: Economic Record, S. 315 - 340.

Mitra, Pradeep und Rusland Yemtsov (2005). Inequality and Growth in Transition: Does China's Rising Inequality Portend Russia's Future? In: Beyond Transition – Special ABCDE-Conference, Vol. 16, No. 4, S. 3 – 7.

Murrell, Peter (1996). How Far Has the Transition Progressed? In: Journal of Economic Perspectives, S. 25 - 44.

Nellis, John (2006). Privatization – A Summary Assessment. Working Paper No. 87, March 2006. Washington, D.C.: Center for Global Development.

Neubäumer, Renate (Hrsg.), (1993). Arbeitsmarktpolitik kontrovers: Analysen und Konzepte für Ostdeutschland. Darmstadt: Wissenschaftliche Buchgesellschaft.

Neubäumer, Renate (1993). Der ostdeutsche Arbeitsmarkt - ein Arbeitsmarkt wie jeder andere? In: Neubäumer, Renate (Hrsg.), (1993), S. 1 - 31.

Niskanen, William A. Jr. (1971). Bureaucracy and Representative Government. Chicago/New York: Aldine • Atherton.

Nsouli, Saleh M. (1993). Current Account Convertibility: Anachronism or Transition? Arbeitspapier, vorgestellt auf einem IMF- / Arab Monitary Fund-Seminar in Marrakesch im Dezember 1993. Hier zitiert aus der Zusammenfassung in: IMF Survey, 18. April 1994, S. 117 - 118.

Nunnenkamp, Peter und Norbert Funke (1992). Woran scheitern Stabilisierungs- und Liberalisierungsprogramme ? Lehren aus Entwicklungsländern für den Transformationsprozess in Osteuropa. In: Herrmann, Roland und Friedrich L. Sell (Hrsg.), (1992). Wirtschaftliche Liberalisierung in Industrie- und Entwicklungsländern. Schriften des Zentrums für regionale Entwicklungsforschung der Justus-Liebig-Universität Gießen, Band 43. Hamburg: Verlag Weltarchiv. S. 153 - 174.

Offe, Claus (1991). Das Dilemma der Gleichzeitigkeit: Demokratisierung und Marktwirtschaft in Osteuropa. In: Merkur, S. 279 - 292.

Okun, Arthur M. (1975). Equality and Efficiency: The Big Tradeoff. Washington: The Brookings Institution.

Olson, Mancur (1969). The Principle of "Fiscal Equivalence": The Division of Respeonsibilities Among Different Levels of Government. In: American Economic Review, Papers and Proceedings, Vol. 59, S. 479 – 487.

Olson, Mancur (1986). Toward a More General Theory of Governmental Structure. In: American Economic Review, Papers and Proceedings, Vol. 76, S. 120 – 125.

Park, Walter G. und David A. Brat (1995). A Global Kuznets Curve ? In: Kyklos, S. 105 - 131.

Perl, Lewis J. und Loren M. Solnick (1971). A Note on „Trickling Down". In: The Quarterly Journal of Economics, S. 171 - 178.

Phelps, Edmund S. und Taylor, John B. (1977). Stabilizing Powers of Monetary Policy under Rational Expectations. In: Journal of Political Economy, S. 163 – 180.

Phelps-Brown, Henry (1988). Egalitarianism and the Generation of Inequality. Oxford: Clarendon Press.

Pleschinski, Hans (1997). Der Prophet der Globalisierung. In: FAZ, 23. August 1997, Bilder und Zeiten, Nummer 195.

Popper, Karl R. (1992). Die offene Gesellschaft und ihre Feinde, 7. Auflage. UTB.

Pritzl, Rupert F.J. (1997). Korruption, Rent-Seeking und organisiertes Verbrechen in Russland - eine institutionenökonomische Analyse. Deutsche Übersetzung eines in russischer Sprache veröffentlichten Artikels. Original in: Politekonom - Rußländisch-deutsche Zeitschrift zu Theorie und Praxis der Wirtschaftspolitik, Heft 1.

Qizilbash, Mozaffar (1996). Ethical Development. In: World Development, Vol. 24, S. 1209 - 1221.

Ravallion, Martin (1995). Growth and poverty: Evidence for developing countries in the 1980s. In: Economic Letters, S. 411 - 417.

Ravallion, Martin (1996). How well can method substitute for data? Five experiments in poverty analysis. In: The World Bank Research Observer, S. 199 - 221.

Ravallion, Martin (1997). Good and Bad Growth: The Human Development Reports. In: World Development, S. 631 - 638.

Rawls, John (1971). A Theory of Justice. Cambridge, Massachusetts: The Belknap Press of Harvard University Press.

Rhodes, E. C. (1942). The Distribution of Incomes. In: Economica, S. 245 – 256.

Ribhegge, Hermann (1991). Der Beitrag der Neuen Institutionenökonomik zur Ordnungspolitik. In: Boettcher, Erik et al. (Hrsg.), Jahrbuch für Neue Politische Ökonomie. Band 10. Tübingen: J.C.B. Mohr (Paul Siebeck), S. 38 - 60.

Richter, R. und Eric G. Furubotn (2003). Neue Institutionenökonomik. Tübingen: Mohr (Siebeck).
Riese, H. (1992). Das Scheitern des Sozialismus und der Transformationsprozeß. In: Schikora, Andreas (Hrsg.). Politische Ökonomie im Wandel. Festschrift für Klaus Peter Kisker. Marburg: Metropolis, S. 23 - 36.
Rinne, Horst (1995). Taschenbuch der Statistik. Frankfurt am Main et alibi: Verlag Harri Deutsch.
Ritter, Ulrich Peter (1995). Die Evolution von Wirtschaftssystemen, das Interdependenztheorem und die Poppersche Falsifikationsidee. In: Wagner, Adolf und Hans-Walter Lorenz (Hrsg.). Evolutorische Mikro- und Makroökonomik. Berlin: Duncker und Humblot, S. 227 - 242.
Rodrigues, Carlos Farinha (1993). Measurement and Decomposition of Inequality in Portugal (1980/81 - 1989/90). Studie im Rahmen des ASEG-Projekts (Alterssicherung in der EG) der Akademie der Arbeit an der Universität Frankfurt.
Rodrik, Dani (2006). Goodbye Washington Consensus, Hello Washington Confusion. Mimeo. Verfügbar unter http://ksghome.harvard.edu/~drodrik/-papers.html.
Rodrik, Dani und Romain Wacziarg (2005). Do democratic transition produce bad economic outcomes. Mimeo. Verfügbar unter http://ksghome.harvard.-edu/~drodrik/papers.html.
Röpke, Wilhelm (1994). Die Lehre von der Wirtschaft. 13. Auflage. Bern et alibi: Haupt. Hier zitiert nach der UTB für Wissenschaft - Ausgabe.
Rogers, Alan R. (1995). For Love or Money: the Evolution of Reproductive and Material Motivations. In: Dunbar, Robin I. M. (Hrsg.). Human Reproductive Decisions. The Galton Institute: St. Martin's Press, S. 76 - 95.
Romer, David (1996). Advanced Macroeconomics. New York et alibi: McGraw-Hill.
Rose, Manfred (1997). Ein Steuersystem für Transformationsländer. In: Finanzierung & Entwicklung, Nummer 2, S. 47 - 49.
Rosefield, Steven (2005). Illusion of Transition: Russia's Muscovite Future. In: Eastern Economic Journal, Spring 2005.
Rosser, Barkley J. Jr. und Marina V. Rosser (2001). Another Failure of the Washington Consensus on Transition Countries - Finance Brief. Challenge, March 2001.
Rosser, J. Barkley Jr.; Rosser, Marina V. und Ehsan Ahmed (2000). Income Inequality and the Informal Economy in Transition Economies. In: Journal of Comparative Economics, S. 156 - 171.
Sabelhaus, John und Ulrike Schneider (1997). Measuring the Distribution of Well-Being: Why Income and Consumption Give Different Answers. In: Konjunkturpolitik, S. 153 - 176.

Sachs, Jeffrey D. (1996). The Transition at Mid Decade. In: American Economic Review Papers and Proceedings, S. 128 - 133.

Sachverständigenrat zur Begutachtung der gesamtwirtschaftlichen Entwicklung (2004). Erfolge im Ausland – Herausforderungen im Inland. Jahresgutachten 2004/2005. Verfügbar unter http://www.Sachverstaendigenrat.org.

Sahota, Gian Singh (1978). Theories of Personal Income Distribution: A Survey. In: Journal of Economic Literature, S. 1 - 55.

Sautter, Hermann (1991). Armut in Ländern der Dritten Welt als wirtschaftsethisches Problem. In: Zeitschrift für Evangelische Ethik, s. 34 - 50.

Sautter, Hermann (1996). Wirtschaftswachstum und Armutsminderung. In: Entwicklung und Zusammenarbeit, S. 139 - 141.

Sautter, Hermann und Christoph Serries (1993). Inhalt und Methodik von Armutsanalysen. München: Weltforum Verlag.

Schenk, Karl-Ernst (1982). „Institutional Choice" und Ordnungstheorie. Tübingen: J.C.B. Mohr (Paul Siebeck).

Schiller, Bradley, R. (1995). The Economics of Poverty and Discrimination, 6. Auflage. Englewood Cliffs, NJ: Prentice Hall.

Scholles, F. (1997). Abschätzen, Einschätzen und Bewerten in der UVP. Weiterentwicklung der Ökologischen Risikoanalyse vor dem Hintergrund der neueren Rechtslage und des Einsatzes rechnergestützter Werkzeuge. Dortmund: UVP-Spezial, 13.

Schumpeter, Joseph (1942). Capitalism, Socialism and Democracy. New York: Harper and Brothers.

Schwarz, Rainer (1995). Chaos oder Ordnung: Einsichten in die ökonomische Literatur zur Transformationsforschung. Marburg: Metropolis.

Seidl, Christian (1988). Poverty Measurement: A Survey. In: Bös, Dieter; Rose, Manfred und Christian Seidl (Hrsg.). Welfare and Efficiency in Public Economics. Berlin et alibi: Springer Verlag, S. 71 - 147.

Sell, Friedrich L. (1989). Die Rolle ökonomischer Verhaltensweisen für "Timing" und "Sequencing" handelspolitischer Liberalisierungsprogramme. In: Zeitschrift für Wirtschafts- und Sozialwissenschaften, S. 449 - 466.

Sell, Friedrich L. und Silke Gehle (1995). Reformpolitik in Transformations- und Entwicklungsländern. München: Vahlen.

Sen, Amartya K. (1976). Poverty: An Ordinal Approach to Measurement. In: Econometrica, Vol. 44, No. 2, S. 219 - 231.

Sen, Amartya und Bernard Williams (Hrsg.), (1982). Utilitarianism and beyond. Cambridge u.a.: Cambridge University Press.

Sevenhuysen, G. P. (1995). Food composition databases: current problems and solutions. In: Food, Nutrition and Agriculture, Nr. 12, S. 21 - 26.

Shokhin, Aleksandr N. (1994). Economies in transition - stabilization, reform, and external financing issue. In: Deutsche Bundesbank (Hrsg.), (1994). Auszüge aus Presseartikeln, Nr. 30 vom 2. Mai 1994, S. 18 - 20. Statement at the Interim Committee, Washington, D.C., am 25. April 1994.

Shorrocks, A. F. (1975). The Age-Wealth Relationship: A Cross-section and Cohort Analysis. In: Review of Economics and Statistics, S. 155 - 163.

Smith, Adam (1776). An Inquiry into the Nature and Causes of the Wealth of Nations. Hier zitiert nach dem Nachdruck (1976), Chicago: The University of Chicago Press.

Smolensky, E. et alii (1994). Growth, Inequality, and Poverty: A Cautionary Note. In: Review of Income and Wealth, S. 217 - 222.

Söllner, Fritz (1996). Freiheit und Paretokriterium. In: WiSt, S. 149 - 151.

Solow, Robert M. (1997). Is There a Core of Usable Macroeconomics We Should All Believe In? In: American Economic Review, Papers and Proceedings, S. 230 - 232.

Sorensen, Rune J. (1987). Bureaucratic Decision-making and the Growth of Public Expenditure. In: Lane, Jan-Erik (Hrsg.), (1987). Bureaucracy and Public Choice. London et alibi: SAGE Publications, S. 63 - 75.

Squire, Lyn (1993). Fighting Poverty. In: American Economic Review - Papers and Proceedings, S. 377 - 382.

Starbatty, Joachim (1996). Anmerkungen zur Interdependenz politischer und wirtschaftlicher Ordnungen im Transformationsprozeß. In: ORDO, Band 47, S. 33 - 50.

Stark, Jürgen (2005). Zur Bedeutung von Institutionen in der wirtschaftlichen und finanziellen Entwicklung. Öffentliche Antrittsvorlesung anlässlich der Bestellung zum Honorarprofessor an der Wirtschaftswissenschaftlichen Fakultät der Eberhard Karls Universität zu Tübingen am 1. Juni 2005. Hier zitiert nach dem von der Deutschen Bundesbank veröffentlichten Redetext.

Stephenson, Matthew (2005). Three Dilemmas for Judicial Reformers. In: Beyond Transition – Special ABCDE-Conference, Vol. 16, No. 4, S. 13.

Stiglitz, J. E. (1969). Distribution of Income and Wealth among Individuals. In: Econometrica, S. 382 - 397.

Stiglitz, J. E. (1998). More Instruments and Broader Goals: Moving Toward the Post-Washington Consensus. Helsinki, 7. Januar 1998: The 1998 WIDER Annual Lecture.

Stiglitz, Joseph E. (1999). Whither Reform? Ten years of the transition. Keynote Address World Bank Annual Bank Conference on Development Economics, April 28-30 1999.

Stone, L. (1966). Social Mobility in England, 1500 - 1700. In: Past and Present, 33, S. 16 - 55.

Streeten, Paul (1993). Markets and States: Against Minimalism. In: World Development, S. 1281 - 1298.

Svejnar, Jan (1996). Enterprises and Workers in the Transition: Econometric Evidence. In: American Economic Review Papers and Proceedings, S. 123 - 127.

Svejnar, Jan (2002): Transition Economies: Performance and Challenges. In: Journal of Economic Perspectives, Vol. 16, No. 1, Winter 2002, S. 3 – 28.

Taube, Günther (1997). Sinkende Staatseinnahmen: Die Steuersysteme in den GUS-Staaten müssen reformiert werden. In: Finanzierung & Entwicklung, Nummer 2, S. 40 - 43.

Taylor, John B. (1997). A Core of Practical Macroeconomics. In: American Economic Review, Papers and Proceedings, S. 233 - 235.

tho Seeth, Harm (1997). Russlands Haushalte im Transformationsprozeß. Frankfurt am Main et alibi: Peter Lang.

Thornton, James R.; Agnello, Richard J. und Charles R. Link (1978). Poverty and Economic Growth: Trickle Down Peters Out. In: Economic Inquiry, S. 385 - 394.

Thornton, James R.; Agnello, Richard J. und Charles R. Link (1980). Poverty and Economic Growth: Trickle Down Has Petered Out. In: Economic Inquiry, S. 157 - 163.

Tietzel, Manfred (1983). Ökonomie oder Soziobiologie oder: Wer kann was von wem lernen? In: Zeitschrift für Wirtschafts- und Sozialwissenschaften, S. 107 - 127.

Tietzel, Manfred (1991). Der Neue Institutionalismus auf dem Hintergrund der alten Ordnungsdebatte. In: Boettcher, Erik et al. (Hrsg.), Jahrbuch für Neue Politische Ökonomie. Band 10. Tübingen: J.C.B. Mohr (Paul Siebeck), S. 3 - 37.

Tinbergen, Jan (1963). Kommt es zu einer Annäherung zwischen den kommunistischen und den freiheitlichen Wirtschaftsordnungen? In: Hamburger Jahrbuch für Wirtschafts- und Gesellschaftspolitik. Hamburg, S. 11 - 26.

Trede, Mark (1997). Einkommensmobilität. Vortrag auf dem wissenschaftlichen Kolloquium: Einkommen und Vermögen in Deutschland - Messung und Analyse. Wiesbaden: Statistisches Bundesamt, 13. November 1997.

Treisman, Daniel (2002). Postcommunist Corruption. Mimeo. Verfügbar unter http://www.sscnet.ucla.edu/polisci/faculty/treisman/.

Triest, Robert K. (1998). Has Poverty Gotten Worse? In: Journal of Economic Perspectives, Vol. 12, S. 97 - 114.

Tuchtfeld, Egon (1969). Konvergenz der Wirtschaftsordnungen? In: ORDO, Band 20, S. 35 - 58.

UNDP (1997). Bericht über die menschliche Entwicklung 1997. Bonn: Deutsche Gesellschaft für die Vereinten Nationen e.V.

UNDP (1999). Human Development Report for Central and Eastern Europe and the CIS. New York, New York: UNDP.

UNU-WIDER (2005). World Income Inequality Database: V2.0a, June 2005. United Nations University: World Institute for Development Economics Research. Siehe auch: http://www.wider.unu.edu/WIID.

Utz, Arthur F. (1995). Nationalökonomen vor dem Forum der Ethik. In: Die Neue Ordnung, S. 422 - 436.

Van der Heijden, Eline C. M.; Nelissen, Jan H.M. und Harrie A. A. Verbon (1997). Altruism and fairness in a public pension system. In: Journal of Economic Behavior & Organization, S. 505 - 518.

Van Praag, Bernard M.S.; Aldi J. M. Hagenaars und Hans van Weeren (1982). Poverty in Europe. In: Review of Income and Wealth, S. 345 - 359.

Vanberg, Viktor (1994). Hayek's Legacy and the Future of Liberal Thought: Rational Liberalism vs. Evolutionary Agnosticism. In: Journal des economistes et des etudes humaines, S. 451 - 481.

Vanberg, Viktor J. und James M. Buchanan (1991). Constitutional Choice, Rational Ignorance and the Limits of Reason. In: Jahrbuch für Neue Politische Ökonomie, Bd. 10. Tübingen: J.C.B. Mohr (Paul Siebeck), S. 61 – 78.

Weber, Axel A. (2004). State and Challenges of the European Integration. Vortrag auf der Konferenz "Banking and Finance in the Baltics" am 25. Oktober 2004 in Riga. Verfügbar unter: http://www.bundesbank.de.

Weber, Axel A. (2005). Stabilitätspolitik und Wachstum. Vortrag vor dem Internationalen Club La Redoute, Bonn e.V. in Bonn am 16. Juni 2005. Verfügbar unter: http://www.bundesbank.de.

Weede, Erich (1997). Income inequality, democracy and growth reconsidered. In: European Journal of Political Economy, Vol. 13, S. 751 - 764.

Weiss, Dieter (1993). Issues of the Economic Transformation in the Former Comecon Countries. In: Journal of Regional Policy, Vol. 13, S. 249 - 266.

Welfens, Paul J. J. und Cornelius Graack, (1996). Deregulierung der Telekommunikation und Netzwerkeffekte. In: WISU, S. 767 - 774.

Williamson, John (1990). What Washington means by Policy Reform. In: Williamson (Hrsg.). Latin American Adjustment: How much has happened? Washington, D.C.: Institute for International Economics.

Williamson, John (2000). What Should the World Bank Think about the Washington Consensus? In: The World Bank Research Observer, Vol. 15, No. 2, S. 251 – 64.

Williamson, Oliver E. (1995). The Institutions and Governance of Economic Development and Reform. In: Annual World Bank Conference on Development Economics 1994. Washington, D.C.: The World Bank, S. 171 - 197.

Wolf, Thomas A. (1994). Common Themes Charactarize IMF Assitance to Economies in Transition. Rede, gehalten am 15. Februar 1994 auf einem IMF Seminar in Helsinki. Hier zitiert nach der Zusammenfassung in: IMF Survey, 18. April 1994, S. 114 - 116.

World Bank (1990). World Development Report 1990. Oxford University Press.

World Bank (1996). World Development Report 1996. Oxford University Press.

World Bank (1997). World Development Report 1997. Oxford University Press.

Yeager, Leland B. (1995). Ethics as Social Science. In: Atlantic Economic Journal, S. 1 - 18.

Zippelius, Reinhold (1987). Zur Rechtfertigung des Mehrheitsprinzips in der Demokratie. Wiesbaden: Steiner.

Zwierlein, Eduard (1994). Wirtschaftsethik und der Ausgleich von Ökonomie und Ökologie: Streiflichter zur Gegenwartsdiskussion. In: Allgemeine Zeitschrift für Philosophie, S. 79 - 86.

Swiad Nikoleischwili

Die Transformation der Außenhandelspolitik in den postsozialistischen Staaten Osteuropas am Beispiel Georgiens

Frankfurt am Main, Berlin, Bern, Bruxelles, New York, Oxford, Wien, 2005.
276 S., zahlr. Tab. und Graf.
Europäische Hochschulschriften: Reihe 5, Volks- und Betriebswirtschaft.
Bd. 3145
ISBN 978-3-631-54173-9 · br. € 51.50*

Transformationspolitik ist Ende der 80er Jahre zum Leitmotiv der Forschungen im Bereich der Wirtschaftswissenschaften geworden. Die Staaten Osteuropas versuchen seitdem den Weg von der Zentralverwaltungs- in die Marktwirtschaft zu finden. Eine wichtige Rolle bei der Umgestaltung der Wirtschaftsordnung spielt die Transformation des Außenhandelssystems. Besonderer Wert wird dabei auf „Timing" und „Sequencing" der Reformschritte sowie auf den Zusammenhang zwischen Außenhandels- und Wachstumspolitik gelegt. Diese Arbeit stellt die entstandenen theoretischen Ansätze dar, vergleicht sie miteinander und erforscht ihre Vor- und Nachteile am Beispiel der georgischen Transformationsgeschichte zwischen 1990 und 2001.

Aus dem Inhalt: Transformation der Wirtschaftsordnungen · Außenhandelspolitik · Wirtschaftspolitik in Osteuropa · Stabilisierungspolitik · Der Zusammenhang zwischen Außenhandel und Wirtschaftswachstum · Georgische Außenhandelspolitik

FSC
www.fsc.org
MIX
Papier | Fördert
gute Waldnutzung
FSC® C083411

Kolibri 360 GmbH
Ferdinand-Jühlke-Straße 7
99095 Erfurt, Deutschland
produktsicherheit@kolibri360.de

Druck:
CPI Druckdienstleistungen GmbH
im Auftrag der
Kolibri 360 GmbH
Ferdinand-Jühlke-Str. 7
99095 Erfurt